秀吉伝説序説と『天正軍記』
（影印・翻字）

追手門学院大学アジア学科 編

上方文庫37
和泉書院

はしがき

本書は「秀吉伝説序説」に収めた諸論考と、版本『天正軍記』（『天正記』ともいう）という秀吉の伝記の一つの原文の影印からなる。また、同本の「翻字編」については、CDとして付すことにした。論考編の「秀吉伝説序説」部分は、別に「はじめに」という序文を付したので、そちらをご覧いただきたい。ここでは秀吉の伝記について若干の説明をし、「はしがき」としたい。

豊臣秀吉の名は誰もが知っているものの、彼の実像はよくわからないところが多い。秀吉は自分の業績を「読み本」にすることを好み、自分で朱印を押した「読み本」もあり、自分の行ってきたことを誇る趣味を持っていたらしい。秀吉前後の大名たちは、多かれ少なかれ、自分を宣伝したい傾向がある。

これは、戦場で大声で自分の名を名乗り、その上で切り合いに及びたいという「一騎打ち」気風を好んだことに関係する。室町時代から足軽が登場し、集団戦法が採用されたというのは、状況としては正しくても、当時の名だたる武士の心情ではなかった。「個人として手柄をたてたい」という心情、それは近世の初頭にいわゆる「軍記物」が好まれる背景であり、また「お咄（はなし）衆、お伽衆」という大名側近の物語読みが、多数あらわれた理由でもある。

秀吉の伝記としては、小瀬甫庵の『太閤記』（以下『甫庵』と略記）という大部の伝記がある（全二二巻、うち巻一七までが秀吉に直接関連する伝記）。

小瀬甫庵は、永禄七（一五六四）年に尾張国春日井郡（愛知県春日井市・名古屋の北西に位置する）に生まれた。美濃土岐氏の支流にあたるといい、坂井氏、土肥氏なども名のったという。池田恒興（一五三六年生・八四年没。摂津池田氏の系譜で、恒興の母は信長の乳母であり、信長の信頼を受け、秀吉に仕え、長久手合戦に戦死）に仕え、次いで秀吉の養子の関白豊臣秀次（「殺生関白」とあだ名された）に仕えた。

秀次に仕えていたことからすれば、甫庵は秀吉を熟知することができる立場にあった。『甫庵』では秀吉が信長に仕えるのは永禄元（一五五八）年九月のことで、それからの事績については、一応は『甫庵』で知ることができる。秀吉の誕生から信長に仕えるまでは『甫庵』には、非常に簡単な略記しかない。

関白秀次の母は、秀吉の姉の日秀といわれ、父は木下吉房（後に「三好吉房」と改名）であるが、父の木下姓は妻の日秀との関係によるとされる。秀吉も木下藤吉郎と木下姓であるが、この木下姓の名乗りが何に由来するものなのかも、よくわからない。秀吉の父が木下弥右衛門といったとか、秀吉の妻の「祢（ね、おね、ねね）」の木下姓に由来するとかというが、これらも確実ではない。さらに秀吉の誕生年についても、二説がある。

一つは本書に影印で載せる『天正軍記』の巻五の第一〇葉オモテなどの「丁酉年二月六日」（丁酉・

天文六〈一五三七〉年）説と、『太閤素生記』や『絵本太閤記』初篇巻一などの「天文丙申正月元日」（天文五〈一五三六〉年一月一日）説である。丙申は「ひのえさる」の年であるので、秀吉が「猿」に似ていたとかいうことからの付会とみられ、また史料の信頼性から見ても、天文六（一五三七）年誕生説が有力とみられるものの、決定的ではない。ちなみに『甫庵』には誕生年の記述がない。

また、秀吉の死去についても、『甫庵』はそれに関する記述がない。『甫庵』を下敷きにして、漢文体で記された林道春（実は父の林羅山の著とされる）『豊臣秀吉譜』は、誕生年についての記載はないものの、秀吉死去については慶長三（一五九八）年八月の項に「十八日、前関白太政大臣従一位豊臣秀吉伏見城に薨ず。年を享（うけ）たること六十三」（原文は漢文体）と明記する（生年を逆算すると丙申説になる）。

『甫庵』の秀吉の伝記は巻一七までであるが、その巻一七は秀次を文禄四（一五九五）年七月一五日に高野山で切腹させる事件を主内容とする。八月二日には秀次の妻妾と子どもたちが三条河原で処刑され、秀次の謀反に連座する家臣たちの遠流と、後に連歌師里村紹巴ら三人を除いて切腹させられたことで、巻一七は記述を終える。

巻一七の直前の巻一六は多彩な内容が記され、「吉野の花見」文禄三（一五九四）年二月、「高野参詣」文禄三年三月、大坂城本丸での新作の謡と能の見物（文禄三年三月）、前田利家邸を訪問（天正一八〈一五九〇〉年四月）、有馬温泉湯治（天正一八年四・五月）、ルソンから輸入された壺の話（文禄四〈一五九五〉年七月）、伏見城の造営と秀吉の居城と決定（文禄三年・四年夏）、醍醐の花見（慶長三〈一五九八〉年三月）、明の遊撃将軍の来訪（慶長元〈一五九六〉年八月・九月）、土佐国浦戸に外国船漂着（慶長元年九月・二年三月）と、年次が乱れて混載されている。

このように『甫庵』の巻次の内容をなぜ詳しく書くのかといえば、巻一六の年次に巻一七は連続するのではなく、むしろ年次が逆転していることを指摘したいからである。この逆転の理由は、『甫庵』は甫庵なりの歴史観のために、年次を逆転させ、関白秀次の切腹を秀吉の伝記の末尾の巻一七に配したことによる。つまり、『甫庵』は、秀吉の業績を客観的に記すことを目的とするのではなく、秀吉を通じて自己の歴史観を述べることが目的であった。

結局、秀吉の誕生や幼少期は、『甫庵』にとっては「語るに足りない」ものであり、それゆえに書かなかったにすぎないのであろう。語るにふさわしい内容を語り、書いたものが『甫庵』なのである。これを逆にいえば、書かれていない部分にこそ、また略記されている部分にこそ、「伝説」が誕生し、自由な想像の働く余地がある。そうしたことの投影は、たとえば『太閤素生記』が『甫庵』を引用しながらも、別の太閤の誕生事情などの物語を記すように、『甫庵』の成立当初から行われた。もちろん、近・現代に書かれ、また現在も書かれている「秀吉の物語」もまた、そうした「伝説」の一種である。

さて、本書が影印を掲げるのは、秀吉の伝記の一つである『天正軍記』（『天正記』）である。本書の「解題にかえて」にも記したように、『天正軍記』全九巻は、第九巻の跋文に「慶長十五年三月十三日」「天正記　巻九終　太田和泉守記之（これを書く）」とあり、太田和泉守の著書であるように書かれている。

『甫庵』は、冒頭の「凡例」に、「この書、太田和泉守記しをけるを便とす」とする。太田和泉守とは太田和泉守牛一のことで、大永七（一五二七）年に尾張国春日井郡に生まれた。柴田勝家の足軽衆から、信長に「弓」をもって仕え、天正一七（一五八九）年には秀吉の検地奉行の一人であり、やがて秀吉の側室京極殿に仕え、秀頼にも仕えたようである。『信長記』（『信長公記』）の執筆者として有名で、自筆本も岡山大学図書館・池田文庫に残されている。また『大かうさまくんきのうち』という秀吉の伝記も著しており、その自筆本は慶応義塾大学図書館・斯道文庫に残されている。

『天正軍記』のうち太田牛一が書いた『大かうさまくんきのうち』に頼った部分は巻七・八・九で、巻一から六は大村由己の書いたものによっている。大村由己は播磨国美嚢郡三木の人で、儒学に通じており、和歌もよくしたといわれる。秀吉に「お咄衆」として仕え、大坂天満宮の社僧でもあったという。秀吉に仕えながら、秀吉の命を受け、秀吉の功績を物語風に書いた。

大村由己が書いた秀吉の功績のうち、現在、名前のわかるものは一二巻、うち「惟任〔明智光秀〕謀反記」、「柴田〔勝家〕合戦記」、「関白任官記」、「聚楽行幸記」、「紀州御発向」、「四国御発向幷北国御動座記」の極めて杜撰な再編集・採録が、『天正軍記』の巻一から六にあたる。巻七から九は、太田牛一の『大かうさまくんきのうち』から、これも極めて杜撰な再編集・採録になる。ちなみに『甫庵』は大村由己にも、『天正軍記』にも触れていない。

まったく杜撰な版本である『天正軍記』を影印で発行しようと考えたのは、杜撰ゆえにそこにはさまざまな空想が広がり、「伝説」が誕生する余地があると思うからに他ならない。こうした杜撰なものが出版され、読まれたという点に、近世人の文芸意欲ひいては文化形成力が見てとれると思うからでもある。もちろん、秀吉伝説の復活を通じて、関西・大阪の活力の復活を願う気持ちが、ひそかにではあるものの強いことにもよる。

（奥田　尚）

目次

第1部

論考編

論考編のはじめに

永吉　雅夫

なぜ、豊臣秀吉をめぐる物語は、これほど繰り返し繰り返しさまざまに語られるのか。

平成二二年度追手門学院大学学内共同研究の指定を受けて、〈「太閤伝説」形成の基礎的研究〉として、われわれが研究会をはじめた動機である。

実際、手近なところで、昭和という時代に限っても、矢田挿雲『太閤記』、吉川英治『新書太閤記』、海音寺潮五郎『茶道太閤記』、川口松太郎『俺は藤吉郎』、坂口安吾・壇一雄『真書太閤記』、山岡荘八『異本太閤記』、海音寺潮五郎『新太閤記』、司馬遼太郎『新史太閤記』、そして山田風太郎『妖説太閤記』などを数え上げることができる。引きもきらずに、いつも誰かが豊臣秀吉を書いていると言ってもよいような状況である。

そして、これらの書名を見ればわかるように、その秀吉の物語の基底には、江戸時代、一六三〇年代半ばの小瀬甫庵『太閤記』を中心に、それ以前秀吉の御伽衆のひとり大村由己の『天正記』や太田牛一『大かうさまぐんきのうち』など当時の記録類、さらにそのほかに、『絵本太閤記』などの江戸の小説類が層を成して横たわっているのである。
このようにして豊臣秀吉の出世物語を核とする秀吉像が産出されて「太閤伝説」を形成してきた。いったい、どんな太閤伝説がどのように形成され、それはどのようなものとしてあるのか。研究会は、近世初期軍記類と近現代文芸の秀吉像を対象につづけられた。

山田風太郎『妖説太閤記』の終わり近くの一説を紹介しよう。
「慶長三年五月五日」以来の死の床にあった秀吉は、「その衰弱枯痩の姿」をさらしつつ「凄まじい最後のあがき」の数々をつくして「八月十八日。陽暦にして九月十五日」の「午前二時」に、とうとう息絶える。その時、それを看取った徳川家康が「「最後の笑い」を笑うべく」、深更の「伏見城の城頭」に一人あって、「よろこびにどよめく暗い下界を見わたし」つつ、かみしめる感慨である。

いまこそ民衆はあの男の死を悦んでも、やがて大地に穴があいたような寂寥をおぼえ、そして巨大な像をみずから作って、その穴を埋めるであろう。あらんかぎりの人間の欲望と力を発揮した英雄の幻影の像で。美化された嘘っぱちの英雄伝で。

一五九八年の秀吉の死後、じつに現代にいたるまでさまざまなヴァリエーションをもって創作されつづけてきた太閤伝説とは、たんに伝記の空白を埋めるというだけではなく、一面でこのような「民衆」の夢の総量でもあったにちがいない。そうであればこそ巷間流布するがごとき数多の伝承や物語が、おおきな太閤伝説の系譜を形づくることになる。

『妖説太閤記』から、さらにつづけて紹介しておくと、結局、このとき家康は「ついに笑わなかった」というのが、作品結末の一文であるが、家康はつづけてこんなふうに胸中に呟くのである。曰く、「古来、民衆というものは、平和をもたらした人間よりも、おのれたちを蹂躙した人間を崇め、愛するようにさえなる、女と同じ、ばかな奴らだ」と。二七〇年の泰平の幕をやがて開く家康の、朝鮮への派兵だけでも「前後合わせて六年半」の「惨憺たる」民苦をひきおこした果てに死んだ秀吉に比して、ついにそれに比肩するほどの華々しい伝説の系譜にめぐまれない自分をはるかに予見するかのような趣である。それほど秀吉に人気が集まるということである。

「女と同じ」云々は誤解を招きかねないが、それは『妖説太閤記』の世界の問題なのでいまは目をつぶっていただくとして、これはなにより太閤伝説に対する山田風太郎自身の基本スタンスの表明であると同時に、一般的に太閤伝説形成の原動力を語るものにもなっている。

本書は、学内共同研究の成果の一端に、論考一篇をくわえ、アジア学科（アジア学会）の協力を得て「論考編」としてまとめるものである。

貝原益軒ははやく享保二（一七一七）年、「世に太閤といふは、豊臣秀吉公ひとりにかぎりたる事とおぼえたる者おほし」（『官位訓』）と述べて、「太閤といへば秀吉と心得るは、大き成僻事也」と世のふうを嘆いた。それにならったわけではないが、上梓にあたって、より一般化する意味で書名には「秀吉伝説」の語を用いることとした。

現代秀吉像のバリエーション

浅野　純一

はじめに

本論は、『太閤記』の系譜のうち、吉川英治『新書太閤記』以降、戦後に書かれた太閤記（秀吉を主人公にした歴史小説）を俯瞰して、秀吉像がどのように描かれているかを報告するものである。

特に秀吉出生から信長へ出仕までの、少年期の秀吉像を各書で比べてみたい。というのも、秀吉の名が確かな史料に現れるのは永禄八（一五六五）年のことで秀吉二八歳の時であるので[1]、もちろん歴史家はさまざまな傍証でもってそれまでの生い立ちを考証しているがそれを前提としても、信長へ出仕以前の秀吉像は小説家のいわば腕の見せ所であり、そこから作家の秀吉像が見えて来るであろうから。

秀吉、むろん実在のそれではなく長らく太閤記で語られてきた秀吉が、日本人に愛される理由として、小和田哲男は、陽気な庶民性、（特に明治以降の読者の）出世観、（家康との対比で）判官贔屓の三つの理由を挙げている。庶民から天下人に出世した事へのあこがれと羨望、また大宅壮一の言葉を引いて「人間が心の底にもっているあらゆる欲望を最大限にみたした」というのもその通りであろう。(2)つけ加えるなら、その機知と先見性も理由として、挙げておく必要があるだろう。

これらを念頭に、以下個別の作品に当たってみよう。なお文中のアラビア数字は、引用もと各テキストの第一冊の当該頁数である。

1　吉川英治『新書太閤記』

（講談社〔吉川英治文庫二一二〕、一九八〇年、初出は新潮社、一九四一年）

戦中に書かれたものではあるが、後にNHK大河ドラマの原作とされる（一九六五年）など、現代版太閤記の祖と見なしてよいだろう。

秀吉の出自は、「天文五年……藁屋根の下の藁の上に奇異な赤ん坊が生まれていた」11と、貧農の生まれとし、名は日吉。余談だが、明国生まれで、日本人と中国人の血を引く「於福」という幼なじみを登場させているのが、ユニークである。当時の明の政情と於福が明から帰国したいきさつが、詳しく語られる12-24。おそらく後年の朝鮮侵攻の伏線として構想されたのではないかと思われるが、於福は後に茶人として大成するとはいえ、終戦による擱筆のため活かされなかったといえよう。

容貌は「他の子より小粒で、顔に小皺があった」が、「悪戯と乱暴は、この中村郷の童の中でも、一といって二と落ちない」25一方で「唐人子」といじめられる於福をかばってやる優しさを持ち29、みなから「猿」と呼ばれ、それを自覚して「大人にでも、女の人にでも、すぐなつッこい顔つきを示すのだ」33った。他の子と同様、「おら、侍になるんだい」39と侍にあこがれてはいたが、一方で「槍一筋の武士になればなあ」48という父弥右衛門の期待と、母の「まじめに働いて、田の一枚でも持つような百姓になってくだされや」49という相反する期待の間で戸惑う子どもであった。今ひとつ、蜂の子25、赤蛙52など食物への執着のある子どもであった。

そして、光明寺への寺奉公、桶屋、左官屋、鍛冶屋などを経て81、於福の茶碗屋へ奉公した折には度胸と機転と巧言で盗賊渡辺天蔵を退けるが、於福とその母に逆恨みされて暇を下される119。後の遠州松下屋敷の物語のバリエーションである。その後父の残した遺産で針を商いながら甲州、北越（から、京都、近江）のほうまで歩いて187、蜂須賀小六との出会いは矢作川であるが、さすがに橋の上ではなく渡し船である。作者は小六を矢作川あたりに出没させるために、小六の甥渡辺天蔵を設定し、強盗を働いた天蔵の討伐という工夫をしている189。

秀吉は、小六の客分ということになって稲葉城下に乱波（らっぱ）として潜り込むのだが、「君臣の道もないところに、国土の堅固がどうしてあろう。父と子が謀りあい、猜疑し合っているような領主の下に、どうして民の信望があろう」230、「どこに同情をもつかといえば、真っ先に戦禍を受ける、町人百姓、わけても、子のある母親へ、かれは痛切に、同情をもつ！」233という人物である。たまたま知り合った明智光秀に協力して、小六の手下としての仕事すなわち稲葉城下への火付けをなんとか阻止しようとさえする245。
その後、浜松の松下屋敷に出仕するが、ここでは「(愛嬌がある)／嘉兵衛は、好きになった」281、「おもしろい。利口者かと見れば、馬鹿みたいな節もある。……だが、とにかく、どこか異なっている。人並みではない」290のである。疋田小伯という武芸者との問答では武道について「ここの人たちは、相手を突くことや撲ることが、何よりの芸としていましょう。あれは、足軽どもや雑兵にとっては、役にも立ちましょうが、大将には要らないことでござ……」308と言いかけて家中のものに殴り倒されるのだが、作家は明らかに野望を表明させている。このあと、家中のものに憎まれてそれを察した松下嘉兵衛が金を持たせて逃亡させるのだが、秀吉は「人の恩の大きな愛と感激につつまれて、日吉は、いかに報いたらいいのか」314と考える律儀者である。
そして、信長への仕官が決まった後、母に報告する場面で「世の中に誰あって、こんなに真実に、些細なことをも、大きく欣んでくれるものが、この母を措いてどこにあろうか」364と母親への愛慕を募らせるのである。
吉川太閤記の秀吉像は、貧乏、父親の早逝、猿に似た容貌の貧弱という不幸にもかかわらず、生来活発で、聡明で、思いやりがあり、義理堅く、誰からも好かれる愛嬌があって、しかも大志を抱いて行くという青春ドラマの典型的な主人公である。まさにビルトゥンクスロマンなのである。戦争中に書かれたとは思えない、明るい青春小説という印象を読者に与えたのが、この小説の人気の理由の一つであろう。戦後の秀吉像の原点といえる。

2　川口松太郎『俺は藤吉郎』

（講談社［川口松太郎全集五］、一九六八年、初出は新潮社、一九五五〜六〇年）

戦後の混乱した世相に、川口自身の貧乏な生い立ちを重ね合わせた作品である。「晩年には天下の権を握り得た秀吉も少年時代にどんな生活をしていたのか、まったく判らないのだから、作家にとってこんな便利な人物はない」5といい「私の場合は、生活苦に喘ぐ両親が、義務教育を受けさせる力もなく、八歳の子を奉公に出してしまいたかった。親の非力は秀吉も私も殆ど同じで、彼の父は……」6と自分の境涯から秀吉の身の上へと話を進めていく。

その分、少年秀吉の放浪は箱根をこえて関東におよび、農民、旅僧、野武士の子分（小六との出会いは、吉川に対抗したのか、秀吉の方が矢作川の渡し場で小六を待つ舟を使おうとする設定63）、今川直参の松下嘉兵衛の足軽、北条の足軽、流れ遊女の亭主などを経験する。

秀吉の性格は、「猿に似た顔」7ではあるがそれを気にする素振りはない。基本的には吉川太閤記と同じ性格であるが、武士、僧、はては天皇まで、権威に対して否定的だがその一方で英雄待望が強い。「「でも京都に天皇様がいるでしょう」「それがまるで役に立たない」「どうしてです。天皇様がいちばん偉いんじゃありませんか」「偉い為には偉い事をして見せなければ駄目だ。天皇様は生まれたときから偉い人にされ、偉い人だと思われて大勢に祭り上げられ、どんなに愚かでも偉く扱われる」……「天皇様よりも偉い人が出れば、安心できるんですか」「そうだ。中くらいの人間が百人いるより、一人のずば抜けた英雄がほしい。」」16と、父弥右衛門に諭されている。「だから坊さんは嫌いですよ。妻をもつな。魚を食うな。酒を飲むな。みんな無理ばかりだ。それでは何の為に生きているのか判らない。」33と師僧にも反論する。

また涙もろい。勘当された名主の娘の為に泣く23。野武士にただ働きさせられた悔しさに泣く61。流浪中に餅を恵まれて泣く62。恩人の師僧を思い出して泣く80。その師僧に再会して泣く95。「涙のあるのが人間で、涙がなくなれば獣だ。人の為めに悲しみ、人の為めに喜び、人の為めに労りながら成長する。出世を望む功利心と、恩人の為に涙する純情とを、二つながら持って生きろ」80と兄弟子に当たる破戒僧に諭されるのだが、持って生まれた才と、功利心と純情がこの小説の秀吉像を端的に表しているだろう。それは、戦後の混乱を生きた多くの庶民の心情でもあっただろう。

この小説は、全編掛け合い漫才のような饒舌な会話が多く、また本論で取り上げた他の作品がしばしば先行する諸太閤記や関連資料を引き合いに出すのに比べて、本書ではそれがない。大衆演劇の雰囲気があるのもまた、書かれた時代を反映しているといえよう。

3　山田風太郎『妖説太閤記』

（講談社［講談社文庫］、二〇〇三年、初出は双葉社、一九六七年）

「惨憺たるものだ」9の一文で始まる、ユニークな太閤記である。

「生まれたときからいままで、逆境でなかった時期はほとんどない人生であった」24秀吉は、「時と金次第でこの乱波稼業をつづけていたが、場合によっては追い剝ぎも遠慮なくやっ」15ていた蜂須賀小六の野武士集団の中で、一七歳の時すでに、「その夜の襲撃のすべてを計画し、野武士の全員を指揮した、実質上の隊長」12として公卿の女房の一行を襲うが、そのようにして手に入れた女からさえ毛嫌いされるような醜い、鼠のような猿のような容貌に強烈な劣等感を持った若者であった。「年少で、体格こそ貧弱だが、とにかく敏捷で、抜け目がなくて、はしっこくて、ずばぬけて頭が切れ」「盗む、殺す、火をつける。――彼は血と火と風の中を悪魔の子みたいに飛びまわった」16のである。

蜂須賀党を離れるときも、浜松の松下加兵衛（ママ）の家を出るときも、その罪を他人（それぞれ明智光秀と石川五右衛門）になすりつけて金子をくすねている。

偶然の機会に信長の妹、一一歳の市姫に出逢って一目惚れしてしまい、秀吉の以後の人生のすべては市姫を手に入れるという欲望によって動機づけられる。

織田家出仕以降のことではあるが、市姫の草履取りになるべくがんまくを謀殺し、市姫の代用としてロリコン趣味をみたすために、犬千代（前田利家）を策略によって遠ざけて一三歳のねねと結婚する（ねねはすぐに、うるさいだけの、抑圧的な女房に変身するのだが）。後の天下取りも、大望があってのことではなく、市姫への劣情と竹中半兵衛の計略に乗っただけである。本能寺は、半兵衛の策略だったというのである。

山田太閤記は、ピカレスクロマンであり、吉川太閤記へのアンチテーゼである。「吉川英治さんの「太閤記」をこのあたりでどうなっているのかとのぞいてみると……いかになんでも花嫁を十三歳とは書きにくかったのであろうが、これはあきらかに吉川さんの嘘である」68と、やんわりとではあるが偽善に反発しているのである。

4　司馬遼太郎『新史太閤記』

（新潮社［新潮文庫］、一九七三年、初出は新潮社、一九六八年）

司馬太閤記における秀吉像の特徴も、基本的には吉川のそれを継承している。しかし、司馬太閤記は、秀吉の性格を天賦だけではなく、時代性と地域性によっても説明するところが、ユニークである。「応仁の乱以後、戦乱の世も七十年を過ぎたが、民力はかえって逞しくなった。戦乱はむしろ経済を成長させるものらしい」そして「商業が大いに勃興した」9「武士と百姓／だけの社会だったこの世に、商人というものが登場し、それが縦横無尽の活躍をはじめ、ついに世の中は銭の世になりつつあ」り、農家生まれの秀吉も「犁鍬をもって地面を這いまわっている農民よりも、諸国をとびまわって銭を生んで歩く商人のほうに、小僧は神秘性と英雄性を感じていた」10のである。

「「三河気質」／というものがある。極端な農民型で、農民の美質と欠点をもっている。律儀で篤実で義理にあつく、侍奉をすれば戦場では労をおしまず命をおしまず働く。着実ではあるが逆にいえば、投機がきらいで開放的でなく冒険心にとぼしい。印象としては陽気さがない」13、一方「尾張はまるでちがう」「いちめんの平原で……道路が多く、水路も多い。となれば自然の勢いで商業が発達してゆく」「さらに、この国は干拓がしやすい……自然、農民に金がある」「そのうえ地勢的に商売がしやすいために人間が利にさとくなり、投機的になる」14「かつ、国の地勢が低地で河川の氾濫が多くせっかくの美田も秋になれば川に流されることがしばしばであった。当然、土地にしがみつく保守的な生き方よりも、外に出て利をかせぐ進取的、ときに投機的な生きかたをとらざるをえない」15、だから「この「小僧」もかわらない。……あきんどの感覚は血肉の色合いにまでなっている」というのだ。

秀吉のなりは「高野聖[3]たちも／（これは人間の子か）／と怪しんだほど、その姿がすさまじい。赤っぽい蓬髪をわらで結び、破れた麻の布子を一枚まとい、腰のあたりを縄でしばっている。／「どこの子だ」／何度もたずねてみたが、言わない。そのくせ愛嬌はわるくない。むしろよすぎるくらいだ。口を横に裂いたような笑顔で、顔いっぱいで破顔う。わらうと顔が皺ばみ／（まるで猿じゃな）／と、高野聖たちはみなおもった」10というほどである。しかし「気が利いて、身ごなしが機敏で、じつに役に立つ」「銭勘定が、早かった」11子どもでもある。

出奔に際しては、母のためにハゼの干物を準備してやる母親思いの子であった。
矢作川では、蜂須賀小六との出会いの代わりに、諸書にはない薬王子という遊女とのエピソードがある。高野聖を追って出奔した秀吉は、矢作川畔で薬王子という高級遊女に気に入られ、一夜をともにする。「最初、……小鳥のように慄えていた。が、次に抱きあったとき、……小僧は猛禽のように悠然とふるまい、自信に満ちた攻撃を薬王子に加え、しかも加えつづけて、薬王子が気づいたときは主客が転倒しきっていた。／（胆もあり、智もある）／と、薬王子は思わざるをえな」60かった。そして風呂と豪華な食事と己の体を与えてくれた薬王子に向かって、自分も「人に奢ってやるような快事はないような気がする」「働いて稼いで、それで永楽銭二十枚の小遣いをはじき出し」「それが分際よ」63と大人びた分別を披瀝する子どもであった。
この小説でもその後美濃、尾張を転々とし、いつのまにか蜂須賀小六の家に仕えている。そこで、「（武家の小者になりたい）……商人よりも武士のほうがはるかに才覚の渡世であることをこの蜂須賀屋敷での小者奉公で知ったし、それが自分に適しているようにおもった。」69小六の薦めで今川家への被官たるべく、針を売りながら東進し、例の松下嘉兵衛に拾われるのであるが、その道中で、生まれて初めて小判を見る。「（矢作の薬王子の優美と、この駿河の黄金は生涯忘れぬぞ）」と思うのだが、店の隠居に「九千人の手下をひきいて横行したといわれる大盗盗跖のような人物になりかねないと思」83われる。
嘉兵衛の屋敷では、己の顔について自覚的になる。醜い顔をしてみせると嘉兵衛は「この猿にはもともと腹の黒い、血の冷えた、佞人の素質があるのではないか」と思い、怒りの顔は「猿の顔たるや、小振りながらも鬼神のようなすさまじさ」、笑顔は「この毒気のない、愛嬌の良さこそ、猿の大身上であろう」100と思うのである。松下屋敷では「われら奉公人は、旦那に得をさせるためにある。旦那にはいちずに儲けさせよ」「わしは奉公を商うとるのよ」104と言い放つ。武家の倫理と資本主義の精神、の融合である。

司馬太閤記の秀吉像は、商品経済が芽生えた時代とそれにもっとも適した風土にもっとも適応した人物、ということになろうか。生来の人並み優れた知恵と胆力に加えて、己のおぞましい側面も劣等感も自覚して制御する近代人としての功利的・合理的な思考の持ち主である。

5 堺屋太一『秀吉　夢を超えた男』

（文藝春秋［文春文庫］、一九九八年、初出は日本放送出版協会、一九九五年）

堺屋太閤記では、信長出仕前のことは詳しくないが、秀吉は天賦の才というものをあまり持ち合わせない。十五歳で出逢った一つ年上で、上方から流れてきた「潜り」の商人がんまくから多くのことを学び、また多くの知恵を借りて、信長に仕官し、その下で出世していく。優秀だが平凡、しかし仕事に誠実なサラリーマンの出世譚である。

がんまくに付いて「潜り」商人をするが、旧来の「座」の商人に滅多打ちにされ、「この事件を通じて、サルは一つの教訓を学んだ。「潜り」商売は手っ取り早く儲かるように見えるが決して大きくはなれない、ということだ」19、すなわち個人の才覚よりもきちんとした組織が必要だというのだ。
堺屋太閤記は、司馬の社会変動重視をさらに一歩進めて、軍隊や国家など組織の経営ということに主眼をおいて書かれた小説であり、経済評論家の面目躍如である。

まとめにかえて

以上、五種の「太閤記」について見てきた。吉川、川口、司馬はいちおうビルトゥンクスロマンとして読むことが出来よう。だからよく読まれた。それを前提にしてこそ、山田太閤記もおもしろい読み物となる。それぞれの作家の主題に合わせて、秀吉像はそれぞれに変わっている。がんまく、一若、蜂須賀小六など定番の登場人物の役割も、架空の人物の設定も小説によってまったくちがう。とりあえずはそれが、本論の結論である。
ちなみに本論では取り上げなかったが、山岡荘八『豊臣秀吉』（講談社［山岡荘八歴史文庫一五］、一九八七年、初出は『異本太閤記』講談社、一九六五年）は、かなり露骨な皇国史観が示されている165。うち、川口、山田、堺屋各氏のものには、昭和の戦争が引き合いに出される。たとえば、「殺し合いのうまいのが、人の頭に立つという、智山和尚の名言は、現代にも伝わって、原子爆弾を保有する二大強国が、地上の実権を握っている。人殺しの機械は次ぎ次ぎに発達し、危険は無限に拡がって行き、文明が人類を破滅に導く」（川口）26、「〔本能寺の変後の明智光秀の不手際に言及して〕このあたり、太平洋戦争における真珠湾攻撃を彷彿せしめる。日本軍の作戦司令部は……それがあんまりうまくゆきすぎて、さてそのあとどんな手を打てばいいか、かえって茫然として貴重な時日を空費したかに見えるのと、実によく似ている」（山田）413、「秀吉が故郷を出た頃は一種の「終戦直後」、約四百年後の昭和二十年代に似たような価値観の変化の時代だった」（堺屋）13、「のちの太閤秀吉は、その人生の第一歩を「闇市無頼派」の浮浪少年として踏み出したのである」（同）17という具合である。

逆に言えば、吉川、司馬両氏には露骨に現代の比喩を使うことはほとんどない。あるいは大河ドラマの原作には、それがふさわしいのであろうか。

その上での、さまざまな秀吉像である。

注

（1）小和田哲男『豊臣秀吉』中公新書、一九八五年、一〇〇頁

（2）同上、二頁

（3）小説中の説明では、「高野〔山〕の弘法大師の功徳を宣布してまわり、その謝礼で暮らしていた旅行僧たちだったが、この乱世では……経典のほかに商品を背負い、旅から旅へ売ってまわる行商人になりおおせている者が多い……乞食、物乞い、浮浪者、他人の嬶盗り、といった語感に似ている。」8

『新史太閤記』にはなぜ朝鮮侵略が描かれなかったのか

山口　公一

はじめに

『新史太閤記』は一九六〇年代後半、司馬遼太郎によって書かれた歴史小説である。[1]一九六六年二月から一九六八年三月まで『小説新潮』に連載され、一九六八年三月、新潮社より単行本が発行された。そこでは、猿顔の小僧（のちの豊臣秀吉）が故郷を飛び出してから、徳川家康を従える時期までを扱い、天下統一を果たしていく小田原攻めや晩年の朝鮮侵略は叙述されない。執筆に際して影響を受けたといわれる山路愛山『太閤記』が秀吉の最晩年まで描いたのに対し、司馬遼太郎『新史太閤記』が朝鮮侵略を叙述しなかったのはなぜなのだろうか。筆者の問題関心はここにある。

本論では、一九六〇年代後半という時期に執筆されたことから、その時代背景としての戦後日本社会の動向を踏まえた上で、司馬が描いた『新史太閤記』などにおける秀吉像や執筆時前後における司馬の韓国・朝鮮観に迫ることで、司馬がなぜ『新史太閤記』で朝鮮侵略を描かなかったのかを考えてみたい。

I 『新史太閤記』はどのような時代に書かれたのか

(1) 高度経済成長と生活革命の時代

司馬が『小説新潮』に「新史太閤記」の連載を開始した一九六六年とはいったいどのような時代にあたるのか。日本は高度経済成長期の真っ只中にあった[2]。高度経済成長期とは、一般的に一九五五年に戦前水準の経済状況の回復を迎えてから一九七三年の第一次石油危機までの一八年間を指す。その始期にあたる一九五五年は、政治的には保革が二対一の割合で国会の議席を占める保守単独政権時代である「五五年体制」が成立し、経済成長率という指標を使った経済政策の立案がなされはじめ、経済政策が国民統合の要となっていった時期であった。この時期は経済成長政策において、「総生産量」という量とそれが実現されるスピードが重視され、生産物やサービスの「質」は二次的とされた時期であった。この一八年間で日本の国民総生産(GNP)は名目で一三倍、実質で五倍となり、一九六八年にはアメリカに続き世界第二位となり、日本経済の規模は急激に大きくなった。こうした成長は、技術革新、設備投資、労働力移動、貿易(対米輸出)、所得倍増計画という経済的要因に支えられたが、なかでも農村から都市への人口移動が最大の理由であった[3]。しかし、一人あたりのGNPでは世界二〇位から二一位で、人びとの豊かさの実感はそれほど「経済大国」となった実感はなかったという[4]。この時期は経済成長は、人びとの敗戦後に貧困からの脱出願望、「豊かさへの渇望」により支えられていた。

高度経済成長によって、日本社会は労働と生活様式を中心に劇的変化を遂げた（「生活革命」）。人びとの「より豊かになりたい、アメリカ的な生活水準に近づきたい」とする物的豊かさ求める心理の下で、マイホーム（団地）、自家用車、最新家電（テレビ・冷蔵庫・洗濯機といった「三種の神器」）を得るために、男性は学歴を確保し、就職先では「モーレツ」に働き、女性はそれを懸命に支えた。雇用者と専業主婦とこどもという核家族化が進み、中間層的な都市家族が形成された。男性の「仕事第一」と「家族団らん」を生きがいとする意識に裏打ちされた「モーレツさ」が企業社会を成立させることとなった[5]。

こうして企業社会の骨格が形成され、それに伴い、社会も急速に変容を遂げていった。政治においても、一九五〇年代の復古主義的な性格から経済成長優先の政策に転換し、その土台となる企業社会システムの下、労働組合などの低迷が始まった。こうした状況下、保守政治のあり方や高度経済成長のもたらした弊害に対する市民運動も盛んとなった[6]。政策においては、「豊かさの質」は二次的なものとされていたが、人びとは単に経済的な「豊かさ」のみを求めるのではなく、「豊かさの質」をも問題としていたのである。

先進自由主義国がともに発展を遂げた「黄金の六〇年代」という国際環境を背景にしたこの時期に

おける日本の豊かさの向上は、国民全体の豊かさが押し上げられるかたちで実現し、個々人の経済格差の拡大を伴わなかった。それ故、縦軸としての「豊かさの過程」の把握に重点がおかれ、その一方で存在した「豊かさと社会の分断」（①性別、健康、民族的出自といった個人ではどうにもならない属性による切り分け、②地域や産業による切り分け、③平和国家戦後日本における軍事空間の維持）といった側面からみた「横軸」からの時代像の把握を見逃しがちになる。[7] 本来この時期の歴史像は、縦軸としての「豊かさへの過程」と横軸としての「豊かさと社会の分断」の双方から把握する必要があることはいうまでもない。

（2）高度経済成長を支えたサラリーマン像

荒川章二は、企業社会形成の背景にある人びとの意識を「雇用者となることを選択した男たちは、終身雇用という安心と家庭形成に即応した生活給的昇級システムのなかで、企業社会に勤労という誠実さを示し、そのことを生きがいと感じ、それが消費生活の単位である家族の経済的豊かさを支えた。雇用の世界での戦後体制と、家族とその住居の戦後体制とが、経済的豊かさへの欲求を媒介に結びついた」と説明する。[8] こうした背景の下で、企業社会の「モーレツ」サラリーマンの姿を探っておきたい。

高度経済成長期のサラリーマンをイメージしたとき、まず思い浮かぶのは、一九六二年に植木等が東宝映画『ニッポン無責任時代』（「無責任シリーズ」・「日本一シリーズ」）で演じた主人公であろう。

植木等演じる主人公は当初「無責任男」として一世を風靡した。青島幸男が作詞した「スーダラ節」や「ドント節」などの劇中歌も映画の雰囲気を反映し、次々とヒットした。会社組織の中で口八丁手八丁であっという間に立身出世を遂げていくというストーリーであるが、植木の「無責任男」はサラリーマンにうけて、爆発的な人気を誇った。映画での「無責任」流の「立身出世」は文字通り当時のサラリーマンの「夢」であった。そういった潜在的な願望を映画が投影していたとも言える。制作側の意図もそこにあったようで、当時のサラリーマンの現状に対するアイロニーとして「無責任男」が描かれた。しかし、「無責任」では生きがいを守ることはできず、植木が演じた主人公も「有言実行」のスーパーサラリーマンに転換を遂げるなどてこ入れがなされるが、一九七一年高度経済成長の終焉を待たずに終了した[9]。

一九六八年四月、朝日新聞社は日立製作所と関連会社に勤める会社員の意識調査を行った[10]。「仕事に神経をすり減らし、月給袋から税金を天引きされ…それでも黙々と働く」姿を「働きバチ」「この勤勉な群像」と称し、残業の過労の中でなおも七割が仕事に満足していると分析している。現在の仕事に「非常に疲れる」「多少は疲れる」と疲労感を訴えた者は七~八割ながらも「生きがい」については「仕事」を挙げるものが約七割、その他として挙げられたのは、「子どもの成長」「一家団らん」「妻と夕食をともにすること」などであった。出世についても、「できれば出世」をと期待を持った者が九割を占めた。その理由は「大きな仕事をやりたい」「人間の本能だ」「地位と名誉、給料も上がる」「同級生に負けたくない」「妻や子どもの手前もある」といったものであった。

高度経済成長下の「モウレツ」サラリーマンは、「仕事第一」と「家族団らん」を生きがいとする意識をもって、懸命に働いたが、その現実は決して「気楽な稼業」ではなかったのである。

Ⅱ　司馬は秀吉をどのように描いたのか

（1）サラリーマンへの期待

こうしたサラリーマンの現実を司馬遼太郎は自身のサラリーマン体験からすでに見抜いていたようである。以下、司馬のサラリーマン像[11]に基づきながら、『新史太閤記』のもつ意味について考えてみたい。敗戦後、軍隊から戻った司馬は新聞記者として生計を立てた。複数の新聞社を渡り歩いたその変遷から自らを「あるサラリーマン記者」と規定した。一九五五年に出版した『名言随筆サラリーマン』（六月社）は「サラリーマン生活の支柱になるような、古今東西の金言名句」を集めてエッセイ風に解説した著作であった。司馬は「宮仕え」＝サラリーマンとは一体何であろうか考え、その原型を「サムライ」に求めた。そこで『名言随筆サラリーマン』では、歴史のなかから「処世の警句」を収集した。司馬はサラリーマンの「発生」は「戦闘技術者」という「職業人」にあったとし、彼らが「徳川幕府の平和政策」により武士は「サラリーマン化」した。その「サラリーマン哲学」が儒教という見解を提示した。司馬は「多くのサラリーマンは「時計のように正確」で「振り子のように単調な労働」に終始しており、その日々を「総和」したものがサラリーマンの「人生の音」としたうえで、彼の人生の成功不成功は「退勤後の人生をどう構成するかにかかってくる」と見ていた[12]。そして彼らが形成するサラリーマン社会の文化をネガティブに分析する。サラリーマンの社会は「理想を発芽」させず、理想のないところには「公憤」があるはずがない。他方で「私憤」ならばどのサラリーマンも有しており、「ポケットに一ぱいつまっている」。「卑小な個人主義の集合体」である社会では「発芽」するのは「私憤」でしかあるまい。そして「大切なのは公憤だ」「正しい合理精神から判断した結論をホンのチョッピリでもいいから、組合という公憤の機関に反映させること」とサラリーマンに訴える。成田は、司馬自身もサラリーマン化したことを自覚し、サラリーという「恒産」により、「恒心」を持つことをよしとし、そこからさらに踏みだし「公憤」を表すことを司馬は期待していると読み解いている[13]。

こうしたサラリーマンへの期待を司馬は自らの文筆活動の内在的な価値の一つにおいていたのではないかと思われる。『新史太閤記』は一介の農民の子であった秀吉が天下人に「立身出世」していく物語であるが、読者と想定されたサラリーマンが秀吉に同一化できるような立身出世物語としての司馬流のアレンジが施されているのではないか。つまり、サラリーマンが「公憤」によって立ち上がり、会社組織での出世を遂げていくための秘訣を読み解く物語としての意味も『新史太閤記』は持っているのではないかと思われる。

『新史太閤記』はこうした読者と想定されたサラリーマンの論理と作者の論理とが相互に反映にして創られた作品とも言えるのかもしれない。

（2）司馬の描いた秀吉像

では、司馬は『新史太閤記』やその他の作品のなかで秀吉という人物をどう描いているのだろうか。浅野純一は吉川英治の秀吉像に「武士・誠実さ」が浮かびあがるのに対し、司馬の秀吉像は「商人」であることが強調され、その「人なつっこさ」が読み取れると分析した。[14] 北影雄幸もまた、司馬の秀吉叙述を根拠に、①「カリスマ性なきカリスマ—新をうしなえば天下がとれぬ」、②「秀吉の人心掌握法—律儀でなければ人は相手にすまい」、③「天性の人蕩し・人間通—赤心をおして他人の腹中に置く」、④「天下一の大気者—大気が天下をとらせるのだ」、⑤「非殺の思想—敵を殺さず、味方を殺さず」、⑥「捨身の行動—生を思うな、死を決せられよ」の六点に、司馬の描く秀吉像の特徴を見いだしている。[15]

こうした指摘からは司馬の秀吉像に立身出世の処世術としての要素が読み取れることを示している。秀吉を「商人」として描くことで、「人なつっこさ」や「律儀さ」という人心掌握法や「人蕩し」として、相手をよく知り懐に入り込む手法、敵味方を作らず、捨て身で事にあたる姿勢などは、読者層として想定されるサラリーマンにとって、自ら属する会社組織でのサバイバル戦術の秘訣として読むことが可能であろう。

こうした司馬の秀吉像の特徴を踏まえ、『新史太閤記』を読んでみると、司馬が描く秀吉の中国・朝鮮に対する一つの見方が透けてくる。

物語の中盤にあたる「中国攻め」の前に、秀吉は主君・織田信長からさまざまな指示を受けるくだりがある[16]。その軍略上の話を終えて、信長は秀吉に自らの子である於次丸の養子縁組を命じた。秀吉はそれを無声の歓呼を挙げて喜び、来年にも於次丸を元服させ、その翌年には家督を譲る旨、信長に申し述べた。それは秀吉の所領もなにかもぜんぶ於次丸に譲り、秀吉自身は一切を失うことを意味する。信長が「そちは、どうするのだ」と尋ねると、秀吉は胸を張って、「拙者、中国を斬りしたがえましたならば、その国々はお側に近侍しておりまする野々村三十郎、福富平左衛門、矢部善七郎、森蘭丸らに賜わりとうござりまする」。「…中略…拙者は、その福富らをつれて九州を征伐つかまつりましょう。この九州がぶじ平定いたしましたならば、ただの一年間だけ支配させていただきとうござりまする」と答えた。信長が「一年だけか」と問うと、秀吉は「はい、一年だけでよろしゅうござりまする。その一年分の米をもって兵糧をたくわえ、軍船をつくり、朝鮮へ討ち入りとうござりまする」と応じた。信長はあきれたが、秀吉は手をふり顔を振っていよいよ弁じた。「その朝鮮を頂きとうござりまする」と。信長は「日本では領地は要らぬというのか」といって天井をふきとばすほどの声で笑った。

秀吉はさらに「…前略…朝鮮をこの藤吉郎めにくれてやるという御教書をいただきましたならばすぐ戦さ支度をはじめまする」。…中略…「公達お一人を御対象として奉じ大明に攻め入りまする。大明が平らぎましたならば、それを公達に進上し奉りまする。さればこのようにすれば、日本、朝鮮、大明は、上様のお手に入るのでござりまする」と申し述べた。

信長は「この馬鹿め」と手をうち、ころげるようにして笑った。笑いながらも、信長は肚の底でつぶやいている。笑いごとではない、この大気者――信長のつけた藤吉郎への美称だが――ならば、おそらくやってのけるであろう、と考えた。

このくだりは本来、サラリーマンにとっては、先に示した会社組織における処世術を読み込む上で、大変重要な部分として理解していい部分である。司馬も「朝鮮を所望するなど、いわば月や星に領地がほしいといいうような、それほどに現実感がない。領地はいらぬというのと同様のことであろう」と解説を加えている。つまりは主君・信長に対する秀吉の絶対的忠誠心がここに描かれていると理解できる。また、秀吉の類い稀なるカリスマ性が「大気者」という信長の所感を通じて描かれている部分でもある。

しかし、筆者がここで考えたいのは、司馬が『新史太閤記』で描いた秀吉の大陸への野心の意図である。司馬が作中でこうした会話を信長と秀吉にさせた背景には、処世術的読み込みもさることながら、秀吉の「商人」的な才覚により、領地が無くとも、経済的に潤うことは可能であるという認識を司馬自身が持っていたからと読み込むことも可能ではなかろうか。

『新史太閤記』には朝鮮に関する叙述は以上のもの程度でしかないが、司馬は一九七四年に発表した「堺をめぐって」(17)において、晩年の秀吉について以下のように評している。

…前略…朝鮮というのは貿易の相手であって、それで…中略…豊臣家も潤ってきた。だいたい国というものは貿易をして相手国から利益を引き出して、そして相手国にも利益をもたらすことによって成り立っているんじゃないか。…中略…その朝鮮に踏み込んでいって、大明国への道案内をせよ、いうことを聞かなければそうとかするぞ、といったバカなことができるはずがない。この辺のところは秀吉も十分理解していたはずなのに、老境に入るにしたがっていわゆる切り取り強盗的な武将根性が丸出しになるんですね。そして東アジアの大将になるんだといった妄想が湧いてくる。秀吉の晩年というのは、こういう誇大妄想的な、これはもう精神病理学の対象になる反応を起こしている。それまで大事に育ててきた、いわば貿易立国主義の豊臣家の行き方をみずから否定する方向へもっていこうというわけですからね。[18]

この評論は戦国時代において貿易の要として発展した堺について論じたものであるが、司馬の秀吉認識を深める上で重要な発言となっている。第一に、もともと豊臣家は「貿易立国主義」をとっていたと考えている点である。第二に、晩年における秀吉の朝鮮侵略に対する批判を明確にしている点である。秀吉の朝鮮侵略はそれまでの「貿易立国主義」の否定であると司馬は考えた。これは戦後日本経済が、貿易によって支えられていることとも関わっての発言であり、認識であるということは容易に理解できよう。秀吉の朝鮮侵略の目的は、各大名を軍役に動員することで自らに権力を集中させようとしたこと、新領土の獲得に加えて貿易を掌握して経済的な利益を得ることにあったため[19]、豊臣政権にとっては内政における権力集中と貿易による経済的利益を得る一挙両得の施策であったのであろう。しかし、それはうまくいくはずがないという司馬の評価には、戦後日本経済の発展を重ねてみたとき、豊臣政権の対外政策は、戦後日本を支えた「貿易立国主義」とは相反するものに変わってしまったとの批判が込められていることがわかる。
このように晩年の秀吉を酷評するが、もともと秀吉は司馬のお気に入りの歴史上の人物であった。「新史太閤記」連載中の一九六三年に書かれた評論「私の秀吉観」[20]には、「秀吉は、すきです。とくに、天下をとるまでの秀吉が、大すきです。歴史上の人物で、私が主人として仕えていいと思うのは、この時期の秀吉です」「秀吉は、とくな男です。晩年はずいぶんひどい人間になっていましたが、悪役の家康のおかげで、いまだに引きたてられている。その天運の恵まれかたも、私の秀吉のすきな点です」とはっきり述べられている。[21]
こうして見てくると、『新史太閤記』に朝鮮侵略の叙述がないことの理由が見えてくる。立身出世物語としての『新史太閤記』はサラリーマンの処世術を示したテキストとしての意味合いを持っていたと考えていいだろう。つまり、「立身出世」の達成は「天下人」となった瞬間であり、それは実質的には小牧・長久手の戦で徳川家康を帰順させた時点で確定した。司馬はそう理解して、この時点で『新史太閤記』の幕引きをしたと考えていいだろう。司馬はその後の秀吉の権力志向丸出しの誇大妄想を好きになれなかった。加えて、豊臣政権の対外政策に高度経済成長を支える「貿易立国主義」の否定を見て、日本経済を牽引するサラリーマンに伝えるべき歴史の意味を見いだし得なかったと思われる。
司馬は一九六八年三月に出版された『新史太閤記』の帯に「天才のちから」と題して宣伝文を寄せている。そこで「日本の近世は、秀吉の天才によって成立している。その天才とはどういうものかということを私は考え、いつかは太閤記を書きたいと思っていた。その機会をようやくにして得た。天才とは光彩の部分と、それに裏打ちされた暗黒の部分があるであろう。私はこの作品を書きつつ、その暗黒の部分を多く考え、しかしながら書くについてはその光彩の部分を主題にした。日本の近世のあけぼのがもしきらびやかであるとすれば、その多くは秀吉のもつ卓越した光彩の部分がそれをさせているからである」[22]と評している。司馬は秀吉という天才の暗黒の部分を考えつつも、『新史太閤記』では意図的に叙述しなかったのだろう。

Ⅲ　司馬は韓国・朝鮮をどう考えていたか

（1）「故郷忘じがたく候」にみる韓国・朝鮮へのまなざし

司馬の描いた秀吉像から『新史太閤記』に朝鮮侵略の叙述がない理由について探ってきた。こうした作業から司馬作品の一部を占める特徴の一つに、司馬の中において、昭和戦前期の日本に対置される戦後日本という「国家」の発展とそれを支える「日本人」への賞賛が込められている点に気づく。そして、そういった趣旨に沿った歴史解釈がなされ、かなり自由度を持って歴史小説を描くことも司馬の手法の特徴の一つであろう。司馬による近代日本を対象とする歴史小説の叙述をめぐっては批判が少なくない[23]。例えば、日露戦争の勝利によって、日本は欧米列強の仲間入りを果たしたとする評価は、「西洋文明」の価値基準を是とするものであるから、西洋文明基準からみて遅れたアジア（中国や朝鮮）への蔑視と表裏の関係で理解される必要がある。ここではこうした議論を念頭に置きながら、司馬自身が韓国・朝鮮をどうまなざしていたのかについて、探っていくこととしたい。

一九六八年三月、司馬は『小説新潮』の連載終了と期を同じくして『新史太閤記』を単行本として出版した。その直後ともいえる同年六月、『別冊文藝春秋』に、短編「故郷忘じがたく候」を発表している。(24) 内容は「一六世紀末、朝鮮の役で薩摩軍により日本に拉致された数十人の朝鮮の民があった。以来四〇〇年、やみがたい望郷の念を抱きながら異国薩摩の地に行き続けた子孫たちの痛哭の詩(25)」と表現されている。一五九七年八月の南原（ナンゲン）城攻防戦で宇喜多秀家を総大将とする約一〇万の日本軍と戦った守備兵で日本に連れてこられた朝鮮人に陶工・沈寿官（シンスグアン）がいた。彼とその子孫は「朝鮮筋目の者」という呼称で「武士の扱い」を受けて、薩摩半島の苗代川という七〇戸ばかりの部落で朝鮮伝来の焼きものを薩摩焼として伝承してきた。それから約三七〇年後、先祖に代わって故郷である青松（セイショウ）に墓参りを果たした一四代目沈寿官（ちんじゅかん）の物語である。

ここで司馬は『新史太閤記』では描かなかった朝鮮侵略（司馬は「朝鮮ノ陣」と表現している）を描き、それに巻き込まれた沈寿官の末裔である一四代目の心性に迫る。一四代の歳月は沈寿官をすっかり「日本人」に変えていた。小学生のころは自分が朝鮮人であるとは全く思っていなかったと一四代目は振り返る。しかし、その沈少年を「韓姓であるのに名乗り出ない」との理由で、日本人児童一〇人ほどがよってたかって殴った。この経験から一三代目の父から自分のルーツをはじめて伝えられたのだった。中学の頃は、カンニングする同級生を見て、廉潔の国民性を持つという日本人の血が流れているのだろうかと真剣に悩んだりもしたが、その悩み自体が逆説的で、彼自身が日本人の血への信仰を持つことに気づいていく。一四代目沈寿官が一九六六年一月に美術史関係の研究者に招かれて渡韓した際、ソウル大学校での講演の末尾で「韓国にきて、若い人のたれもが口をそろえて、三六年間の日本の圧制について語った。もっともであり、そのとおりであるが、それを言いすぎることは若い韓国にとってどうだろう。言うことはよくても言いすぎるとなると、そのときの心情はすでに後ろむきである。あたらしい国家は前へ前へと進まなければならないのに、この心情はどうであろう」と言い、「あなた方が三六年を言うならば、私は三七〇年をいわねばならない」と結んだという。司馬は「聴衆は拍手をしなかったが、その後の学生歌合唱は演壇上の沈氏に贈るために歌声を沸き上がらせ、満堂をゆるがせた」と記している[26]。

沈寿官は自らを「日本人」と規定したが、韓国と日本の狭間に生きる存在として、韓国における若者の過度なナショナリズムを諫め、朴正煕大統領の晩餐会で軍歌「麦と兵隊」を歌った。司馬がこの沈寿官の例をもって、日本と韓国との狭間にある存在を語ろうとしたのは、「「日本人」のナショナリズムの表現が「帝国」を抜きにしては行えない」「国民国家と同時に形成される「国民」と「民族」との関係がひとすじでは行かない複雑なありよう」にあったと成田龍一は読み解く[27]。こうした見方から、血の継承として表象される民族主義とは対置されるような日本と韓国の狭間に生きたマイノリティーへの司馬のまなざしを窺うことができよう。

一九七一年夏から『週刊朝日』に連載された「韓のくに紀行」の冒頭には、韓国を訪れた司馬のとまどいを読み取ることができる。現地の案内であるミス車(チァ)から「どういう目的で韓国にいらっしゃるんですか」と問われたとき、司馬は「……さあ」と応じてしまったが、その意味を「韓国への想いのたけというのが深すぎて、ひとことで言いにくかったのである。私は日本人の先祖の国にゆくのだ、ということを言おうとおもったが、それはどうも雑な感じもして、まあ古いころ、それも飛びきり古いむかしむかしにですね、たとえば日本とか朝鮮とかいった国名もなにもない古いころに、朝鮮地域の人間も日本地域の人間もたがいに一つだったとそのころは思っていたでしょうね、ことばも方言のちがい程度のちがいはあるにしても、大声で喋り合うと通じたでしょう。そういう大昔の気分を、韓国の農村などに行って、もし味わえればと思って行くんです、と私はたどたどしく話した」と説明している。[28]また、司馬は一九八一年の林屋辰三郎との対談で「私の母方の祖母の実家というのは蘇我氏の直系と称してきた百姓」であるとも語っている。[29]

そういう意味もあって、司馬の心の中にある「自らのなかにある渡来人の血への意識」が韓国・朝鮮への強い関心に結びついていたということになる。

『新史太閤記』の出版後すぐに「故郷忘じがたく候」を発表した背景には、「日本人」のルーツとしての韓国・朝鮮への強い関心と同時に、自らと対称的でありながらも「日本人」となっていった沈寿官の歴史に重ね合わせる司馬の思考を見出すことができよう。司馬が「故郷忘じがたく候」で描いたものは、沈寿官が「日本人」となった現在になってもそのルーツである「故郷」（韓国・朝鮮）を忘れることができないメンタリティーであったが、それは司馬も共有していたものであった。

（2）政治的スタンスと歴史の見方

こうした司馬による韓国・朝鮮への関心の叙述のあり方の意味を考えるためには、司馬自身の政治へのスタンスのとり方や韓国・朝鮮の歴史の見方に迫る必要がある。

「韓のくに紀行」では、「朝鮮」ということばの定義について、「まあ、この稿では民族の名称として朝鮮人というぐあいにゆきます。むろん韓国人、韓人、韓民族などと書いたりもするが、それらは便宜上同義語であるとし、いずれも政治的な塩っ気を抜いた言葉のつもりであることをことわっておきたい。しかしながらときに政治的課題にふれなければならないときには、ちゃんと両国の国名を書くことにしたい[30]」と記し、その政治的意味合いをもつことばの使用について慎重な姿勢をとっている。また、朝鮮半島の分断の歴史については、「朝鮮人は変ってるなぁ」と前振りをした後で、「いずれ歴史が、朝鮮本土を一つの国家にまとめる機会をつくると思われるが、そのときまとめ役としてかならず第三勢力の登場が必要であるのに、日本における六十万の朝鮮人が本土同様二つに分かれていて、誰が調停者になるつもりであろう。朝鮮人ほど老いた歴史をもった民族はそうざらになく、政治というものはどういうものであるかを民族の智恵としてそなわりすぎるほど備えているはずであるのに、その聡明さを、政治的論理という、その鋭利で、そして鋭利なほど一種の快感をよび、また快感をよべばよぶほど物事が不毛になるという危険な抽象能力が、覆ってしまっているのかもしれない[31]」と朝鮮半島統一時の調停者として、在日コリアンへの期待を滲ましている。さらに遡って、日本の朝鮮植民地支配については、「あんなウルサイ民族と二度とゴウヘイ(ママ)したいという日本人はいないでしょう」と、韓国・朝鮮人に対する忌避観を悪気なく露わにする部分もある。しかし一方で、「朝鮮人も日本人も一つだった。…中略…はるかなるむかし、東は沿海州から西はロシアのむこうまで、ユーラシア大陸の北部のほうを東西に走りまわっていた騎馬民族は、ウラル・アルタイ語族に属することばをつかっていたであろう。…中略…この連中の末裔と思われるもので、こんにち文明国をつくっているのは日本と韓国もしくは朝鮮しかなく、私は十代の終りごろにモンゴル語を勉強しながらそのことに気付いたとき、日本人と朝鮮人の可愛らしさに涙のこぼれるような感動をおぼえたことがある。ただし、当時朝鮮は独立国ではなく、日本がむりやり領土として抱き込んでいた。それは朝鮮人がなにかにつけて、『日本帝国主義支配三十六年』という、朝鮮史上の暗黒時代のことだが、そのころ私は朝鮮人の友人から『朝鮮はかならず独立する』という言葉をきいた。そのとき、べつにおどろかなかった。民族としては当然そうあるべきで、…中略…私が朝鮮人なら死を賭してでも独立運動をやると思い、そう思った自分にはげしい感動を覚えたことがある[32]」として「日韓同祖論」に基づきながら、韓国・朝鮮への愛情を示すと同時に、韓国人のナショナリズムへの一定の理解・了解も示していることもまた事実である。

しかし一方で、「たとえば、この時代［戦国時代―山口註］に朝鮮は李朝体制で、一枚岩の専制国家として続いていたわけですが、朝鮮がダメになるのはこの中世的専制国家のためですからね。李朝五百年という中国風体制国家は朝鮮人のバイタリティーを失わしめたものはない[33]」と朝鮮停滞論的な歴史把握を示しており、朝鮮の発展の主体性を否定した見方が司馬の朝鮮観の一つの特徴である。その意味では先に述べたとおり、西洋文明基準からみて遅れたアジア（中国・朝鮮）については評価しない見方をとっており、その点に対する批判には留意しておく必要があろう。

自らの出自への関心に始まり、朝鮮に強い関心をもった司馬は、日本と朝鮮の歴史を非常に長いスパンで捉えている側面も確認できる。広い意味における「日韓同祖」論[34]、民族自決主義に立脚した朝鮮独立運動への理解などにもみられるように、ある一定の韓国・朝鮮を理解しようとするまなざしを持っていた。そのことは「故郷忘じがたく候」において、秀吉の朝鮮侵略の際に、捕虜として日本に連行されてきた陶工（陶芸家）沈寿官の末裔の物語を描いた姿からも理解できる。その意味では、『新史太閤記』に朝鮮侵略のくだりが存在しないのは、単に立身出世の物語にそぐわないということだけではなく、司馬のある種の朝鮮への想いと大好きな秀吉への想いとがうまく融合した秀吉の朝鮮侵略の物語を描くことができなかったために、むしろ描かないという選択させたものとも考えられよう。

また、『小説新潮』への掲載が始まった一九六六年二月は日韓基本条約をめぐる政治闘争がはげしく展開した一九六五年後半期の直後であり、実際の執筆開始は国会で条約批准の強行採決が行われ、闘争が最もはげしかった一一～一二月という時期に開始された可能性もあろう。司馬の政治的感覚や韓国・朝鮮への忌避観はこうした現実の政治状況のなかで、当初から全体像のなかから朝鮮侵略のくだりを落としていた可能性もある。

『新史太閤記』に朝鮮侵略が記述されていない事実を考えるとき、司馬の朝鮮観に考慮する必要があるであろう。

おわりに

『新史太閤記』が書かれた時代は高度経済成長の真っ只中であった。サラリーマンは「仕事」と「家庭」に生きがいとする意識を基盤に「豊かさ」を求めて、「モウレツ」に働き、日本の高度経済成長を支えた。しかし、サラリーマン生活の現実は決して「気楽な稼業」と言えるものではなく、仕事に神経をすり減らし、給料から税金の天引きを受けながらも、黙々と働く勤勉な「働きバチ」と称された。残業の過労の中でなおも七割のサラリーマンが生きがいは「仕事」と「家族団らん」であると答え、「できれば出世」をと期待を持った者は九割を占めた。司馬はこうしたサラリーマンが「公憤」を表すことを期待しつつ、歴史上最も好んだ人物である秀吉の、主に「商人」としての才覚をクローズアップすることで、立身出世の処世術としての要素をちりばめた物語『新史太閤記』を描いた。そこでは立身出世の処世術という側面ばかりではなく、戦後の高度経済成長の一要因であった貿易による発展と朝鮮侵略以前の豊臣家の「貿易立国主義」を重ね合わせることで、戦後日本の発展を物語の背景に置いていたものと考えられる。そう考えると、司馬にとって、秀吉の朝鮮侵略はこうした「貿易立国主義」とは相反する行動として捉え返されることとなり、晩年の秀吉の評価は極めて低いものとなった。『新史太閤記』という立身出世物語は、小牧長久手の戦で徳川家康を帰順させ、秀吉が事実上の天下人となった時点で終幕とされた。その終幕の直後に、司馬は、朝鮮侵略の際、日本に連れてこられた朝鮮人の末裔である陶工・沈寿官とその子孫を主人公とする「故郷忘じがたく候」を発表している。それは司馬自らのなかにある渡来人の血への意識から生じた韓国・朝鮮への想いと同時に、血では説明しきれない民族主義（ナショナリズム）への強い関心を示していた。司馬は「日本帝国主義支配三六年」から朝鮮は必ず独立するという友人の言葉を耳にした際も当然の発言と理解し、韓国人のナショナリズムへの一定の理解を示す一方で、日韓の狭間で「日本人」として生きるに至った一四代目沈寿官のようなマイノリティーを描いた。そこには司馬流のナショナリズム批判を読み取ることも可能である。一方で「文明」という西洋文明基準からみて遅れたアジア（中国・朝鮮）については蔑視的な見方が発言や叙述から立ち現れることもあり、そのことは多様な評価のある中で、司馬の歴史へのまなざしへの批判として留意する必要がある。

ただ、そういった批判をより深めるべく、高度経済成長期の日本社会における韓国・朝鮮認識はどのようなものであったのかを「同時代」の文脈で見直しながら、「司馬文学」を改めて読み解く必要があるであろう。

注

（1）本論でテキストとして使用したのは、司馬遼太郎『新史太閤記』〔上下巻〕（新潮社〔新潮文庫〕、一九七一年）

である。以下、本論で挙げる『新史太閤記』の頁数等は新潮文庫版によるものである。
(2) 高度経済成長期の社会状況については、中村政則「高度経済成長とは何だったのか」(国立歴史民族博物館編『高度経済成長と生活革命』吉川弘文館、二〇一〇年)、荒川章二『豊かさへの渇望』[日本の歴史16](小学館、二〇〇九年)に依拠した。中村は一九六〇〜七三年の時期を「『戦後』の基本的枠組みの定着」期として、高度経済成長の時代、大量消費社会の成立、既成価値への反逆の時代、ベトナム戦争、未完の「戦後処理」といった特徴からこの時期の歴史を描いた(中村政則『戦後史』岩波書店[岩波新書]、二〇〇五年)。なお、高度経済成長期の始期を朝鮮特需による高い経済成長率にみる一九五〇年説(中村隆英)もある。
(3) 前掲『戦後史』八九〜九五頁。
(4) 前掲中村論文四頁。
(5) 「モーレツ」という用語は「猛烈」をカタカナで表記したもの。一九六九年の丸善石油のCMで使用されたフレーズの一部で、高度経済成長期の世相をよく示している。「気合と根性で働く泥臭いサラリーマン」を当時「モーレツ社員」といった。
(6) 渡辺治「高度成長と企業社会」(同編『高度成長と企業社会』[日本の同時代史27]、吉川弘文館、二〇〇四年)一四〜一五頁参照。
(7) 前掲『豊かさへの渇望』一四〜一六頁より、著者荒川の指摘に依拠している。
(8) 同右書一二〜一三頁参照。
(9) 戸井十月『植木等伝「わかっちゃいるけどやめられない!」』(小学館[小学館文庫]、二〇一〇年)などを参照。
(10) 「日立製作所と関連会社三六五人の意識[本社調査]」『朝日新聞』一九六八年四月三〇日朝刊八面。以下、カッコ内は同記事からの引用である。
(11) 成田龍一「はじまりとしてのサラリーマン」(同著『戦後思想家としての司馬遼太郎』筑摩書房、二〇〇九年)参照。ここでの司馬のサラリーマン像は本書の成果に依拠した。

(12)同右書二〇頁。
(13)同右書二一～二三頁。
(14)淺野純一「信長出仕前の秀吉像」「「太閤伝説」形成の基礎的研究」研究会報告、二〇一〇年一一月二五日)。
(15)北影雄幸『決定版司馬史観がわる本〔源平・戦国史観〕』(白亜書房、二〇〇五年)。
(16)前掲『新史太閤記』〔上巻〕「播州」四九八～五〇三頁所収。以下のカッコ内は当該頁からの引用である。
(17)司馬遼太郎「堺をめぐって」(『司馬遼太郎全集』第三〇・三一巻月報、文藝春秋、一九七四年二・三月)。後に『歴史の中の邂逅2』(中央公論新社〔中公文庫〕、二〇一〇年)一六八～一八一頁に収録。
(18)同右書一七六～一七七頁。
(19)歴史教育研究会(日本)・歴史教科書研究会(韓国)編『【日韓歴史共通教材】日韓交流の歴史―先史から現代まで―』(明石書店、二〇〇七年)一二九頁。
(20)司馬遼太郎「私の秀吉観」(『歴史読本』一九六三年一〇月)。前掲『歴史の中の邂逅2』一四一～一四四頁。
(21)同右書一四一頁及び一四四頁。
(22)司馬遼太郎「天才のちから」(『新史太閤記』単行本帯、一九六八年)『司馬遼太郎が考えたこと3』(新潮社〔新潮文庫〕、二〇〇一年)四一一頁。
(23)代表的なものに、中村政則『司馬史観と「坂の上の雲」』(岩波書店、二〇〇九年)、中塚明『司馬遼太郎の歴史観』(高文研、二〇〇九年)、前掲成田『戦後思想家としての司馬遼太郎』がある。例えば、『坂の上の雲』では、主語として日本という「国家」「民族」を用い、近代日本の帝国主義を肯定と賛美するばかりで、近代日本のアジア蔑視の問題の克服へのまなざしを持ち合わせていないという批判や「朝鮮を描かない日露戦争史」(中塚明)となっている。また「朝鮮を「西洋」の基準で裁定し、朝鮮を「遅れたもの」としても描いている」、「ジェンダーと植民地主義的観点に欠ける点」(成田龍一)、「明治国家と昭和国家は国制史的に同様のものである」(中村政則)などの批判もある。

（24）司馬遼太郎「故郷忘じがたく候」（『別冊文藝春秋』一九六八年六月）、同著『故郷忘じがたき候』（文藝春秋［文春文庫］、一九七六年）に収録。

（25）同右文庫新装版（二〇〇四年）カバー裏要旨を引用。「約四〇〇年」とは二〇〇四年から遡った計算となる。

（26）沈寿官のソウル大学校での講演におけるカッコ内の引用は同右書六五～六六頁所収。

（27）前掲成田『戦後思想家としての司馬遼太郎』一八七～一九二頁参照。成田は、司馬が描いた『竜馬がいく』や『坂の上の雲』が、日本人が「国民」として自覚していく「国民の誕生」の過程をあがいた作品であったとすれば、「故郷忘じがたく候」で描いた沈寿官はそうした「国民」に収まりきらない「日本人」の姿であったと成田はいう。そして、沈は日本という国民国家の「周縁」に位置するマイノリティーであったが、日本の「国民」たることに熱心であったという「国民」と「民族」との関連が錯綜し転倒する複雑さを司馬は提供していたと成田は評価する。また、「血というのはうそだ」（前掲『故郷忘じがたく候』五〇頁）と沈寿官が悟った叙述に、「日本人」を「血」とは異なるもので定義づけようとする方向性を肯定的に見る司馬の思考を成田は見いだしている。

（28）司馬遼太郎『街道をゆく2　韓のくに紀行』（朝日新聞社［朝日文庫］、二〇〇八年新装版）一〇～一一頁。『週刊朝日』に一九七一年に連載され、単行本は一九七二年に発行されている。

（29）司馬遼太郎・林屋辰三郎『歴史の夜咄』（小学館、一九八一年、のちに小学館文庫、二〇〇五年）。司馬の祖母の実家西川家は蘇我馬子の本拠地にあったという。

（30）前掲『街道をゆく2　韓のくに紀行』一四頁。

（31）同右書一七頁。

（32）同右書一三～一五頁。

（33）司馬遼太郎「大坂城の時代」（『波』一九七二年一月号）、前掲『歴史の中の邂逅2』一四五～一五七頁掲載。引用部は同右書一五五頁。

(34) 司馬の「日韓同祖」論理解については、上田正昭「司馬遼太郎と朝鮮」(『國文學』一九七三年六月、のちに『司馬遼太郎』〔群像日本の作家30〕、小学館、一九九八年所収の七三～七四頁)を参照のこと。なお、戦前の日本において、いわゆる「日鮮同祖論」は、日本の朝鮮植民地支配を合理化する論理としてしばしば利用されていた点に留意しておく必要がある。

小瀬甫庵『太閤記』における「理」と「天」

武田　秀夫

はじめに

「秀吉の生涯はかくの如く卑賤より成上りしものなりしかば、従って小説家の話柄（たね）になりそうなる逸事少なからず。」（山路愛山『豊臣秀吉』上・七四頁、岩波文庫、一九九六年。最初の刊行は、明治四一〈一九〇八〉年）「正確に秀吉の公人たる生涯を説かんとすれば先ず永禄一一（一五六八）年（秀吉三二～三三歳頃）を以ってその発端とすべきか。これより前の物語は豊公の伝記としては史家の領分よりもむしろ小説家の領分に属すべきものならん」（同上八六頁）として、史実としての秀吉像を追求した山路愛山（一八六四～一九一七年）からは、しばしばその小説家的フィクションを指摘される甫庵の『太閤記』であるが、なかには「前後の事情を案ずるに『太閤記』の方是なるに似たり」（同上三一三頁）とされて、評価されることもあり、一読者として、なかなか読みごたえのある興味と面白さを感じたものである。

1　小瀬甫庵と中国思想

そのわけの一つは、多くの漢籍からの引用があることである。中国の思想を曲がりなりにも専門としているものとして、中国の思想の何を、またどのように読み込み活用しているかの実例として興味を持ったのである。

もう一つは、本文の端々に「評曰」、「或人曰」、「傍人曰」として、しばしば事件や事柄の率直な評価、感想、風聞・エピーソードなどが述べられたり、紹介されたりしていて本文の話柄を引き締め、印象深くしていることである。そしてここには、甫庵の儒医としての面目が現れている。

そうした一例として、信長の葬儀の段（巻三　信長公御葬礼之事）とともにこの段に付せられた評語を見てみたい。以下の頁数は『太閤記』（新日本古典文学大系、岩波書店、一九九六年）のものである。

「壬午七月中旬、秀吉卿御次丸（信長の四男　秀吉の養子）を相伴ひ上洛ましまして、於本能寺前将軍御腹めされし寺にして、御愁歎甚しく、涙数行、正躰もましまさぬ形勢、哀にも殊勝にも見えてけり。」（七七頁）

この一段についての評語は以下の通りである。

＊評して曰く、秀吉の忠孝、上に立べき御連枝もなく下に双べき大臣もなし。依レ之天下を掌握し、富四海に溢、威古今に秀たり。豈天の助にあらざらんや。然則、数代相つゞき家運尽る期有まじき事也。還て秀頼卿の亡びさま後絶にし事などつら〳〵思ふに、信長公の厚恩を深くおぼさるゝに実あらば、信孝（信長の三男）を弑し被レ申まじき事、一、信雄卿を秋田へ流し奉り、尾州勢州の御知行を奪取被レ申まじき事、二、信忠（信長の嫡子）御子黄門（信忠の子）を天下の主とし、其身は周公旦を学び給ひなん事、理の正当たらんか。背レ理則背レ天也。背レ天則秀頼卿のやうに、何も子孫に付て天のとがめ有と見えたり。又秀次公のやうに、背レ理事の甚しきは、其身に対し天のとがめ有もあり。畢竟忠孝の似せ物故、秀頼卿跡かたもなく後絶たるか。又秀吉日本国中検地し侍りて諸人の安き事を奪取て、其身ひとり栄華に誇り加階に付てもはばかる所なかりしゆへにもあらんか、是三。後の明君子細評して正し給はば万幸。

或曰、唯理に背き給ひし一病故、治世窮しき。」（七九〜八〇頁）

先ず最初に、「自二微小一起り古今に秀、寔に離倫絶類之大器たり」（一二頁）と評された秀吉が、信長の重臣たちを尻目にのし上がって活躍し、やがて天下を手中にする勢威を示すようになったのは、天の加護、助けがあったからとする。

そして次に、だがこの「天の助け」による成功も「背理（理に背く）」時は「背天（天に背く）」こととなって、その身や子孫が「天のとがめ」を受けることになるとして、秀頼と秀次、さらには秀吉の悲運を挙げるのである。ここには甫庵思想の「理」と「天」の二つの柱が出てくる。

この「理」と「天」の視点は、甫庵が行為や事象・事蹟を捉える時の認識・判断・評価基準ともいうべきものであり、この視点を以て彼は信長や秀吉の時代の有為転変の有様を追認識・体験し、凝視し、吟味し、整理したのだと思われる。勿論この視点だけではないが、基本はこの二点の視点である。

2　小瀬甫庵の「理」と「天」

彼のこれらの視点がまとめられて出てくるのは、『信長記』（全一五巻、慶長一六〈一六一一〉年）の最後に附載された「自汗集」においてであるが、彼はそれに飽き足らなかったのか、一層整備増益し「八物語」としてこの『太閤記』巻二〇、二一に組み入れ、また書首の「豊臣記自序」、「凡例」、「或問」にもそれらの要点が摘記されている。これらには彼の儒教思想ばかりではなく、それに関連する思想が端的に表明されている。先ず「理」の問題について、その一、二を見ることにしたい。

「八物語」の最初に置かれた「君臣両用」篇には次のようにある。

＊治世之国柱八本有。①能(よく)知ㇾ賢大旱に降雨の如く用ゐなすと、②去二小人(ルコト)一当(あたりテ)ㇾ理無(く)二私心一、③儒学之実理を勧め行(ふ)、④軍法之真に熟し、与頭(クミガシラ)等を撰(エラブ)事明らかに、⑤知(りて)二天下国家(ヲ)一而子孫之栄久なるべき遠慮と、⑥天下之可(べき)ㇾ乱(る)機を知ると、⑦鰥寡(クハンクハ)孤独を恤(メグ)む事の根に入て深く、⑧本善之美に止(とどまり)て不ㇾ移となり。

評曰、此八は天下を有つべき宝剣なり。国主朝夕の勤(ツトメ)としてみがき給ふべき事なるを、小人を愛し浮利に溺れて宝剣をにぶくし、国家を乱し名を汚す事世以多し。熟古今の盛衰を窺ひ観るに、此事の理に当ると不レ当となり。此八を養ふ本は、心を虚にして理に順ふと、賢に能任ずるとなり。かくて国柱いとつよく立て、宝剣益光あり。（五六〇頁）

国家経営・統治の根本として、八項目を掲げるが、その内に③「儒学の実理を実践する」が挙げられていることが注目される。これは評語の中の「よくよく古今の国主の盛衰の様を熟視するに、「その原因は八項目の」事（＝行為）が理に当っているかいないかによる」の「理」に関係すると思うからである。「八物語」の中で、この「理」は、また「正理」、「理義」（『孟子』告子上「故理義之悦二我心一、猶三芻豢之悦二我口一」［集注］「程子曰、在レ物為レ理、処レ物為レ義」）、「義理」「天理」なども熟しても使用されるが、いずれも新儒教（宋学・朱子学なども）における重要な概念である。

それらに関しての文言を拾ってみると、以下のようなものがある。

＊聖経賢伝之書をよみかなへし人はおほかめれども、理義の暁し熟して修レ身はすくなし。是何れの碍ぞや。唯詞の花色香ふかゝらん事を専好むで、理の正当を不レ貴にも在か。…諸の記、草子物語之書に引合、理義之当否、其勝劣を評せるは鮮し。（五五五頁）

＊夫政を行ふに正理を以すれば、をのづからなる徳化、春草のもえ出るやうに、…かくて政道の美あらはれ出。（五七三頁）

＊大志ある人は…しかはあれど理義の中に遠ざかる事はうすし。（五八二頁）

＊学者書を広く見ん事をのみ専とし、理義の実を尽さざれば一心定る事なく、異端に溺れ其行空し。

（五八六頁）

＊夫士たるの格は貧富を以心とせず。忠義を以心とし、何事も理に合ふべし。（五八八頁）

＊唯理義之自然に順て静かなり。是真之富貴なり。（六〇〇頁）

＊吾朝之義理の強きは唐にもをとるまじくや。しかはあれど口惜しき事侍るなり。唐の義理は宜（校訂者注：理にかなった道理の意）に合て大小有。日本は毎事緊密也。異朝は撰レ士法の有故か。（六〇二頁）

＊君能心学理義を好み給ふやうに諫むべし。…評曰、君心学を勧め行ひ常に理学を評し給へば、国政自然に行はるる物なり。（六〇二頁）

＊為レ学之道莫レ先二於窮一レ理。…此不易之理也。（五八九頁）（朱熹「行宮便殿奏折・二」）

＊天、理也。人亦理也。循レ理則与レ天為レ一、与レ天為レ一、我非レ我也。理也。理非レ理也。唯文王純徳故曰在二帝左右一。『性理大全』（六〇四頁）

ところで、この「宋学の伝来は順徳天皇建暦元年（1211）俊芿法師が宋より帰朝の際多くの書籍をもたらしたのに始まるとされている」（市川本太郎『日本儒教史』（三）中世篇五一〇頁、東亜学術出版会、平成四年）といわれるが、俊芿法師の帰国は朱子（一一三〇～一二〇〇年）没後間もなくのころである。勿論朱子学が慶元偽学の禁（一一九六年）によってご法度になったこととともに、ご法度になるほどすでに流行の学問になっていたことも彼は知っていたであろう。

3　小瀬甫庵とその時代

日本ではその後、この新儒教は主に禅僧によって担われてきたが、やがてひろく「地方武将の間にまで朱子学は発展するに至」（同上五三〇頁）るようになり、やがて藤原惺窩（一五六一～一六一九年）以後、新儒教の指導権は禅僧の手から離れ儒者へと移っていく。甫庵はそうした新気運の中にいた人である。「宋朝に盛んなりし四大儒の書を且管見し」（八物語之起五五六頁）と述べるように、彼は朱子学を中心として、広く中国の典籍を読んでいたと思われる。

そしてまた「臣道」篇の「果敢の行事を論ず」の中の一項目に次のようにあるのが注目される。いわゆる善書に見られる勧善懲悪的な感応思想であり、「天」にかかわる問題である。

＊或問、近き比秀吉公わづかなりし身なりしが天下平治し、剰朝鮮国をも対治し給ひて、富四海に周く威海外に溢れしは、いかやうなる果敢決断の至れるにておはさんや。答曰、第一、秀吉公は倫をはなれ絶レ類たる才勇兼備りし人なり。殊信長公にわかゝりし時よりつかへ奉り、其行をみて善をば取あしきをば去給ひし故にて侍らんや。第二、俊士を多く扶持し給ふて恩義を清うし忠を感じ、厚レ禄以育レ材、去レ欲以行レ善、撫二近国一懐二遠邦一給ひし故なるべしや。第三、秀吉公の祖先善事を大に修せられたる事も有しか。

評曰、秀吉のやうなる極幸にあふ事は天の助なるべし。傍人曰、此幸に強て至らんとすればならず、反て天のとがめ有。励ざれば至らず。いかがあらむや。対曰、唯能修レ身時をまたんのみ。

又問、秀頼あやなく亡び給ひし事は何れの故ならんや。対曰、父秀吉公人道を謀るには工なりしか共、天を計るに至りては拙かりし故によれり。

評曰、強て道に違ふ時は天のとがめ必ずはげし。（五八七頁）

このように秀吉の幸運と悲運は「天」の加護、懲罰によるとする捉えかたは、玉懸（「松永尺五の思想と小瀬甫庵の思想」『藤原惺窩　林羅山』解説、岩波書店、一九七五年）や檜谷（『太閤記』解説、岩波書店、一九九六年）も指摘するように、中国の善書の思想から来ていることは確かであろう。以下そうした応報・感応思想を示す文言を一、二拾ってみる。

＊太戊常（殷の第十代目の王）は政道に私心有しかば、天より災を降し禍を得給ひしか共、過を改め身を罪し給ふに因て、禍変じて福を得、其証如レ此。（五七五頁）

＊至誠至信　則神感之至れる事疑なし。（五八四頁）

＊されば篤実なれば、天神も感応し給ふ。（六〇一頁）

事実彼は、『明意宝鑑』（一巻七篇）なる善書を輯録、編纂している。この書は慶長一六（一六一一）年頃の出版（『慶応義塾図書館和漢帰朝書目録』一一六頁、二〇〇九年）とされているが、その最初の三篇は、「明初、道家・仏教的文献からの引用文をも含めた嘉言宝訓集である『明心宝鑑』」（酒井忠夫『中国善書の研究』下三三〇頁、国書刊行会、二〇〇〇年）からの抜粋であるとされており、また彼の「編集した『政要抄』（慶長ころ刊）の中には『明心宝鑑』から十数ヵ条引用されているという」（同上三三〇頁）。

そしてこの「『明心宝鑑』は、一六一〇年ころまでには、…（日本に）伝来していたであろう。…学者文人によく読まれていた」（同上三三一頁）とされるが、甫庵もそうした知識人の一人であり、善書思想の普及に一役買っていたのである。

まとめにかえて

以上、甫庵の「理」と「天」について若干見てみたが、最後にこの理と天の関係についてみてみたい。というのも、前掲の玉懸が甫庵の『童蒙先習』（慶長一七〈一六一二〉年序刊本）について、「理に則った政が容易に治国平天下を実現するという政治面でのことわり―朱子学的なもの―が、天の人格的なダイナミックな応報作用―非朱子学的なもの―によって保障されている」（玉懸解説五一七頁）として、いわば朱子学的なものと非朱子学的なものの同居を指摘しているからである。つまり、甫庵は朱子学的「天」つまり理性・法則的「天」を拒否して、そこに人格・意志的「天」を据えたということであるが、確かに同意できる分析であると思う。

そしてこのことが、『太閤記』が正確な史実を追うだけの史書ではなく、「さまざまな要因をふくむ〈ごった煮〉的魅力をもった史書であり軍記であり読み本でありして読者を得…、太閤記物の祖たる一因」（前掲檜谷解説六六七頁）たらしめたと言いうるのであろう。なによりも「八物語」や本文やそれに添えられた評語等における「天」による勧善懲悪的な筆運び、また「秀吉公之事も、善を善とし、悪を悪と」（凡例四頁）する甫庵の朱子学などに支えられた心意気による叙述のありかたが、読者の共感を呼んだのではなかろうか。勿論「褒善貶悪」（凡例の最初の言葉）を胸底に秘めての本文の叙述の巧拙については、また別の視点からの分析が求められる。

「太閤」の語史

櫛引祐希子

1　はじめに

「太閤」を国語辞典で引くと、次のように説明されている。

○『大辞泉』（小学館、一九九八年）
①摂政・太政（だいじょう）大臣に対する敬称。のち、関白辞任後も内覧の宣旨を受けた人、または関白の位を子に譲った人の称。
②豊臣秀吉のこと。

○『岩波国語辞典　第七版』（岩波書店、二〇〇九年）
関白を子に譲った人のこと。もと、摂政や太政大臣の敬称。▽特に豊臣秀吉をさすことが多い。

○『新明解国語辞典　第六版』（三省堂、二〇一〇年）
　現関白の父である前関白に対する敬称。〔豊臣秀吉の特称として用いられる〕

○『現代新国語辞典　第四版』（三省堂、二〇一一年）
①摂政・太政大臣を尊敬していうことば。
②前の関白を尊敬していうことば。
③豊臣秀吉のこと。

　こうしてみると、太閤という語には、大きく分けて二つの意味があることがわかる。一つは、息子に関白の座を譲った前関白にあたる人物の敬称であり、もう一つは豊臣秀吉という個人の特称である。秀吉は、天正一三（一五八五）年に関白となり、天正一九（一五九一）年に甥の秀次に関白を譲ってから太閤となった。この歴史的事実が、太閤という語を「敬称としての太閤→秀吉の特称」と変化させたわけだが、このように一般的な名称が固有名として使われるようになる言語変化は換称（antonomasia）と呼ばれる。一方で換称には、固有名が一般的な名称を表すようになる変化もあるが、こうした例の方が巷には溢れている。「イヴ→女性」「小町→美しい娘」「ドン・キホーテ→空想家」「ドン・ファン→好色家」「シェルパ（チベットの少数民族）→ヒマラヤ登山の案内人→案内人」「隠元（明の僧）→いんげん豆」「沢庵（臨済宗の僧）→たくあん（漬物）」[1]など挙げればきりがない。しかし、「太閤→秀吉」のように「一般的な名称→特定の個人」を表す例は、本来は灰かぶりという意味のシンデレラ、「判官びいき」の判官である源義経、「帝王切開」の帝王であるローマの将軍カエサル[2]くらいである。

太閤という一般的な名称が秀吉という個人を表す語として定着した理由には、小瀬甫庵の『太閤記』をはじめとする秀吉の一代記が長年にわたって庶民に愛されてきたことがある。己の才知と運を味方に頂点に駆け上がっていく秀吉の姿を描いた書物の多くが、そのタイトルに太閤を用いたことで、太閤は秀吉の代名詞として定着した。

そして、「太閤＝秀吉」という認識は、日本語の中に太閤にちなんだ新しい語彙を生みだす原動力にもなった。ここでは太閤という語の歴史、すなわち語史を整理することで、秀吉という強烈な個性を持った人物の登場が日本語に及ぼした影響を概観する。

2　秀吉以前の「太閤」

まず、太閤という語の歴史を遡ってみよう。『日本国語大辞典　第二版』（小学館）によると、太閤の初出は一〇世紀頃の『九暦』にある。

> 十一日　午終請客使侍従延（源カ）光朝臣来　即参向　延光時時前駈　拝礼如常初献　式明親王勧
> 尊者　主人勧納言　次第理可然而已　相違太閤教命、給禄如例
>
> （『九暦』「天暦三（九四九）年正月一一日」[3]）

これは藤原実頼の饗宴を記録したものだが、ここでの太閤は実頼の父である藤原忠平のことである。「相違太閤教命」は、忠平の命令に反するということで、当時の忠平は関白であったから、ここでの太閤はその敬称として用いられている。

摂政を司った人物に対する敬称として使用されている例は、『小右記』にある。

摂政々(ママ)似非一人之寂、有疑之事猶先可被申太閤歟　大不便也

（『小右記』「寛仁元（一〇一七）年一〇月五日」[4]）

また、『左経記』には関白在職中の藤原頼通を太閤と称した例がある。

十七日壬戌　天晴　参結政　有政　上侍従中納言着廳之後　召使来　告可着廳之由　南所物忌由云々　仍起座着廳　請印了入内　南所依申物忌也　中納言相共昇殿　関白太閤於殿上侍　数剋言談之間　暦博士道平参入之由　頭辨申太閤

（『左経記』「長元四（一〇三一）年七月一七日」[5]）

このように古代における太閤は、摂政や関白といった職位についた人物に対する敬称だったが、これに変化がおとずれるのは中世からだ。

父已為関白、其子又必関白、父尚存、則称大閤云々

（『臥雲日件録』「文正元（一四六六）年七月一二日」[6]）

文正元年といえば、応仁の乱が始まる直前である。この頃には、関白を辞し子に位を譲った前関白の呼称として太閤は使われた。中世において太閤がこの意味で使用されたことは『官職難儀』（一五六三年頃）でも確認できる。

3 「太閤＝秀吉」の定着

秀吉が甥の秀次に関白を譲り、自らを太閤と名乗るようになったのは天正一九（一五九一）年からだが、太閤になるためには、まず関白の座につかねばならない。天下人となった秀吉は、左大臣の近衛信輔の父親である近衛前久の融子となり「藤原秀吉」となって天正一三（一五八五）年七月に関白となった。秀吉が近衛家の融子となり藤原姓を名乗るようになったのは、摂関家の出身しか関白になることを許されていなかったからである。『天正記』の「関白任官記」（天正一三年成）には、秀吉が関白になるまでの経緯と関白になりえる素性であること（しかし、これは創作）が描かれている。

残念ながら、大村由己の『天正記』として現存しているのは、「播磨別所記」（天正八年成）、「惟任謀反記」（天正一〇年成）、「柴田合戦記」（天正一一年成）、「紀州御発向記」（天正一三年頃）「関白任官記」（天正一三年成）、「四国御発向北国御動座記」（天正一三年成）、「聚楽行幸記」（天正一六年成）、「小田原御陣」（天正一八年頃）であり、秀吉が太閤になってからのあらましを描いたものはない[7]。だが、一か所だけ『天正記』の中に太閤という語が登場する箇所がある。「小田原御陣」の奥書である。

此の小田原御陣之一巻、播州三木之住人藻虫斎由己、聚楽御城において、太閤様上意を蒙り、これと作るものなり[8]

これについて、桑田忠親は『太閤史料集』の中で次のような見解を述べている。

奥書に、「太閤様」と「上意」の二語の上を、闕字にしているところから見ても、当時の古写本と思われる。しかし、その筆蹟は、大村由己では、もちろんなく、また由己作「天正記」の草稿を清書したという山科言経でもない。むしろ、秀頼の朱印状に見られる筆風であって、或いは、秀吉の右筆などが書写したものかも知れぬ。（―略―）この奥書によれば、本書は、天正十八年小田原役の直後に、由己が作ったもので、作者の奥書がなかったので、のちに、これを書写した秀吉の右筆が心覚えに、しるしておいたのだろう。（一四〇頁）

では、秀吉を太閤と称した文献はいつ頃から確認できるのだろうか。『日本国語大辞典　第二版』は、『言経卿記』にある「大閤様本願寺殿へ茶湯に御出也云々」（天正二〇年九月二三日）の記述を初出として紹介しているが、これより四カ月前に博多の豪商で茶人でもあった宗湛が書いた日記に秀吉を太閤と称した例を見つけることができる。

同五月廿八日　御城ニテ　廿八日昼　太閤様　御会之事　名護屋ニテ

（『宗湛日記』「天正廿年五月廿八日」[9]）

なお、太田牛一の『大かうさまくんきのうち』は文禄・慶長の記事が多く、秀吉は「太閤様」「太閤秀吉公」と称されているが、秀次に関する記事の中では「古関白」と称されている。

さて、太閤を秀吉の一代記のタイトルとして用いたものとしては、小瀬甫庵の『太閤記』が有名だが、それ以前には『川角太閤記』がある。これは田中吉政の旧臣の川角三郎右衛門が元和七（一六二一）年から同九年までの間に著したと考えられている。しかし、秀吉人気の火つけ役であり、太閤伝説の礎となったのは、寛永二（一六二五）年に完成したと言われる小瀬甫庵の『太閤記』をおいてほかにない。

では、なぜ秀吉の一代記は庶民に人気を博したのだろうか。小和田哲男は『豊臣秀吉』で秀吉の人気の理由として、秀吉の庶民性、庶民出身の秀吉の出世譚への憧憬と共感、そして家康によって滅ぼされた豊臣家に対する判官びいき的な側面を挙げている。さらに、江戸幕府による各種の太閤記物が幾度も発禁処分をうけてきた事実に触れ、「隠されればかえってそれをみたくなるというような心理が、秀吉人気を高める一つの大きな要因となったように思えて仕方がないのである。しかも、史実とはほぼ遠い、創作的な秀吉像が庶民のなかに定着していくことになった点をみのがしてはならない。」（三三頁）と指摘する。庶民に受け入れられたのは、その実像ではなく伝説として創作された秀吉像だったようだ。

しかし、こうした庶民にとっての秀吉像が、それまでは前関白の敬称だった太閤という語に新たな生命を吹き込んだのも事実である。歴史的事実に従えば、太閤は古代から用いられた敬称であるから秀吉のみに限定したものではない。だが、庶民にとっては太閤記物でお馴染みの秀吉こそが太閤なのである。庶民に浸透した「太閤と言えば秀吉」という認識は、太閤にちなんだ新しい語彙をいくつか生み出すこととなった。この点について次節で詳しく見てみよう。

4 「太閤」が生んだ語彙

4.1 秀吉に由来する語彙

日本最大の語彙数を誇る『日本国語大辞典 第二版』（小学館）に掲載されている太閤の複合語には次頁の表のようなものがある。なお、ここでは書名である「太閤記」と文学の一ジャンルである「太閤記物」は外した。

太閤検地のように秀吉の政策によるもの、太閤一分金のように秀吉の時代の金貨ではないかという推測から名づけられたもの、太閤釜や太閤桐のように秀吉の嗜好に関連させて名づけられたもの、そして、太閤碁や太閤餅のように史実はともかく秀吉にちなんだ伝説から呼称が生まれたものなどがある。その一方で、太閤という語が古代から敬称として用いられてきた歴史の片鱗は禅定太閤にしか見られない。このように太閤を素材にした複合語のほとんどが秀吉に関連した事柄を表しているということは、それだけ「太閤と言えば秀吉」という認識が社会に浸透し、秀吉に関係したものには太閤という語を用いるといった造語のパターンが成立していたという証である。

さらに視点を方言にも広げてみると、日本人の秀吉観のまた違った側面を見ることができる。進藤松司『安芸三津漁民手記』には次のような安芸方言が紹介されている。

太閤さん（丈の低い人）　（『安芸三津漁民手記』三〇一頁）[10]

語彙	『日本国語大辞典　第二版』による説明（一部）
太閤一分金	表の額枠に「壱分」の文字、裏は「光次」の文字と花押が打刻されている長方形小型金貨。(―略―) 古くから「太閤一分」とか「大坂一分」と呼ばれ、豊臣氏による金貨とされていたが、その後徳川氏による金貨と判明し、「額一分金」と称するようになった。
太閤釜	釜の名称。千利休が辻与次郎に命じて鋳造させたもので、菊または桐の紋がある。太閤秀吉が愛用したところからいう。
太閤忌	豊臣秀吉の忌日。陰暦８月18日。また、その日に行う行事。
太閤桐	紋所の名。桐の葉と花を図案化したもの。太閤秀吉が愛好したところからいう。
太閤検地	豊臣秀吉が天正10年（1582）の山城の検地以後、次第に全国的に行った検地。
太閤碁	黒が第一着を天元に打ち、あとを白の打った通り真似していく（対称点に打つ）碁。豊臣秀吉が曾呂利新座衛門の示唆で打ったといういい伝えがある。
太閤染め	高台寺染めの異称。
太閤餅	米の粉の団子を丸く平たくのばし、それを二枚合わせて間に漉餡（こしあん）を入れ、両面からあぶり焼いたもの。伊勢国（三重県）宇治山田の名物。太閤秀吉が伊勢神宮参拝の際立ち寄りこれを食したところから名づけられたといい、その形が太鼓に似ているところから音を通わせたともいう。
禅定太閤	禅閤とおなじ。⇒仏語。摂政や関白などで、在家のまま剃髪した者。[11]

このように身長の低い人物のことを「太閤さん」と呼ぶ方言は、『奈良県吉野郡大淀村風俗誌』(竹山清文、一九一八年)でも紹介されている。

身長の低い人という意味から推察すれば、この方言は猿と呼ばれた秀吉の身体的な特徴から類推して生まれたものだろう。ここには太閤として絶大な権力を誇った秀吉に対する尊敬や憧憬は微塵もない。

4.2 「今太閤」の登場

さて、太閤が素材として用いられた語彙の中で現代も頻繁に使われるのは、「今太閤」である。『デジタル大辞泉』(Japan Knowledge版)では、今太閤について次のように説明している。

○『デジタル大辞泉』「今太閤」

(豊臣秀吉が卑賤から身を起こしてついには太閤となったように)立身出世して最高権力者となった人をいう。

今太閤の用例は、管見の限り、伊藤博文の少年期を描いた古谷久綱著・巌谷小波脚色『今太閤幼少物語(いまたいこうおさなものがたり)　藤公余影』(明治四四〈一九一一〉年三月)が古い。巌谷小波は、冒頭で執筆の動機とタイトル名について次のように述べる。

『藤公余影』は、古谷久綱(ふるやひさつな)君の新作である。即(すなわ)ち十年間親しく(ねんかんした)伊藤公(いとうこう)の身辺(しんぺん)に事(つか)へて、よくその大人物(だいじんぶつ)を知了(ちれう)した古谷君(ふるやくん)が、公(こう)の一周年(しうねん)の忌日(きじつ)を期(き)して、特(とく)に著(あらわ)した物(もの)である。当時逸早(とうじいちはや)くも、君わ此書を僕の所え携えて、謀るに藤公の幼時を、此書に憑つて脚色して、特に脚本に綴ることを以てした。（―略―）但し原書の記事を信するが故に、故らに他の参考書は、一切之を用ひない事にした。故に題号も其儘用ひ、更に其意を訳して、『今太閤幼少物語』とする。[12]

明治十八年に創設された内閣制度のもとで初代総理大臣となった農民出身の伊藤博文の生涯が、百姓の出から天下人として太閤になった秀吉の姿に重なることから、現代の太閤、すなわち今太閤と名付けたのだろう。最終場面では、十数年ぶりに帰郷した伊藤俊輔（後の博文）と彼の幼いころを知る掛茶屋のお国の間でこんな会話が交わされる。

（俊輔）ほんに、あの時わ小猿の様ぢやと、お前方に笑われたものぢやな。
（お国）然しお猿に似たりやこそ、太閤様の様に出世なされたのぢや。今に見なさい！　屹度天下も取れますするぞ。

（『今太閤幼少物語』「第四場（再出）東荷村天満宮社内」）

その後も今太閤は様々な人物を称する言葉として使われる。たとえば、大正一四（一九二五）年の雑誌『太陽』の一二号には「株式界の名物男　北浜の今太閤　松井伊助君」という記事の見出しを見つけることができる。この記事は松井伊助について「今回の鐘紡の思惑でウンと儲けたのが北浜の太閤さん」と紹介し、松井の成功譚と米騒動の時の豪放な行動を伝えている。和歌山出身の松井伊助（一八六五―一九三一年）は、身長が一五〇センチに満たなかったという。そんな容姿も秀吉を彷彿とさせるものがあるが、当時から「太閤さん」として親しまれたのは、相場での智謀ある活躍が大きいようだ。本人も太閤と呼ばれることに抵抗はなかったようで、大正九年八月に青島取引所を設立した時は自ら「李太閤」と名乗った。

今太閤として称された人物としては、他に岩田商事の社長を務めた岩田宗次郎（一八八七—一九五三年）がいる。岩田宗次郎が今太閤と称された理由は次のように言われている。

その名のいわれは、まず、身長が五尺あるかないかだが、太っ腹で度胸があり、往年、三品村の将軍といわれた田附政次郎翁に代わって三品の天下を風靡したことにある。

（『賭けた儲けた生きた』一六五頁）[13]

ここでも松井伊助同様、身長の低さと知略に溢れた経営者としての才能は秀吉と重なったようだ。

また、日本の民営電力体制を築き「電力の鬼」として知られる松永安左エ門（一八七五—一九七一年）は『古友・三人太閤』で親友の山本条太郎、山下亀三郎、小林一三について記しているが、この中では特に小林一三が今太閤として広く知られている。

小林一三は明治四〇（一九〇七）年に三井銀行を退職し、箕面有馬電気軌道の設立に参加して、梅田宝塚線の営業を開始する。さらに大正二（一九一三）年には宝塚唱歌隊（のちに少女歌劇団と改名）を組織した。やがて阪急電鉄の社長になり、日本初のターミナル百貨店である阪急百貨店を梅田駅に建てる。昭和一二（一九三七）年には東宝映画を発足し、戦後は公職追放の憂き目にあうも東宝社長となって日本の芸能界を盛り立てた人物である。

かれはもともと電鉄屋、電力屋のくせに少女歌劇を創ったり、映画、演劇事業に乗り出したり、文学青年めいた作文が好きだったりなどして世間からはひどくロマンチストのようにみられていたが、その実はぼくの知るかぎりにおける最大最高のリアリストであった。かれの「今太閤」ともてはやされた知恵才覚なぞもいわばおそろしいリアルのかたまりで、かれの事業に何一つとしてソツのなかったのも当然である。

（『世渡り太閤記』七四頁）[14]

松永曰く「色白な女性的などことなく尼さんに似た感じをただよわせた小男」である小林の己のアイディアで成功を摑んでいく姿は、確かに秀吉に重なるところがある。しかしまた、松永自身も今太閤と称された。『読売新聞』の一九六〇年一月三日の朝刊に松永のインタビューが掲載されているが、その見出しは「こわいものなし〝今太閤〟の貫禄　しゃれ気もある電力じいさん」である。

ところで、今太閤と称されたのは男性ばかりではない。吉本興業の礎を築いた吉本せいは「女今太閤」と称された。大正一三（一九二四）年二月、一七年連れ添った夫の吉本吉兵衛と死別した三四歳の吉本せいは、夫が残した寄席を獅子奮迅の働きによって一大事業に発展させた。

吉本せいが、多少とも皮相な目があるにせよ、「女今太閤」だの、「女小林一三」などと、世間から見られるまでに至った成功の、いちばんの要因は、家庭的不幸にあったように思われる。

（『女興行師　吉本せい　浪花演藝史譚』一二一頁）[15]

そして、「経営の神様」と呼ばれる松下幸之助（一八九四—一九八九年）も今太閤と称された人物の一人だ。

資産なし、学歴なし、系閥なし、体力もなし…。その青年が知恵と努力、プラス運で世界一の家電メーカーをつくりあげた。井植少年も、後に独立してこれまた有力家電の三洋電気をつくり上げた。この成功物語は、秀吉の出世ぶりをほうふつとさせ、幸之助さんは「今太閤」と呼ばれることになった。

（『毎日新聞』東京夕刊、一九八九年四月二七日、二面）

こうしてみると、今太閤と称されるのは財界で成功した人物が多い。だが、今太閤として世間の絶大な人気を得たのは政界で活躍した田中角栄元首相（一九一八—一九九三年）である。

昭和四十七年（一九二七年）七月、五十四歳の若い宰相田中角栄が颯爽と登場した。世論の圧倒的な支持と歓呼に迎えられたといっても過言ではない。徒手空拳から身を起こした生い立ちは〝今太閤〟とはやされ、数多くの英雄伝説が生まれた。たしかに田中は一種の政治的天才であり、戦後最大の風雲児であった。

（『戦後宰相論』六三頁）(16)

農村の出で学歴もなく後ろ盾もないところから這い上がってきた姿は秀吉を彷彿とさせるものがあるが、有力な政治家たちが対立する中で田中角栄が首相の座を勝ち取った当時の政治状況も、信長の家臣や有力大名を差し置いて天下を取った秀吉のイメージと重なる。

政局はすでにポスト佐藤の権力闘争が進行していた。田中角栄、三木武夫、福田赳夫、大平正芳のいわゆる「三角大福」の争いで、特に田中、福田の〝角福戦争〟が激化した。

2年後の自民党総裁選を勝ち抜き、権力の頂点に立ったのは〝今太閤〟として国民的人気の高い田中氏だった。

（岸井成格「権力闘争の舞台に身震いした」『サンデー毎日』二〇〇五年八月二一日二八号）

それにしても田中角栄が秀吉と似ているのは、その出世ぶりだけでないようだ。

中世末期　　　　　　**近世**　　　　　　**近代以降**

前関白の敬称 ➡ 秀吉という個人の特称
（「太閤＝秀吉」という認識が浸透）
⇒「今太閤」が派生

高度成長期に〝今太閤〟と呼ばれ、「日本列島改造論」で美しかった国土を金に換えた人物。〝ブルドーザーを持ったサル〟とも酷評された。これも豊臣秀吉の像（イメージ）と重なる。反面、庶民宰相とも称され、小学校しか出ていない総理大臣として憎めない男でもあった。（『日本の名河川を歩く』八六頁）[17]

ただし、当の本人の心境は複雑だったようだ。田中角栄の番記者を務めた毎日新聞の馬弓良彦『戦場の田中角栄』（毎日ワンズ、二〇一一年）によれば、本人は今太閤と呼ばれることを嫌い、「私は信長の生き様が好きだ」と語っていたそうだ。

以上、今太閤と呼ばれた主な人物を見てきたが、ここで取り上げなかった人物でも有名無名を問わず今太閤と呼ばれる人はいる。あらためて、今太閤が人物を称する言葉として広く浸透していることがうかがえる。

では、最後に太閤から今太閤という語が派生した歴史（語史）をまとめてみよう。図示すると上のようになる。

図中の矢印の示し方を変えたのには理由がある。それは、前関白の敬称から秀吉の特称となった変化（太字の矢印）と、秀吉の特称としての太閤から今太閤という語が派生した変化（白抜きの矢印）は、言語変化としてのタイプが異なるからである。

まず、太字の矢印で描いた前関白の敬称から秀吉の特称への変化は、提喩（シネクドキー synecdoche）による変化である。提喩には二種類あり、特定のものを表す呼称が一般名に転じるタイプ[18]（例えば、「下駄箱」の「下駄」は本来は下駄という特定の履物を表すが、ここでは履物全般を表す）と、一般名が特定のものを表す呼称に転じるタイプ（例えば、「花見」の「花」は桜という特定の花を表す）とがあるが、太閤が秀吉の特称になった変化は後者のタイプであり、さらに一般名が固有のものを表すことから換称（antonomasia）ということになる。

次に、秀吉の特称となった太閤から今太閤という語が派生したのは、隠喩（メタファー metaphor）による変化である。隠喩とは類似性に基づく変化のことで、今太閤の場合は、ある人物が裸一貫から立身出世を成し遂げた様子が百姓の出から天下人になった秀吉と類似していると認識されたことによる変化である。

では、こうした言語変化から日本人のどのような秀吉観を見ることができるだろうか。まず、提喩による「前関白の敬称→秀吉という個人の特称」という変化から考えてみたい。そもそも提喩とは「カテゴリ的知識のもつ階層構造と典型性に支えられた比喩」（楠見〈一九九五〉一五五頁）である。これを太閤の意味の変化に当てはめてみよう。ここでいうカテゴリーとは、前関白である太閤のことで、秀吉は天正一九年からその座についた人物として、太閤というカテゴリーに包含される。一方で、その秀吉の天下人としての成功を語る上で最も象徴的な出来事こそ、秀吉が太閤になったことである。つまり、秀吉は太閤というカテゴリーに属しながら、天下人であり、その一代記が人気を博したために、歴代の太閤の中では最も世間一般に知られた典型なのである。その結果、「太閤と言えば秀吉」

という認識が世間一般に浸透し、太閤は秀吉の特称として定着したと考えられる。

やがて太閤が秀吉の特称として広く浸透すると、秀吉のように己の知略と運で立身出世を遂げた人物のことを秀吉の類似性と照らし合わせて太閤と称するようになり、そうした人物を現在の太閤、すなわち今太閤と呼ぶようになった。この変化には隠喩が関与しているわけだが、隠喩の本質はG・レイコフが指摘するように「ある事柄を他の事柄を通して理解し、経験すること」である。つまり、特定の人物を今太閤と称することで、人々はその人物が秀吉のように立身出世を遂げた人物であることを共通して理解するのである。

しかし、押さえておかなければならないのは、特定の人物を今太閤と称するためには、太閤が秀吉の特称であり、秀吉が貧しい身の上から天下人になった人物だという歴史的事実を人々が知識として共有していなければならないという点だ。今太閤が特定の人物を称する語として機能しているということは、秀吉の伝説化された生涯が共通理解として人々に深く根付いていることの現れでもある。

5　おわりに

歴史を語るときに「たられば」は禁句とされているが、あえて最後に一つの「たられば」を想定してみたい。それは、もし秀吉が太閤にならなかったら、という想定である。秀吉は太閤となった翌年の文禄元（一五九二）年に朝鮮出兵を開始した。もし、秀吉が太閤になっていなければ果たしてどうなっていたのか、今となっては知る由もない。
しかしながら、日本語の問題に限れば、確かなことが一つだけある。それは、至極当然だが、秀吉が太閤にならなければ、太閤が秀吉の特称として使われることはなかったという点だ。そもそも太閤は中古から用いられてきた敬称であり、決して秀吉のために作られた語ではない。だが、天下人として太閤にまでのぼりつめた秀吉の個性があまりに強く、伝説化されたその生涯が多くの日本人の心をとらえてきたために、秀吉が晩年手に入れた太閤という地位は秀吉を語るための語として日本語に定着した。
そうして生まれたのが今太閤である。今太閤と呼ばれた伊藤博文、小林一三、田中角栄などが己の才知と運を味方に、その世界の頂点に駆け上がっていく姿に多くの日本人は秀吉の姿を重ねた。つまり、やや大げさに言えば、今太閤と称された人物たちの活躍は秀吉を今の世に蘇らせたのである。
それにしても、今太閤という語ほど日本人の秀吉への思いを端的に表した語はない。日本の歴史を振り返れば、裸一貫からスタートしてその世界の頂点に登りつめた人物は秀吉の他にもいるはずである。けれども、立身出世を遂げて最高権力を手にした人物を表すものとして、秀吉の特称である太閤を素材にした今太閤なる語が生み出された。日本人はいつの時代も伝説化された秀吉の影を追い求めているのかもしれない。

注

（1）沢庵和尚が作ったという説が知られているが、その墓石が漬物石に似ていることに由来するという説もある。
（2）ローマ帝国の将軍カエサルが腹壁切開により生まれたという故事に由来するが、ラテン語の「切る」という意味のcaesuraをカエサルと誤ったという説もある。
（3）藤原元輔『九暦』（東京大学史料編纂所編纂、岩波書店、一九五八年）より引用。
（4）藤原実資『小右記』（笹川種郎編・矢野太郎校訂、内外書籍、一九三五―一九三六年）より引用。
（5）源経頼『左経記』（増補史料大成刊行会編、臨川書店、一九六五年）より引用。
（6）周鳳著・惟高妙安抄録『臥雲日件録』（東京大学史料編纂所編纂、岩波書店、一九六一年）より引用。
（7）しかし、『秀吉事記』には、現存する『天正記』八巻のうちの六巻が「播磨征伐之事」、「惟任退治」、「柴田退治」、「紀州御発向之事」、「関白任官之事」、「四国御発向北国御動座事」として収められ、さらに「豊臣太閤御詠草」が加えられている。
（8）桑田忠親編『戦国史料叢書Ⅰ　太閤史料集』（人物往来社、一九六五年）より引用。
（9）神屋宋湛『宋湛日記』（山本寛校閲訂正、審美書院、一九二一年）より引用。
（10）進藤松司『安芸三津漁民手記』（アチックミュージアム、一九三七年）より引用。
（11）なお、『国史大辞典』（吉川弘文館）は禅閤について「太閤の出家したものをいい、禅定太閤の略称である」と説明している。
（12）古谷久綱著・巌谷小波脚色『今太閤幼少物語』（東京家庭劇協会、一九一一年）より引用。
（13）鍋島高明『賭けた儲けた生きた　紅花大尽からアラビア太郎まで』（河出書房新社、二〇〇五年）より引用。
（14）『世渡り太閤記』（実業之日本社、一九五八年）より引用。なお、本書は『松永安左エ門著作集　第二巻』（五月書房、一九八二年）に所収されている。

(15) 矢野誠一『女興行師　吉本せい　浪花演藝史譚』（筑摩書房、二〇〇五年）より引用。
(16) 内田健三『戦後宰相論』（文芸春秋、一九九四年）より引用。
(17) 天野礼子『日本の名河川を歩く』（講談社、[講談社＋α新書]、二〇〇三年）より引用。
(18) セロハンテープ、サランラップ、ポストイット、バンドエイドなどの商品名が一般的な名称として使用されるのもこのタイプの変化に属す。

引用文献

小和田哲男『豊臣秀吉』（中央公論新社［中公新書］、一九八五年）
楠見孝『比喩の処理過程と意味構造』（風間書房、一九九五年）
桑田忠親編『戦国史料叢書Ⅰ　太閤史料集』（人物往来社、一九六五年）
G・レイコフ&M・ジョンソン著『レトリックと人生』（渡部昇一・楠瀬淳三・下谷和幸訳、大修館書店、一九八六年）
(George Lakoff and Mark Johnson. 1980. *Metaphors We Live By*. The University of Chicago.)

秀吉の伝記類にみえる大坂城

――太閤伝説の一端――

奥田　尚

はじめに

秀吉に関係するまとまった「伝記」を載せる史料として、比較的早い時期のものに、

①『天正記』

②『大かうさまくんきのうち』

③『川角太閤記』

④小瀬甫庵『太閤記』（以下、『（甫庵）太閤記』と記す）。

がある。それぞれについて、まず『国書総目録』により、別名、編著者名と成立の情報を見ておこう。

①『天正記』：別名『天正軍記』、『太閤記拾遺天正軍記』。著者は太田牛一。成立は「慶長元和古活字本」が版本として存在するので、少なくとも元和末（一六二四）年以前。

②『大かうさまくんきのうち』：著者は太田牛一。成立は慶長年間（一五九六〜一六一五年）。
③『川角太閤記』：著者は川角三郎右衛門。（後引する桑田忠親により元和七〈一六二一〉年から九年ころの成立と推定される）。
④『（甫庵）太閤記』：別名『豊臣記』、著者は小瀬甫庵。寛永二（一六二五）年の自序があり、その頃に完成。

次にやや詳しく各史料の性格などについて見ておこう。

以上のうちで情報が明らかに誤っているものは、①『天正記』の著者の「太田牛一」である。①は本書に影印を載せるように、全九巻であるが、巻七から巻九までが②『大かうさまくんきのうち』から記事を借用し（内容は無理解による誤刻が多い）、このために巻九の末尾に「太田和泉守記之」と記す。これを巻一〜巻九までの全巻の著者と誤解したことによるものである。正しくは巻一から巻六が大村由己の①『天正記』（『天正記』に収められた諸著書）からの引用（やはり誤解による誤刻がきわめて目立つ）であり、上述のように巻七から巻九が太田牛一の②からの引用である。なお、巻一から巻六の大村由己の部分は、①に示された版本の『天正軍記』とは別に、原著に近いものが伝わっている（桑田忠親の評価、後述する）。

巻一から巻六までの部分について、原著に近いものが現在にまで伝わっていることは、史料的には非常にありがたい。というのも、①の『天正軍記』の「版本」類は、何故このように杜撰なものが、「古活字本」や「整版の版本」として出版されたのか、出版の意図さえ疑いたくなるような本である。もし①の「版本」類の『天正軍記』しか現存しなければ、虚偽の情報により史実の混乱が生じかねない（本書の影印および拙稿「版本『天正記』の斎藤道三と義龍の物語」〈『アジア学科年報』第四号、二〇一〇年一二月〉も参照されたい）。

太閤の伝記類の古典的な研究である、桑田忠親『太閤記の研究』（徳間書店、一九六五年）（この書は古典的名著とされる同氏の『豊太閤伝説物語の研究』〈中文館書店、一九四〇年〉の徹底的な増補解題版である）は、『（版本）天正記』について次のように記す。

いま、試みに、この「版本天正記」の文章を見るに、由己作「天正記」の真名を仮名交じり文に書き直し、第七巻以下に収めた牛一作「太閤軍記」の文章と調和を保たしめた形跡を認め得るが、その書き直し方の乱暴さに至っては、全く、唖然たらざるを得ない。それは、版本となすべく由己の文を書き直した人が、「天正記」の原本を、一向、訓み得ていないからである。即ち、「版本天正記」は、由己原作の「天正記」を大衆的に和文仮名交じりに書き直したものであるが、編者が無学だったために、その効果を奏せずして終ったものである。これらの「版本天正記」が、古活字版を出して以来、承応三年の一版で止まっているのも、その文章に救われ難い欠陥があったからである。（八〇・八一頁）

ともかくも「版本天正記」は杜撰な本であるものの、巻六までの大村由己の執筆部分は、別に対応する良質の史料が残されているから、大村由己が描こうとした太閤の伝記としての『天正記』の正しい姿をうかがえる。

次に①の「版本」『天正記』の巻七から巻九は、②の太田牛一『大かうさまくんきのうち』からの抜粋と、『大かうさまくんきのうち』そのものではないが、関連する周辺の資料を再整理した部分からなる。これについても桑田忠親の見解を紹介しておきたい。「第七巻は、前関白秀吉公御検地帳の目録・朝鮮国御進発の人数積り・肥前国名護屋御在陣の衆と題する三種の古記録を収めている。この三種の記録は、一見、それぞれ独自性を有するものの如く見られるが、じつは、いずれも、その原形は太田牛一の『大かうさまくんきのうち』に見られるもので、この巻は、由己の著作ではなく、太田牛一の記録の書き直しと、思われる。第八・九の二巻も、太田牛一の『太閤軍記』の書き直しである。」(七九頁)。

桑田忠親がここに「太田牛一の『太閤軍記』」と記しているものは、桑田が『大かうさまくんきのうち』は「太閤軍記」の一部であり、他の部分は散逸したとする自身の見解によるものである。上に引用した部分に関しては、『大かうさまくんきのうち』と読み替えても差し支えない。

さて、その②『大かうさまくんきのうち』であるが、これは太田牛一の自筆本が残されていて、史料的には原型であることにまったく疑問の余地はない。

大村由己と太田牛一の太閤の伝記を比較して、桑田忠親は由己の『天正記』は文禄以前の記事が全般を占めるのに対して、牛一の『大かうさまくんきのうち』は、文禄年間およびそれ以降の記事が多いことを指摘する(桑田忠親編『太閤史料集』〈人物往来社、一九六五年〉一四八頁など)。

なお、『大かうさまくんきのうち』は慶応義塾大学図書館の蔵書であり、影印本と翻字編の二冊がセットとして、斯道文庫編『重要文化財・大かうさまくんきのうち』（汲古書院、一九七五年）として公刊されている。

③『川角太閤記』は、桑田の『太閤史料集』によれば、元和七（一六二一）年から同九（一六二三）年の間の成立と推定できるという。また、桑田の『太閤記の研究』には、『川角太閤記』について詳細な研究が収められており、筆者の川角三郎右衛門は、田中吉政の旧臣とする。田中吉政は近江の人で、初め信長に仕え、後に宮部継潤に属し、秀吉の命令で秀次（関白に任命されたが、秀頼の誕生により秀吉に切腹させられた、秀吉の姉の子）の後見を勤めた。関ヶ原の合戦後に筑後柳川藩主となり、慶長一四（一六〇九）年二月一八日に没した。子の忠政が家を継いだが、忠政に子がなかったために、元和六（一六二〇）年八月七日に没すると田中家は断絶した。この田中家の「知行割帳」に、「川角三郎右衛門」が「使番」の職で千石の領地を持っているとある。この彼を著者と想定しても、年代や記述内容とよく合致するので、彼こそが『川角太閤記』の著者と推定できるという（一二八頁など）。

なお、『川角太閤記』は、国立国会図書館の「近代デジタルライブラリー」で、一八八〇〜八二年に「我自刊我」本として出版されたものなど、二種類が公開されている。

④『（甫庵）太閤記』は、豊臣秀吉の伝記として最も有名なものであり、初期の伝記中では圧倒的な分量を誇る。いわゆる『太閤記』ものの元祖である。

活字本『（甫庵）太閤記』としては、岩波文庫から桑田忠親校訂で『上』が一九四三年、『下』が四四年に出版され、同書を再録した形の一冊本は、新人物往来社から一九七一年に出版されている。また最近のものとしては『新日本古典文学大系』の一冊として、檜谷昭彦・江本裕校注『太閤記』が一九九六年に、岩波書店から公刊された。

筆者の手元にある岩波文庫版は一九八四年の「第二刷」であるが、活字がすでにつぶれており読みにくいものであった。『新日本古典文学大系』本により、多くの注が付され、人名や地名寺社名索引もあり、ずいぶんと利用しやすくなった。

さて秀吉の伝記のうちでは、以上の近世初期に作られた四作品が、時間的経過からしても、比較的信頼できるものである。しかし、上記の四書は、いずれにせよ物語的な性格をもち、「秀吉伝説」として庶民の歴史意識の形成に大きく寄与したものであるが、史実との対応については慎重な扱いが必要とされる。

さて、本学の名前の「追手門」は、「錦城」すなわち大坂城に由来するのであり、その限りで「太閤秀吉」と深いつながりを有する。現在の大阪城の天守閣は、市民の献金によって一九三〇（昭和五）年に建設がはじまり、翌三一年に完成した。江戸時代の天守閣がかつてそびえていた天守台の上に、昭和の天守閣が再建された。もちろんこれらは豊臣秀吉期の大坂城ではない。よく知られているように、豊臣期の大坂城は、現在見える徳川期の大坂城に完全に覆われて、その地下に石垣遺構として存在する。一九五九（昭和三四）年の大坂城総合学術調査により、豊臣期の石垣の存在が実証された。

さて、秀吉の大坂城であるが、すべてに豪華かつ派手好みだった秀吉の事であるから、さぞ贅を尽くしたものであったに違いないし、フロイスの『日本史』などにもそれを示す記録が残されている。

だが、その築城の様子や豪華さを、上に引用した四種の秀吉の伝記類からうかがおうとすると、事は容易ではなくなる。本稿では、そのあたりの事情について考えてみたい。

一　大坂城と『柴田合戦記』など大村由己『天正記』所収の諸著書

大村由己の『柴田合戦記』の杜撰な引用の結果成立したのが、『(版本)天正軍記』巻二である。杜撰さは杜撰さで面白いのだが、とりあえずは正確な記述とされる『柴田合戦記』をみておきたい。『柴田合戦記』は、『群書類聚』巻三九一と『続群書類従』巻五八七に「柴田退治記」として収められるほか、『秀吉事記』に「柴田退治」として収められている。ここでは『続群書類聚』所収の『柴田退治記』を主として使用する。

『柴田退治記』(以下、本項の部分では『退治記』と略す)は、大坂城の築城に関する記述をもって『退治記』を終える。本来の『退治記』には、細分された細目や項立てなどはないが、桑田は便宜のために『太閤史料集』所収の全史料について、本文を適切に区分けし、それぞれに見出し(「項」名)を付して、読者の便宜をはかっている。本稿もそれを援用して論を進めたい(特別に必要のない限りいちいち断らない)。

『退治記』末尾の大坂城の築城の部分は、「大坂に城を築く」という「項」名である。『合戦記』は、はじめから順に項をあげると、「秀吉と信孝の不和」、「秀吉、柴田勝豊と織田信孝を降す」、「秀吉、滝川一益を攻む」、「秀吉、江北へ出陣する」、「秀吉、大垣出馬」、「佐久間盛政の奇襲」、「賤ヶ岳の決戦」、「越前国北庄落城」、「北陸平定」、「賤ヶ岳七本鎗」、「秀吉、中央政権を掌握する」、「戦後の処置」、そして「大坂に城を築く」となっている。

『退治記』の冒頭（「秀吉と信孝の不和」）は、「抑、羽柴筑前守秀吉は、天正十年十月十五日、将軍の御葬礼を相勤めてより以来、帝都の坤の角、山崎の上に一城を拵へ、五畿内を見下し、生民を相鎮む」とはじまる。

天正一〇年は一五八二年で、「将軍の御葬礼」とは、この年の六月二日に本能寺で、明智光秀により殺害された織田信長の葬儀である。葬儀は秀吉により大徳寺において、一〇月一一日から一七日にかけて営まれた。

「山崎の上に一城を」こしらえたとあるのは、京都府乙訓郡大山崎町の天王山の中腹の宝積寺一帯につくられた城で、『（甫庵）太閤記』巻五に「秀吉卿は天正十年十月十五日信長公の御葬礼を相勤められしよりこのかた、城南の宝寺を城郭となし、幾内（私注：畿内の当て字）を棟梁し、万民を撫育す」とある。（『（甫庵）太閤記』は、漢文表記の部分も多く、また、送り仮名に、続く文の一部までをも添えることがある。このために、活字本の原文の表記でさえ、そのままの形で引用することは困難である。本稿では諸種の活字本に加えて、版本なども参照し、なるべく理解しやすいように書き下した）。天正一〇（一五八二）年一〇月ころの秀吉の本拠地は、天王山中腹の「宝寺城」であった。

翌一一（一五八三）年四月、秀吉は琵琶湖北部の賤ヶ岳合戦に勝利すると、兵を率いて越前北ノ庄城（福井市）を攻撃し、柴田勝家と小谷の方（信長の妹のお市）を自刃させた。さらに兵を進めて加賀にいたり、越後（新潟県）の上杉景勝を服属させ、北陸道の平定をおえた。「秀吉、中央政権を掌握する」の項には、「東国においては徳川家康・北条氏政、北国においては長尾景勝、西国においては毛利輝元、皆、秀吉に輻湊（ふくそう）す。天下掌握に帰すると謂ひつべし。」とある。「輻湊」は、ここでは一点に集まる、つまり秀吉の支配下に集まったというような意味である。

その上で、「戦後の処置」として、秀吉に属し天下平定に功績のあった諸将に、領地と城を配分し、「大坂に城を築く」の項に移る。やや長いが、大村由己の『退治記』の「大坂に城を築く」の項の全文を引用しておきたい。（原文の漢文を句読点の位置を替えたり、読み方を多数加え、強調部分を太字にしたり、傍線を付し、仮名混り文にて改めた。〔 〕は私注である。以下の引用史料も傍線や太字などは筆者）。

　秀吉は摂津の国**大坂**において城郭を定む。かの地は五畿内の中央にして、東は大和、西は摂津、南は和泉、北は山城。四方広大にして、中に巍然（ぎぜん）たる山岳なり〔『(版本)天正軍記』では「山岳あり」〕。麓を廻る大河は淀川の末、大和川流れ合ひて、其の水即ち海に入る。大船小船、日々岸に着く事、数千万艘と云ふ事を知らず。

　平安城へは十余里、南方は平陸〔『(版本)天正記』では「たいらか（平らか）」〕にして、天王寺・住吉・堺津へ三里余り、皆、町・店屋・辻小路を立て続け、**大坂**の山下〔城下町〕となるなり。五畿内を以て外構へとなし、かの地の城主を以て警固となすものなり。故に、大和には筒井順慶、和泉には中村孫平次、摂州には三好孫七郎〔豊臣〕秀次、茨木には中川藤兵衛秀政、山城の槇島には一柳市介直末、洛中洛外を成敗するところは半夢斎玄以〔前田玄以〕なり。若年より智恵深くして、私曲無し。秀吉これを知るに依つて、奉行に定むるものなり。若し又、法度の外、理非を決断せざる事これあらば、則ち、秀吉糺明するものなり。

唯今なすところの**大坂の普請**は、先づ、**天守の土台**なり。其の高さ莫大にして、四方八角、白壁、翠屏の如し。良匠、縄墨を以て、斧斤を運(めぐ)らすと雖も、焉(これ)に過ぎず。三十余か国の人数、近国遠郷に打ち散じ、陸地舟路より、大石小石集め来たるもの、群蟻の垤(ありづか)に入るに似たり。寔(まこと)に古今奇絶の大功なり。皆人、耳目を驚かすのみ。**諸国城持の衆、大名・小名、悉く大坂**にあり。人々、築地を構へ、薝(のき)〔軒〕を連ね、門戸を双ぶる事、奇麗荘厳を尽くすものなり。

此の先、権を争ひ、威を妬む輩、意の如く退治せしめ、秀吉一人の天下となる事、快なるかな。これ、併しながら、武勇智計の致すところなり。寔に国家太平、此の時なり。仍つて、忝くも、今上皇帝、叡感斜ならず、これがために、朝日を早くし給はざるなし。摂家清華(せっけせいが)を始め、諸卿百官幷(ならび)に三管領四職、其の外、所々の国司、各来往して随逐(ずいちく)せざるの人なし。風雅の興・茶の湯の会、日日の楽遊、枚挙に遑(いとま)あらず。弥(いよいよ)政道を専らにし、人民を撫育するにおいては、千秋長久の濫觴(らんしやう)に非ずや。至祝万事。

時に　天正十一年十一月吉辰

大村由己謹んでこれを誌す

実はこの引用部分が、本稿が対象とする初期の秀吉の伝記類四種の中で、唯一、大坂城の築城について記す部分である。

内容は、大坂の地勢、地理的位置、周辺の諸将の配置、普請の様子、築城の持つ意味が簡潔にまとめられている。

末尾の「時に天正十一年十一月吉辰」は、大村由己がこの『合戦記』を記した時点を示すものである。この史料だけでは天正一一（一五八三）年一一月には、「唯今なすところの**大坂の普請**は、先づ、**天守の土台**なり」とあり、天守閣を載せる土台となる天守台の工事がはじまっていたことがわかる。現在の天守台の西側の地下に、この天守台つまり秀吉期の天守台があるとみられており、現在もおそらく地下に遺構がのこされていると推定される。ちなみに二〇一一年は昭和の天守閣の復興八〇周年にあたっており、それを記念する発掘調査を実施する予定というニュースが一月に報じられた。

上引の史料では、陸路でも船路でも大石・小石が、あたかも蟻塚に群がる蟻のように運び込まれ、大坂城の工事が非常に大規模であったこと、城持ちの大名・小名らが、それぞれに屋敷を構え、城下町の工事も同時に進行していたこともうかがえる。

記事の分量はさほど多くはないものの、生き生きとした筆致で大坂築城を描くことで、秀吉の時代の到来が告げられている。

『天正記』の一つ『紀州御発向記』は、天正一三（一五八五）年三月から四月にかけての紀伊国根来（ごろ）（和歌山県岩出市根来寺付近）と雑賀（さいが）（和歌山市和歌山城付近）を平定する秀吉の戦いの様子を描いたものである。根来寺は真言宗、雑賀衆は一向宗徒が多かったと推定され、必ずしも一枚岩ではないが、信長の時代から抵抗を繰り返していた。「殊に根来・雑賀の足軽ども、鉄炮に名を得たり。放つ時、中らずということなし」とあり、大軍が攻めてきても先鋒を、鉄炮によって苦もなく討ちとれると豪語し、数年、信長・秀吉方の岸和田城と対峙した。

秀吉は自ら出陣し、猛攻を加えて一揆軍を南へ追い詰め、根来の谷の根来寺に火を懸け、三日三晩、炎上させた。さらに雑賀に出陣し、次々に一揆軍の要害を破却し、一揆軍を小雑賀の太田村（江戸期創建の和歌山城の東一・五キロ）に追い詰めた。太田村を堤で囲み、水攻めにする一方で、海路をつかって南紀の沿岸から熊野（和歌山県那智勝浦など）一帯を制圧した。太田村では一揆軍は、秀吉の水攻めのための堤の内側に、村を水から守る堤を築き抵抗したが、やがて水攻めに屈した。

ちなみにこの太田村の地名は、『播磨国風土記』揖保郡大田里の条によれば、「呉勝」が韓国から渡来し、まずこの紀伊の太田（大田）に住み、その分派が摂津国三島上郡の大田村（本学の東方の茨木市太田）に移り、さらにまた分派して播磨の太田（姫路市に西から太子町太田）に住んだとある。

太田村の平定で『紀州御発向記』は終わるが、その最末尾の行に、「四月七日軍を熊野に進め、九日、**大坂城**に還御す」とある。この年、つまり天正一三（一五八五）年四月には、秀吉の帰る城として大坂城が使用できる状態であったことになる。

ただし、これらはあくまで対象とした物語を使っての推論である。この時期の網羅的な史料集である『大日本史料』第一一編によれば、天正一一（一五八三）年五月二五日条に「池田恒興、大坂城を羽柴秀吉に致す。秀吉、恒興を大垣に、その子元助を岐阜に移す」とある（第四冊五六九頁。片仮名を平仮名に、句読点を改め、一部の漢字を仮名にかえた。以下『大日本史料』は同じような変更を加えた）。同年六月二日条には、「山城大徳寺、織田信長の一周忌の法会を修す。羽柴秀吉、これに詣し、ついで、大坂城に入る」（第四冊五八九頁）とある。さらに同年八月二八日条には「羽柴秀吉、大いに摂津大坂に城く。この日、前野長泰に石材の採取運搬に関する条規を付す」（第五冊一頁）とある。

天守矢倉つまり天守閣が完成したと見られる史料では、天正一三（一五八五）年四月二七日に本願寺の坊官の下間頼康を案内した記事が最古のもので、このころまでには天守閣は完成していたという（岡本良一『大坂城』四五頁、岩波書店、一九七〇年一月）。

二　『大かうさまくんきのうち』と『川角太閤記』の大坂城

太田牛一『大かうさまくんきのうち』（必要に応じて『太閤さま軍記のうち』と略記する）には、大坂城築城に関係する記述はない。上引の『合戦記』はその末尾に「大坂に城を築く」という項があり、上述のように天正一一（一五八三）年四月柴田勝家の自尽、同年八月大坂築城の開始となる。『太閤さま軍記のうち』に「大坂城」の項立てはないが、斯道文庫編『重要文化財・大かうさまくんきのうち』（既出）の大沼春暉の「翻字編」の項立てに「柴田修理亮勝家の事」があり、桑田忠親の項立てに「柴田勝家の最期」がある。『合戦記』に従えば、この部分に「大坂城築城」に関係する記事が含まれて当然であるし、年月日順からもそういえる。しかるに『太閤さま軍記のうち』には、大坂城に関する記述は一切ないのである。

それでは筆者の太田牛一は大坂あるいは大坂城に関して、まったく無知であったのかというと、そうではない。太田牛一の著作としては、上記のものより信長の一代記の『信長公記』が有名であるが、そこに大坂城の前身をなす石山本願寺、『信長公記』にいう「大坂」についての記述がある。『信長公記』巻一三には「天正八年庚辰八月二日、新門跡、大坂退出の次第」とあり、信長との和談が成立して、新門跡教如も石山を退去することとなった。それに続けて「大坂」に関する詳しい記述がある。やや長いが引用しておきたい〈岡山大学池田家文庫等刊行会『信長記』〈復刻版〉第十三〈一九七五年・福武書店〉の原文の一部、漢字を仮名に改め、ルビや句読点を付した〉。

> そもそも大坂はおよそ日本一の境地なり。その子細は、奈良・堺・京都に程近く、ことさら、淀・鳥羽より大坂城戸口（きどぐち）まで、舟の通ひ直（すなお）にして、四方に節所〈難所〉をかかへ、北は賀茂川・白川・桂川・淀・宇治川の大河の流れ幾重ともなく、二里・三里の内、中津川・吹田川・江口川・神崎川引きめぐらし、東南は尼上が嵩〈二上山〉・立田山・生駒山・飯盛山の遠山の景気を見送り、麓は道明寺川・大和川の流れに新ひらきの淵、立田の谷水、流れ合ひ、大坂の腰まで三里・四里の間、江と川と続いて渺々（びょうびょう）と引きまはし、西は滄海（そうかい）漫々として、日本の地は申すに及ばず、唐土・高麗・南蛮の舟、海上に出入り、五畿七道集りて売買利潤富貴の湊なり。

既引の大村由己の『退治記』の大坂城の記述と対応させればわかるように、ここから容易に大坂築城の記述は創り出せる。それを太田牛一が大坂城築城記事につなげなかったのは、何らかの理由があったのであろうか、疑問である。

牛一の『信長公記』巻九には、信長の居城の安土城の築城記事があり、決して牛一が築城など「普請」などの記事を記さなかったわけではない。ただし、牛一の『太閤さま軍記のうち』は分量がさほど多くないことにもよるのであろうが、豪壮な名護屋城の普請が、「太閤秀吉公御陣所御座所（ござどころ）の御普請、九国鎮西のさぶらひ〔侍〕、主として、御要害あいかまへ、さんし〔暫時〕の御ぢんしゅく〔陣宿〕たるといへども、金銀をちりばめ、いろいろさまざま写し絵これあり。御威光申すばかりなき次第なり。御家臣衆へあひわたしそろ小屋々々、数千軒つくりをき〔造り置き〕、ならびに御蔵、浦々所々船つきに立てをき、三十八まんぎ〔万騎〕に、くだされ候」程度の記述で終わっているものの、築城記事を無視しているのではない。

しかも、『太閤さま軍記のうち』の「おひろい〔お拾い、秀頼のこと〕誕生の事」の項には、「天正廿年八月十一日、こんど太閤秀吉卿伏見へ御なり候て、しげつ〔指月、地名〕を御覧なされ候へば、境地すぐれておもしろきところなり。ここに立営（りゅうえい）〔「築城」の意〕なさるべきのむね、上意候て、関白殿〔豊臣秀次〕御家臣の衆へ、御普請の事おほせつけられ」と、伏見城の築城記事がある。

さらに上引の部分に直接に続けて「**大坂御ふしんの事**、これ又、大坂にこれある御年寄衆におほせつけられ。十月一日、名護屋に至って御参着。**名護屋御山里御ふしんの事**、こんど御上洛のあひだに、御縄張りのごとく、いでき申し候。御本丸は、高山にて、風はげしくさぶらふあひだ、寒天のあひだは、御山里に御座をすゑらるべき由にて、霜月十二日、御山里へ御わたまし〔「移動」の意〕候なり。」とある。「大坂御ふしん〔普請〕」は、この年の一〇月六日の「秀吉、溝口秀勝をして、摂津大坂城の山里の数寄屋を肥前名護屋の行営に海上より運搬せしむ」（『史料総覧』巻一二・三七〇頁）に対応するものである。

名護屋城の「御山里の普請」であるが、『（甫庵）太閤記』には名護屋城の一部として「山里すき屋」が記されている。これはもともと大坂城の山里丸にあった「すき屋」を移築したものである。いずれにせよ、『太閤さま軍記のうち』を書いた太田牛一は、十分に大坂城を認識していたことは間違いないのである。

次に『川角太閤記』であるが、「普請」という用語は散見するが、あまり詳しい内容はない。大坂城や伏見城の築城についても、なんらの記述がない。これはおそらく、そうした築城にあまり興味を持っていなかったためであろう。さらに、巻一の末尾の「織田七兵衛〔織田信澄〕を殺害すること」の項に次のようにある（国立国会図書館「近代デジタルライブラリー」の我自刊我本による）。

一、羽柴筑前守殿所より、丹羽五郎左衛門〔長秀〕殿へ御内証と聞こえ申し候。織田七兵衛殿は日向守〔明智光秀〕と、おく意〔奥意「本心」の意〕は、一味同心たるべきと存じ候。三七〔信孝〕殿と仰せ談ぜられ、七兵衛殿を御討ち果たしなさるべき事、御尤に存じ候。五郎左衛門殿も、内々は、筑前守分別と同前なりければ、七兵衛殿御座所**大坂本丸**の外千貫矢倉へおしよせ、鉄炮ずくめに調儀いたされ、あや表裏なく打ち果たし申すと、聞こえ申し候。さてこそ、明智軍（いくさ）はおさまりけり。

これは明智光秀との天正一〇（一五八二）年六月の山崎合戦よりも前の時点であり、石山本願寺の焼滅後のことであるから、「大坂本丸」という表現が正しいかどうか疑問である。さらに上引に続く巻二の冒頭「長岡父子、秀吉に味方すること」の項のさらに冒頭には、

一、筑前守殿所より**大坂の御番衆**え仰せ聞かるる御内証は、**その御城**何方へも相渡されまじく候。その子細は、上様の御路（おんみち）、御次ぎなさるべく天下人え目出たく相渡さるべく候。その内は、御番、御油断あるべからず候事、御尤に候と仰せ渡され候故、御留守居衆、御門御門を相かため、

と、大坂城がすでに存在しているかのような記述になっている。やはり、あまり大坂城などの築城には興味を持たなかったのであろう。

三　『（甫庵）太閤記』と大坂城

まず『（甫庵）太閤記』（この項では『太閤記』と記す）の内容であるが、檜谷昭彦の「『太閤記』における「歴史」と「文芸」」（同他校注『太閤記』の解説）には次のようにいう。

甫庵は『太閤記』において、秀吉の評伝を軸としながら秀吉死没前後に筆を及ぼさず、史実に則る歴年を追わず、甫庵ゆかりの人物（織田造酒丞・堀尾吉晴等）の描写を加え、当代としては多様な人物批評を述べていると読みとれるのである。また本書には近世啓蒙期の文学的関心として

の和歌や『平家物語』『太平記』あるいは『曾我物語』『源平盛衰記』等の影響や『徒然草』の援用などが認められる。これらは甫庵の『太閤記』に先行する信長記類の軍記、秀吉事績の記録類と明らかに一線を画する執筆意図に拠ったことを示している。（六六七頁）

たしかに「記録類と明らかに一線を画する執筆意図」があったことは明らかである。しかしながら、それが「大坂城築城」を『太閤記』に載せなかった理由にはならないであろう。巻一三の「名護屋旅館御作事衆」の末尾には、強い批判をあらわす「老人の言説」（同書三六一頁・注一六）として、次のような部分がある。

> 右作事等〔名護屋城の造営のこと〕其外之雑事に至るまで結構を尽し、おびたたしき事、中々言舌に絶る計なり。秀吉卿古今に独歩したる、主君かなと誉る声のみ多し。是心盲之人なり。又似たるを友とせし老人二三輩、思ふ事隔てなく、云ひかはしつつ、誹けるは、（中略）。**伏見、大坂の作事**などは、善尽し侍りても、聊かは許す所も有りぬべし。**これは〔名護屋城の築城は〕仮の事なるを、万、至極に及ぶ事、いかがあらんや**。かやうの事を讃むる人は、千人に九百九十人也。これに反し誹る智は、甚すくなく見ゆ。

名護屋城は仮の城にすぎないのに、豪華に過ぎると批判し、伏見城や大坂城の作事・築城などは、「聊かは許す所も有り」というのである。甫庵はこの引用文の「（中略）」の部分では、「国病にしては、**日本之賊鬼也**。検地をし侍りて、万人を悩し、兆民をせたげ、しぼり取て、其身の栄耀を尽せり」と秀吉を厳しく糾弾し、巻七の「金賦之事」の評の部分では「或は大伽藍等を多く営み、或は**高麗を**

おびやかし上下を苦しめ、あまたの金銀を使ひ捨て給はんよりは」とする。

「大伽藍」の例としては、巻七の「大仏殿之事」（京都方広寺の造営）をあげることができる。その一部分を示すと次のようにある。

始めは小なる石にて築せ給へども、仏法衰へに及んでは石をも小なるは盗み取るに便も安かるべしとて、事外大なる石を以て重ねて築直し給へり。蒲生飛驒守引きし石は二間に四間有しかば、多勢を以て引き侍りけり。石を緞子などにて包み、**木やりの音頭取り、異形の出立に物し引きければ、見物の貴賤、押しもわけられぬばかりなり**。白川の奥より大仏に至る事、七日に及べり。興山上人、手伝人毎日五千人宛請取り、作事等に使ひしが、日数ようやく二千日に及びにけり。**此分さへに千万人か**。

また「伏見」の作事は、巻一六の「雍州之伏見、殿下居城に御定之事」にこれも一部分であるが、次のようにみえる。

文禄三年二月初めころより、**廿五万人の着到にて、醍醐、山科、比叡山、雲母坂より大石を引出す事おびただし**。伏見には堀普請に勢を分て掘らせけるに、奉行衆打かはり打かはり見舞しかば、はかの行事中々申すもおろかなり。その外**材木は、木曾の谷々、土佐の嶺々にて大木を伐り置き**ければ、又の年の夏の洪水に自から流れ出ぬ。誠に天公も助成し給ふやと疑はれにけり。かくのごとく手廻し油断なきやうに相勤めぬる由聞召、六人奉行に加増の地、恩賜有けれぱ、伝聞く末々までも、聊か労をもいとはず、奉公の勤、懈怠なし。年月も累り来て、石垣二重三重、出来ければ、はや御台所、長屋など立て、作事ここかしこに急なり。

とある。築城記事のある伏見城と並んで「大坂の作事などは、善尽し侍りても、聊かは許す所も有りぬべし」（前引）というのであるから、大坂城の築城記事はあっても当然である。すでに指摘した太田牛一の『太閤さま軍記のうち』にも大坂築城記事がないことと併せ考えれば、そこに何らかの原因があったと考えるべきではなかろうか。

まとめにかえて

「はじめに」に記した太閤の伝記四作品の著者の生没年を、『国史大辞典』（吉川弘文館）によって見ておこう。

①大村由己　生年不明　〜　慶長元（一五九六）年四月から六月の間。
②太田牛一　大永七（一五二七）年　〜　慶長一五（一六一〇）年の少し後。
③川角三郎右衛門　生没年不明、『川角太閤記』は元和七（一六二一）年から同九年成立か。
④小瀬甫庵　永禄七（一五六四）年　〜　寛永一七（一六四〇）年。

この四人の中で時代が古いのは、『天正記』の大村由己で、その死去年は秀吉の没年慶長三（一五九八）年よりも前である。秀吉の全盛期を描くのに何らの気兼ねも必要なかった時期である。この作品にのみ「大坂城」築城が描かれるのは、このためである。

『太閤さま軍記のうち』の太田牛一は、慶長五（一六〇〇）年九月の関ヶ原合戦で西軍が大敗し、慶長八（一六〇三）年二月に徳川家康が征夷代将軍に任命されたことを知っている。おそらく慶長一九（一六一四）年一〇月の冬の陣、翌年四月の夏の陣と五月の大坂落城、豊臣秀頼と淀君の自殺は知らないであろう。それでも徳川の時代がやってきたことを知っているのは確実であり、秀吉の居城の大坂城については、触れることが憚られたに違いない。

『太閤さま軍記のうち』は「後陽成天皇の御聖徳」の項を冒頭に、次項に「日本の黄金時代」として、本文に「太閤秀吉公の御慈悲」をあげつつ「君の善悪は知られたり。御威光ありがたき御世なり」と後陽成の御威光ありがたき御世と締めくくる。この記述方法にも、秀吉を素直に賛美できない時代に生きた、牛一の工夫がうかがえる。さらに次の項が「豊臣秀次の出世」で、文禄四（一五九五）年に秀吉が秀次を処分した悲劇を詳述する。

つまり秀吉は身内の秀次を殺害する程の「悪」であることを冒頭に据え、徳川の政権奪取を正当化する含みを持たせた。その上で、「条々、天道おそろしき次第」として、三好実休義賢、松永久秀、斎藤道三、斎藤義龍、義龍の妻子の物語を記し、次いで織田信長の最期を描き、秀吉の毛利との和談、明智光秀の滅亡、柴田勝家の最期と秀吉の時代への記述につなげてゆく。ここにも徳川の支配への気兼ねがうかがえる。なお、秀吉の死去の前後に触れないのは『（甫庵）太閤記』と同様で、それを描けば徳川の政権奪取に、人々の思いが導かれることを遠慮したのであろう。牛一に徳川政権への遠慮があったこと、それが牛一が大坂築城を描かなかった理由である。

川角三郎右衛門は生没年不明であるが、牛一よりは少し後、次に述べる甫庵の前後かと思われるから、やはり徳川政権に遠慮せざるを得ない時代の人である。

小瀬甫庵は、牛一よりもっと徳川への遠慮があったに違いない。大坂冬の陣・夏の陣での豊臣権力の滅亡と大坂城の炎上、元和五（一六一九）年七月からの伏見城の廃城処置、同年九月からの大坂城修造事業の着手、翌年三月からの実際の工事の開始、それは秀吉の大坂城を大量の土砂で覆い、その表面を高い石垣で覆い固めてしまうものであった。岡本良一の引用による『英国印度事務省文書』によれば、「かつて太閤様が建設し、大御所様が破棄せる旧城は、今やそれ以前よりも三倍も大きく再建」（岡本良一『大坂城』一二八頁）されたという。この再建工事は元和六年にはじまり、寛永六（一六二九）年までの前後一〇年間の工事であった。

もちろん大坂城再建工事の主眼は、太閤秀吉の大坂城のイメージをはるかに超えた大坂城を構築することで、大坂城と商都大坂を決定的に徳川色に染め上げることにあった。生存中に徳川氏の大坂城の完成を知っていた小瀬甫庵は、それに対抗することになる太閤秀吉の大坂城建築については、いかに物語とはいえ文章にすることが出来なかったのである。

清水宗治自害前後

――江戸・明治の太閤伝説一端――

永吉　雅夫

（一）

天正一〇（一五八二）年六月、いわゆる本能寺の変が出来したとき、秀吉は中国の毛利氏の軍勢と備中高松城を取り囲んで対峙していた。世に有名な備中高松城の水攻めである。小瀬甫庵『太閤記』は、その様子を次のように記している。以下、引用は檜谷昭彦・江本裕校注『太閤記』（岩波新日本古典文学大系60）によるものとする。巻三「○備中国冠城落去並高松之城水攻之事」である。高松城の攻略にかかった秀吉は、その地勢を検討して水攻めを決定、「四月十三日」より城を取り囲むように「堤」を築き始めるが、それも「廿四日五日」には完成し、「五月朔日より大小之河水を関入」れると、やがて「十日比には」ふだんから低地の所では「はや人の住するなし」、そして「五月廿五六日比には、町屋などは早床をたかくかき上、浮沈あはれにみへけり」という、水中の孤立から水没のありさまを呈するようになる。

水は流れ去れ共、関入し湖水昼夜をすてず、水かさ増りければ、網代之魚、籠中之鳥にもこえて、極運にせまり行に浮沈せり。

こうして時間をかけた攻城戦が終局へ向かいつつあるさなか、そこへ、本能寺で信長が、二条城で長子信忠が討たれたという京都からの注進が届く。大国毛利に対して攻城戦のさなかに、背後に控えているべき総大将である主君が亡くなったのである。さて、前線の指揮官として、また家臣団の有力武将のひとりとして、秀吉はいかなる対応をしたのだろうか。

事変際会のこの時は、秀吉の生涯にあって最大の危機のひとつでもあった。が、裏を返せば、秀吉の参謀役黒田官兵衛がいみじくも図星を指し過ぎて、そのためかえって秀吉に疎まれたと語り伝えられているような、願ってもない好機でもあった。そして事実、秀吉はこれを機に太政大臣関白豊臣秀吉へと上り詰めて行くので、まさに秀吉にとっての時の時というべき時間であった。本稿は、そこからどんな太閤伝説が産出されてくるかを見ようとするものである。

そして、そのことに関する記述の様相をふりかえるについて、今回は明治期の、とくに児童生徒を対象として意識した著述を主に取り上げ、それとの比較対照を試みるものとして小瀬甫庵『太閤記』前後の江戸期の作品をあわせて対象とすることとしたい。秀吉の事績をどのように子供たちに伝えるかは、太閤伝説形成の動きをある意味ストレートに示すものでありうると考えるからである。

たとえば、『歴史美談　修身亀鑑』という本がある。著者は高橋鋤郎、明治二七（一八九四）年東雲堂による刊行である。その「第三十八　秀吉の大度」と題された一節を紹介しよう。そこでは話題の部分について、次のように説明している。すでに和睦の約が整い「将に締結せんとす」るこの時期、急報に接して、秀吉は

以為らく事遂に秘すべからずと。使者に告ぐるに実を以てし、且曰く事既に此の如し。公等猶和せんと欲するか。秀吉を討つ、此時に如くはなし。宜しく還つて之を議れと。（読者の便宜のために句読点を補った。—筆者注）

すなわち、秀吉は総大将信長の死を毛利方に隠すことなく、というより自ら打ち明けて、その上でなお和睦するのかどうか、信長の存在を前提にした和睦は、その前提が失われた今はむしろ秀吉攻略の絶好の好機ゆえそれを破棄して戦端を開くかどうか、議論の機会を相手方に与えたというのである。毛利方では勢い込んで「此機に乗じて秀吉を討」つという議論が主流を占めかけたが、「独り隆景之を不可として」、秀吉が信長の訃報に接して「敢て秘せずして以て我に告ぐ。其度量の轄大なる、恰んど測度すべからず」と反対意見を述べる。小早川隆景によれば、「今和半ば成つて彼の変を幸いとし戦はば、理、彼に在り、曲、我に在り」、敵は「死以て戦に臨まん」ゆえに「未だ容易に勝を期すべからず」というのである。だいたい、秀吉についてその度量の量るべからざる大は、信長の死を隠さず知らせたという点にあるというよりも、それをも含めて秀吉が「信長の死、何ぞ其れ秀吉に幸するに非ざるなきを知らんや」、すなわち信長の死を、一般とは違って、和戦両様の局面において自分に有利な材料としてとらえ得たことに見出されているようである。そして、それゆえに、応仁の乱以

降の天下の混乱を「天将に一豪傑を出して之を統一せんと」するにあたり、秀吉こそ「此れ其人歟」と、小早川には見えている。結局、毛利方はこの小早川の弁舌にしたがって、和議を取り結んだのであった。この筆者は、この一段のまとめに、「公の度量宏遠にして、其心の晒然たる、概ね斯くの如し」としている。「晒然」は灑然のこと、洗い流したようにさっぱりとしているという意味である。

また明治三三（一九〇〇）年一一月刊行の『修身訓話　尋常科　第六巻』（東京同文館）は角書きに「教材叢書」とあって、佐々木吉三郎・近藤九一郎・富永岩太郎の三者の共著だが、文章は話体で、その書名が示唆するように尋常科の児童に教師が語って聞かせることが意図されているようである。たとえば、第八回の冒頭は「此頃話し掛けてあるのは何んと云ふ人の話ですか……左様、木下藤吉郎の話ですね」という具合で、こんなふうに各回のその冒頭は前回（まで）の内容を問うて確認するという話しかけの体裁を取っている。その第六巻には「豊臣秀吉　（下）」として第七回から第一四回までが掲載されており、その第八回の部分がちょうど備中高松城の水攻めの一件にあたっている。欄外上部に内容要約的な標注があり、第八回のそれをたどってみれば「藤吉稲葉山の城を乗り取る」「当時の形勢」「群雄の争い」「藤吉の改名」「信長薨去の報」「秀吉訃報を隠して高松城を囲む」「清水切腹して城ついに落つ」「秀吉毛利に使を遣はして信長の薨去を報ず」「毛利は秀吉と和することを約す」という経緯が語られることになっている。

本能寺の変が伝えられたあたりから、その訓話の内容をたどり返してみよう。

それで信長がお死になつたと言ふことを、言つてきたものでありますから、秀吉も一時はびつくりしましたらう、只の人ならばそれは大変だと云ふのでありますけれども、何しろ智恵が沢山ある秀吉のことでありますから、一向驚いた顔付をしません、ハアさうかそれは致し方がない、そんなことは人の前には言ふナ、静かにして置けと使ひの者に言つて、知らぬ顔をして直ぐに兵隊を出して、サアこれから白旗城を取り囲むうと言ふので、在る限りの兵隊を押出して取り囲みました

「只の人」つまり世間一般の普通の人に対して「智恵が沢山ある」秀吉という対比が前提の上に、「修身」の「訓話」として語って聞かせるという目的に身を寄せすぎる、すなわち歴史を伝えるのが目的ではないということからか、出来事の大きな展開そのものに恣意は加えないとしても出来事の伝え方は、見て取れるようにかなり自由である。高松城の守将清水宗治の切腹を伝える場面など、さながら出来の悪い講談で桃太郎の鬼退治を聞かされているような趣がある。秀吉が「此城の大将の清水長左衛門が、一人切腹して降参をすることならば、其外の兵隊は赦してやる」と条件を示したのに対する城中の反応は、こんなふうに語られる。

皆城の中に居ります兵隊共は、さう云ふことならば、早く大将の清水さんが切腹をして呉れば宜い、立派に死んで呉れば、みんなの生命が助かると、詰まらぬ兵隊があればあつたものです、みんなが言ひ出す者でありますから、清水長左衛門も仕方がない、切腹して自分の首を敵の使者に渡しました、さうすると城に居つた兵隊共が、みんな秀吉の家来になつて仕舞つたです

ここには不思議な倒錯があると言ってもいいのかもしれない。兵隊の総意を受けて一身以て部下の生

命を担保するために自決する大将、その、あるはずのない民主的なあり方（「詰まらぬ」）のゆえに、武人の英雄的なはずの行為が「仕方がない」として戯画の対象にされてしまっている。それはひとえに秀吉をその武威によって美化しようとする志向の産物であり、それに比例して、降参する敵が、敵であるがゆえに附与される質的なお粗末さも語られる。このあと秀吉はあたかも鬼が島に乗り込んだ桃太郎よろしく、「高松城に乗込んで」「自分の旗を建て」、一党を家来になびき従えたうえ、城中の「沢山の刀だの槍だの鉄砲だの」「そんなものをみんな分捕りをした」と語られるのである。

その後、秀吉は毛利輝元に使者を派遣して和議の提案をするが、その言い草は「同じ日本同士で戦争をするのは、詰まらぬことであるから、これで戦争を止めにしたら、どうだらう」というものである。毛利方も高松城をうしなったわけで、「其上に織田信長が、幾万かの兵を率ゐて二三日の内には京都から、攻め寄せてくるさうだから」というので、和議に応じる。「二三日の内には」「和睦の証書を取り交わすことになったのだが、毛利は「迚も羽柴秀吉とは、証書を替さないのです、是非信長が居らなければならぬです」ということで、「其時になつて信長が死んだと言つては、甚だ宜しくないものでありますから」、「秀吉の方から」信長の死を知らせたとして、こんなふうに述べている。

此頃お約束をして、和睦をする様にして置きましたが、昨夜京都の方から使者が来まして、主人信長は殺されたと言ふことを申して参りましたが、之に付いて和睦は迚も出来ますまいと思ひます、それで跡の戦争は私共引受けてやりますから、和睦をしないで戦争を、お引続き下さるで御座りませうと言つて、態々此方から言つてやつたですこの「信長の死んだのを隠さないで言ってやった」それは「実にエライ」、「死んだのを隠して置いて、和睦の証書を取替せては卑怯になるが、それを少しも隠さない」のは「秀吉がエライ」という評価は、「昔からの人」が誰もがみな賞賛してきたところだと云う。それはその通りではあるが、それに加えて、著者たちは自らの新機軸を、その秀吉に対する毛利方の対応にも光を当てること、すなわち「私は毛利の方を賞めます」という点に認めている。すなわち「スルと毛利の方では、イヤ面白い男だ」というので、「此の秀吉と云ふ男がエライのであるから」早く和睦するのがよいとして、

　それはお気の毒で御座いました、信長様はお死になりましたが、併しこちらでは一旦和睦を致しませうと云ふことを、お約束を致した以上は、信長様が居らつしやらうと、居らつしやるまいと、それには関係いたしません、此跡はあなたを信長様の代理と見做して、さうして和睦の約束を、致しませうと云ふことを、言つてやつた

と語って、つづけて「此処が私は実に感心と思ふ」と言うのである。「昔からの人」は「毛利の方を賞めません」。しかし、「此の毛利と云ふ人が一度約束をしたことは、仮令ひどんなことがあつても、それを破らないで、約束通りにやつたと云ふことは、日本男子の本当の魂と思ひます」というのが、著者たちの主張だからである。

　修身の訓話として、この第八回は、桃太郎になぞらえられるべき秀吉の武威は当然のこととして、「毛利輝元と、秀吉との和睦の仕方」を「どちらも、本当の男の志でありますね」、すなわち「是れが本当の日本の大和魂です」と生徒に吹き込むことになる。「あなた方能く覚えて置かなければなりません」。

（二）

さて、毛利との和睦に当たって秀吉は信長の死を秘匿しきったのか、あるいは伝達したのか、史実の検証や確定は本稿の目的とするところではない。ただ、歴史研究の通説ということで紹介すれば、たとえば『豊臣秀吉のすべて』（桑田忠親編、新人物往来社、一九八一年）所収の岡田正人「豊臣秀吉年譜」にしたがえば、次の通りである。天正一〇（一五八二）年五月七日以来、毛利輝元の将清水宗治と対峙、足守川の流れをとめ備中高松城を水攻めにしていた秀吉であるが、六月二日の本能寺の変の知らせは「三日夜半、本能寺の変報届く」とあり、ついで「四日信長の死を秘し、毛利氏と講和する。高松城将清水宗治自刃する」。すなわち、講和に当たって信長の死が秘匿されていたことが明確に記されている。

繰り返しになるが、明治期のもので管見に入ったもののうちから、ほかにいくつか紹介しておきたい。

さきに取り上げた二書とは反対に、たとえば明治三五（一九〇二）年『国史教科書』（有賀長雄、東京　三省堂）「第五十七章豊臣秀吉　一節光秀を伐つ」には、「秀吉、京都の変報に接し、深く、之を秘して、毛利氏と和し、直に、軍を還して、光秀を、山崎に敗る」と、あきらかに信長の横死を隠した和睦が語られている。

一方、明治二四（一八九一）年の神谷由道編、文部省総務局出版『高等小学歴史』第九篇「豊臣秀吉」の記述は、

時ニ明智光秀、信長ヲ弑シ、京畿ノ政ヲ行フ。秀吉、報ヲ聞キテ、直ニ毛利氏ト和シ、馳セテ尼崎ニ至ル。

とあって、和睦の事情については触れられていない。

が、同時期、おなじ文部省による生徒用出版物のひとつには、次のように記されていたりもする。明治二二（一八八九）年の文部省編輯局の手になる『高等小学読本』である。その「第十課豊臣秀吉ノ伝　二」には、

時ニ明智光秀、叛キテ信長ヲ本能寺ニ弑シ、其変報、偶々秀吉ニ達ス。秀吉、因テ明ニ是ヲ毛利氏ニ告ゲテ、和睦ヲ成シ、直ニ兵ヲ引キテ尼崎ニ至リ（以下略）

と、毛利氏に「明ニ」告げたとあるのである。

こうした記述のばらつきは、もちろん見解による相違という場合だけではなく、目的や対象に配慮した記述の精粗ということもあるかもしれない。しかし、それはそれとして、このような記述の積み重なりそのものがまさに太閤「伝説」の総体を形成してゆくのであり、しかも、これらの記述そのものも先行する太閤「伝説」の系譜から導かれてきているのである。

小瀬甫庵の『太閤記』の記述に戻ってみよう。

さきに記した水攻めのありさまのとおり、湖水の水かさの日に日に増して行くのに抗するすべもな

く、清水長左衛門尉は「如此水まさりなば、溺死旬日之内外たるべし、兄弟腹を切て諸人を助んと奉存はいかが有べき」と、兄月清入道にもちかける。兄の「啐啄」をうけて、清水長左衛門尉は蜂須賀彦右衛門および杉原七郎左衛門宛てにその旨記した「六月三日」付の書状を届ける。それに対して、秀吉方から「即可令応御望之旨候」の返書が同日付で交わされ、そこには「明日検使出候様に」との段取りの記述もある。そこで、「高松之城主清水兄弟」らが「四日午前」「湖水の上にして致切腹、籠城之上下悉く助ん」という、犠牲としての英雄的な武人の最期が敵味方の見まもるなかで演じられる。直後、その首を届けられた秀吉は、いずれも「仁義の死を遂げし者の首也」と「三方にすへ」て丁重に遇し、「五日の朝堤を切候」という展開になる。

こうした叙述をうけて、『太閤記』は、その次に「〇信長公御父子之義注進之事」について述べる。すなわち、出来事は時系列にしたがって語られているのではなく、それぞれの事項としてのまとまりが意識され、その事項事項において叙述は時系列にしたがっているのである。実際、「〇信長公御父子之義注進之事」は「壬午　六月三日之子之刻」の「京都より飛脚到来」から始められる。「昨日二日之朝」の本能寺の変の急報である。さすがに「秀吉慟せる事不浅。然共さらぬ躰にもてなし」として、秀吉の「四日の朝」の行動を記す。「陣廻り」をするのに、普段なら「百騎計めしつれられ見廻るところを、「馬じるし計持せ」て「一鎮め一鎮め堤を打廻り給ひければ」、毛利方は「弥降参をぞ請にける」というのである。「四日午前」は前述の通り、清水宗治の切腹が行われたが、その日、小早川隆景および吉川元春の講和の使者があったらしく、「明五日之朝可及返事とて、其日は使者を帰されにけり」。そして、「五日の朝、小早川吉河(ママ)よりの使者来たりぬ」と、その時のことを次のように記している。

爰に至て秀吉、隠すより見はるはなし。亡君之御事隠す共、やはかくるべきかと思惟し、今度信長公、去二日惟任日向守逆心により、御父子於京都弑せられ給ひぬ。此上にても如最前承及筋目無相違被仰談候はんや否やの事、両使還て輝元へ申届候へ。其上を以可相極とて、又使者を帰し給ひけり。

すなわち、四日の清水宗治の切腹がすんで「五日の朝」になって、毛利方の使者に秀吉のほうから信長の死を伝えた。さきの「五日の朝堤を切候」という叙述との整合には疑問なしとしないところだが、というか同日の朝のこととしても事態に必然的な先後関係を意識して読まなければならないが、いずれにせよ、それから毛利方ではこのまま和議を結ぶのか、一転して決戦を挑むのかの評定がなされることになる。輝元が受け入れることになる小早川隆景の論点は三つある。第一に、秀吉がこの事態を乗り切って「逐年威勢加り行事」になったとき「今度変約之義、徹骨髄忘れもやらず恨ふかかるべし」、したがって「当家をば葉を枯し根を絶す」まで「可被打果候」という危惧。第二に、信長の死を知って以後の秀吉の「取しづめたる事共多かりし」対処の適切さ、「其上百人は百人千人は千人昨日の無事之扱」はそれだけで見事な陣中の統制であるのに、「其扱をも甚以よしとせず」して「昨今両使」をこうして帰してきたことは、秀吉の「至剛なる所存」が見て取れるという感服。第三に、秀吉が「文武之達者」であることは年来知られていたが、今回「離倫絶類の武勇才智兼備りし人」として眼前しているからは「是天下之大器」と認めるしかなく、「天下之大器は天の生せる所ぞかし、豈人力之所及にあらんや」という時勢認識。

かくて毛利輝元は、この後、「信長公御弔として」使者を秀吉の陣に差し向ける。「信長公かくならせ給ふ共、最前約諾之筋目相違有まじきとの事」が伝えられ、秀吉も「不斜悦給」いて、「惟任を早速討平亡君尊霊の憤を散ぜむ」ために「さらば明日可打立」、ついては修好のための武具の提供を依頼して、和睦は成し遂げられるのである。すなわち、秀吉は「同六月六日未之刻高松を引払」って明智追討の行軍に移ったというのであり、以上が、議論している一連の時間についての『太閤記』の叙述である。

さきの『修身訓話』などの叙述が、いかに『太閤記』のそれに負っているかがよくわかる。と同時に、書き替えのために加えられたアレンジの数々も明らかである。もちろん『太閤記』だけが、このように信長の死の告知を記しているわけではない。時代はややくだるが、たとえば山鹿素行の延宝元(一六七三)年の自序を持つ『武家事紀』九なども、おなじ内容を記していることが、新日本古典大系『太閤記』当該箇所脚注には記されている。基本とする枠組みの中で、それぞれの立場からのアレンジが加えられていくことになるのである。とりわけ清水宗治の切腹については、とくに紹介はしなかったが『太閤記』も江戸期の作品に共通する叙述として、城中から舟を出して切腹に至るまでの経過を、あっぱれな武将の最期として情味ゆたかに描いている。けっして『修身訓話』のような戯画化はなされていない。それに対して戯画として描いたのは、『修身訓話』が児童に対する修身の訓話として秀吉の美化を焦点化するためにわかりやすい善悪の二元論を採ったからである。

（三）

では、信長の死が毛利方には秘匿されていたか知られていなかったとするものには、どのような文献があるのか。たとえば寛永八（一六三一）年に成立したとされる竹中重門『豊鑑』（四巻二冊）はそのひとつであるが、ここでは『陰徳太平記』を取り上げたい。

『陰徳太平記』（八一巻四一冊）は、毛利氏の重臣吉川家の老臣香川正矩（一六一三―一六六〇年）の遺稿を次男景継（尭真、宣阿。一六四七―一七三五年）が集成して正徳二（一七一二）年に刊行、元禄八（一六九五）年の序文を持つ。毛利氏による中国制覇の歴史を軸に、ちょうど秀吉の死による朝鮮出兵の終焉までを内容とする。つまり、その流布のありようや後続作品への影響もさることながら、毛利方からの見方を反映するものとしても見ておきたい。以下、引用は米原正義校注『陰徳太平記』（東洋書院刊）による。

その「巻第六十六」の最後が「清水宗治自害　付秀吉与元春隆景和睦事」である。

それによれば、六月「四日の早旦、秀吉より使を以、安国寺瓊西堂を只今急に被来候へと云送らる」とあり、すでに京都からの注進を受けた秀吉が、和議の仲介に立っていた安国寺恵瓊を、急に四日払暁に呼びつけたところから事態の展開は始まる。急いで秀吉の陣に参上した恵瓊に、秀吉は「某信長の代官たり」として信長の天下統一の戦略の中で和議の意義を述べ、そして和平のための条件を論うが、それは背後にひかえる主君信長の存在をことさら意識させる台詞となっている。

吾清水が城を乍攻、城主の頭を不見して和睦せば、信長の思給はん所も難量、諸人も勇少しとや嘲弄せん、且又信長、吾中国と心を合せてや、かく迄取巻きたる城をも不攻落して、和平したるらんなと狐疑の心を成給はば、秀吉の身の為も如何有んずらん

時日からして、すでに秀吉は信長がもはやこの世に存在しないことは承知の上なのだから、このように振る舞うのは、まさに信長がもはやこの世に存在しないがゆえにほかならない。秀吉は恵瓊に、「清水宗治には切腹させ可申にて候」事を、吉川元春、小早川隆景に伝えさせる。両者の間で恵瓊の往来がくりかえされることになる。元春も隆景も「宗治を於被助置は、秀吉の望に可任、左無て宗治に切腹と候はば、努力和睦叶間敷」、「宗治を捨ては何の為に和平せんや」と、宗治の助命こそ前提だとして承引しない。その旨伝える恵瓊に、さらに秀吉は「先年播州上月」における、また「去年馬野山での元春との対陣における自分の「両川（吉川・小早川のこと――筆者注）に出合て両度利を失ひ」たることまで引合いにして、「今宗治自害したりとて、両川の恥也と云には可不有」と、宗治自害という条件を「再三宣けれ共」、吉川も小早川も受け入れるはずがないので、「扱は事行べうも不見けり」、事態は膠着する。そのときの秀吉の心中は、こんなふうに記されている。

秀吉は兎角に此事延引せば、信長、光秀が為に被弑たる事敵陣へ聞こえて、味方由々敷大事なるべしと思給、

そこで秀吉は、恵瓊の籠絡につとめる。「種々の引出物」のほかに「信長へ能に披露して所領等可申与など」甘言を弄するのである。そのせいかどうか、恵瓊は、ここは何度吉川、小早川の二人に談判しても埒は明かないと、「只此一儀を宗治に偕に申候はん」、なぜなら「渠は義を好み道を樹る事を専と仕る者なれば、如何なる思案も可有之候」というので、小船で城中に向かうのである。「宗治熟々聞て先涙を波乱々々と流し」て、次のように決意を述べた。毛利方の文献とはいえ、さすがに『修身訓話』の戯画などおよそあるまじき、戦国武将の鑑としてのひとつの美学の提示と言うべきだろう。「已に中国の大敗此時に在と見え」るこの形勢の中で「敵方より和睦せんと」言ってきたなら、大将は自分如きものの首をいくつ差し出してでも「和平可有」ところ、しかるに、

左は無て還て某甲が為に和睦の旨領掌し給はぬ事こそ、誠に以て有難けれ、大将斯義を専にし給上は、兵などか忠志を可不抽、吾云詮なく少間の命を惜み、信長の下向を待とも、命非可助不如只今自害して死を善道に守なば、忠は一旦中国の危亡を救ひ、名は万世竹簡刀筆の蹟に残んには、然共かくと知せ申さんは、両将よも御許容有まじ、唯知せ申さで自害可仕候、某亡滅して後は、扱の事自然と成就すべき也

吉川、小早川の両将が自分の命を和睦の条件にはしないという「義」を立て通してくれるからには、武人としてどうして「忠」を果たさないでいられようか、まして国の存亡の危機を救い、名を後世に残す死を死ぬことを誰が厭うものか、というのである。しかも、両将はけっして許諾することはあるまいから、知らせることなく自害するというのである。

その自害の様についても当然、詳細な記述があるが、いまはそこに焦点はないので割愛するとして、『陰徳太平記』が清水宗治の英雄的な死を謳いあげるがゆえの、その反面にはこの仲介をした安国寺恵瓊に対する冷ややかな視線があることには触れておこう。宗治の決意を秀吉に復命したとき、秀吉から「和僧が忠功第一の先なるべき間、抜群の賞にぞ可預」と言われた恵瓊を、「安国寺、信長の事をは夢にも不知、此扱仕済しなば、所領多く賜りなんと、頭を振り独り笑して居たりけり」と描いているのである、信長のことを知らなかったのは、なにもひとり安国寺恵瓊のみではなかったにもかかわらず。

『陰徳太平記』のこの部分の記述には、先に示した「六月四日」という日付以外に時間を特定する記述が見えない。が、四日の宗治の自害ののちも、秀吉はこの時間の濃度と速度とをゆるめはしなかった。自害を知らされた元春、隆景が「感涙」の乾く間もなく、かくなるうえは「無是非和睦すべき也」と恵瓊をとおして伝えるや、秀吉こそ「事急なる仔細あり、早々互に起請文を取替すべし、安国寺往来も六箇敷かるべし」と「吾先起請文を可認」、自分の方から先に和睦の「盟文」を書き、血判を押して、恵瓊に持って行かせるという急ぎようである。恵瓊の一往復を間引いたことになる。恵瓊は「秀吉の判形を見せ申、頓て両将の盟書請取」ると、すぐに秀吉のもとに持って来る。「秀吉是を見て即時播磨路へと被上ける」というのが、秀吉一連の行動である。

そして、『陰徳太平記』によれば、じつにその後である、毛利方へ京都の変報を持って注進が届くのは。

上方勢一里許引たりし比、播磨の阿賀の一向坊主休巴が許より、信長切腹の由告来りぬ、其外雑賀孫市が所、又東福寺に在ける中国の僧某、又京都の長谷川宗仁が許よりも、櫛の歯を曳様にこそ注進してけれ。

この叙述には、やや混乱があるのかもしれない。「京都の長谷川宗仁」の名が見えるが、のちに秀吉、家康に仕えるこの人物は、『太閤記』では秀吉に一報をもたらす人物として挙げられているからである。それはとにかく、もちろん、これらの報に接して毛利方に秀吉追撃の議論が起こり、元春と隆景がそれを制した経緯も記されるが、してやられた形の毛利氏として『陰徳太平記』はこうした秀吉の幸運を、一連の物語の叙述を終えた最後に、いわば草紙地ふうの書体で、「抑々此度秀吉急に和を請れし事は」と、その事情説明の文章を展開している。

光秀、信長を弑し申して、即時飛脚を馳て元春、隆景へ此由注進し、秀吉を中に取籠可討也と云送られける所に、(中略)彼飛脚中国の陣也と思て、秀吉の陣へ来りけるこそ不思議なれ、秀吉何事ぞと問させ給へば、云々の通を申す間、酒飲せんとて喚出し、取て搦め頓て坪の中にて切捨、即時に安国寺を喚で和睦の儀を宣けるとぞ聞えし

本来、光秀が秀吉挟撃の手配のために元春、隆景のもとに送った密使が、毛利方の陣と間違えて秀吉の陣に行ってしまった、というのである。偶然が左右したこの戦局とすること、つまりは僥倖に恵まれた秀吉とするのは、毛利方のせめてもの意地と見えなくもない。確かに、そうした悔しい思いはあったにちがいなかろうが、しかし、先の引用中、中略とした部分にはなんと記してあるか、実はこん

な秀吉賛美の語句が連ねられているのである。

されば秀吉は元来尾州の土民の子たりしか共、天下の権を指麾するのみか、三韓をさへ切取程の前因めでたく、天の加護深き人なれば、

なんと言おうとも、前世の因縁めでたく、天の加護にもめぐまれた人物が相手では如何ともなし難い、という口吻である。

信長の死を知らされていたのに知らなかったと書くことは、毛利方にとってどんな意味を持つだろうか。かりに秀吉が告知した場合なら、その正直と大胆な機略に感服したとは書きたくないかもしれないとしても、かわりに、清水宗治の自害を戯画化した『修身訓話』でさえ賞賛した、約を変じない気骨ある義を称揚するやり方はあった。また、光秀からの通知があった場合なら、その時には戦局は事実として大きく異なった展開を見せていたにちがいないし、歴史の進行がそうはならなかったからといって、使者が敵陣と味方とを間違えたなどという、偶然にしては余りに意味の大きな偶然をわざわざこしらえだしてまで、そのことを隠蔽する必要も認めがたい。なぜなら、その時には戦闘は行われたであろうし、だとすれば決着は明らかになるし、そして事実としてこの時には戦闘は行われなかったのである。さきの『陰徳太平記』の口吻は、いかにももっともと言うしかないもののように思われる。

この京都からの注進については、光秀からのであれ秀吉へ向けてのであれ、『太閤記』に先行する秀吉関連文献として知られている『大かうさまぐんきのうち』（太田牛一）や『惟任謀反記』（大村由

己）などは、ただ注進のあった事だけを記している。その中で、『川角太閤記』がディテールを記しているので、『陰徳太平記』との関連というか比較の意味でも触れておきたい。

『川角太閤記』は、川角三郎右衛門が明智光秀の謀反から関ヶ原の戦いまでの記事を、元和七（一六二一）年から同九年の間に本編四巻にまとめたものと推定されている（注、桑田忠親『太閤資料集』所収分解説）。「信長公御切腹、天正十年午の六月二日」、その「備中え御切腹の注進は、同三日の亥の刻」として、その様子とその時の秀吉の対処を次のように記している。文章にやや錯雑の気味があるが、『改定史籍集覧　第十九冊』所収のテキストによって引用する。

其の飛脚は蜂須賀彦右衛門に御預けなされ、其のしたため様は、一間所へ押し籠め、人に合ふなよ。能々彦右衛門念を入るべきものなり。定めて、跡より知音の方より追々注進これあるべく候。右に一人の到来にて、上様御切腹は相聞こえ候。

かく蜂須賀彦右衛門に対する秀吉の指示が述べられているが、文章は続けて「是より二三里人を御出し置き候ところに、案の如く注進状雨のふるごとくなり」と、秀吉の指示でこれに続く注進の見張りをした結果を挿入した後、また「其の状までを取り、飛脚をばそれより跡へ追ひ返せよ」という指図が述べられる。そのあとに続くのは、その秀吉の意図の解説である。

高松の城主長左衛門所より、明日四ツ五ツの頃、御陣の下へ舟をつけ、切腹に仕るべく候間、下々以下御たすけ下され候へとの約束に候。定めて明日陣の前へ長左衛門船を着け、切腹に及ぶべく候に、上方よりの注進の早打飛脚、上様の様子取々に沙汰仕り候へば、陣中さわぎたち申すべき事、案の内なりと、おぼしめされ、方々の飛脚、道々より追ひ返しなされ候。

これによれば、秀吉は本能寺での信長の死に関して、その情報の独占に周到な配慮をもって腐心している。注進が単数であるとは考えられず、次から次へ「方々の飛脚」がやって来るのを、その所持の書状を奪い取って途中から追い返すのである。第一番目の「飛脚」は一間に監禁して、誰にも会わせないよう手配した。それは、その情報が知られると、予定の清水宗治の切腹も取りやめになる混乱を招かないようにするためだと云う。『陰徳太平記』が述べるような、秀吉が陣を引き払った後の毛利方への注進の到着は、あるいはこうした秀吉の見張りが解除されなければ通過できなかった飛脚の実情を裏返しに語るものなのかもしれない。

（四）

戦国時代における激しく厳しい覇権争いのなかでは、政治的な判断として信長の死を敵方に知られることなく当面の戦局を終結して、主君の弔い合戦に専心することの妥当性は言うまでもないだろう。そして、それはそれで英雄伝を仕立て上げるための視点と話題はいくつも含み持っているはずである。また一方、政略ではなく、英雄に人物としての模範たる美点を求める観点からは、それが先に見た『修身訓話』などに典型的な視点でもあったわけだが、自分を有利にするために事実を隠しておくということは、あるべきことではないという要請もまた当然ありうるであろう。実際の歴史の進行として、こののち関白太政大臣となってゆく秀吉には、この場合、信長の死を秘匿しようが告知しようが、いずれにしてもそれがプラスの伝説の胚珠となる。それどころか、秘匿が政略上も戦略上もある意味常識であるとするなら、それを覆した告知の物語のあることは、秀吉はそれによっていささかのマイナスも被るものではないのである。

さらに言えば、史的認識の違いや視点の置き方以外に、こうした相反する議論のあることは、当の内容は誰に向けて語られようとしているのか、あるいは対象の問題でもあるかもしれない。すなわち、支配者たるものには前者を、それに対して支配を受ける者には後者を美点として、それぞれ称揚するというように。

その点、たとえば、『尋常小学修身書例話原拠』（相島亀三郎、宝文館）が次のように述べているのは、非常に示唆的であると言えよう。本書は書名のとおり尋常小学の修身のためのものであるが、巻四「第五　志を立てよ」という単元で「例話」に「豊臣秀吉」を扱う。なかで「原拠」としては『太閤素生記』や『太閤記』および『豊臣秀吉譜』の、それぞれ幼少期の叙述が対象とされている。本書の性格からして、それを尋常小学の児童にどう指導するか、単元ごとの終わりに「教授上の注意」が記してある。「第五　志を立てよ」について記された「教授上の注意」には、なんと記してあるか。すなわち曰く、

一　秀吉が世に出でたる時代には機を得ば匹夫もよく起つことを得たりしも現時の如く社会の発達せる世には突飛なる希望を起すは、却つて身を過る基なることをも平易に諭すべし。但し、志

を立つるは、決して貧富によるものにあらざれば、要するに今の時世に適したる道をたどりて所志を遂行し得るやう心がくべきことを知らしむべし。

二　人は各其の位置にありて、十分に其本分を尽すを第一とす、位置低ければとて不平を起し、其の務めの不満足なればとて之を怠るが如きは立身の禁物なることをも、平易に説き聞かすべし。

と。

『尋常小学修身例話原拠』が刊行されたのは、明治四五（一九一二）年五月である。福澤諭吉の「天は人の上に人を造らず、人の下に人を造らず」の宣言は、「立身」の門戸開放、機会平等で青少年を鼓舞したわけだが、その『学問のすゝめ』初編の刊行は明治五（一八七二）年、以来、思えば遠くに来たものである。またそれにしても、「志を立てよ」と教えるときに、「突飛なる希望」が「却つて身を過る基」であることも同時に教えてくれるとは、親切の至りかもしれない。まして、「志を立てよ」と教える同じ口から「各其の位置にありて、十分に其本分を尽す」ことが肝要と諭されたのでは、児童はどんな大志を抱けばよいというのか、面食らわなかったであろうかと、余計な心配もしたくなる。

太閤伝説は一般的であり一般的でなければならないと同時に、どの角度からどんな内容を太閤伝説として紡いで受容してゆくかは、すぐれて特殊的、階層的でもあるのである。講釈師見てきたような嘘をつき、と言うが、なにも講釈師にはかぎらない。見てきたような嘘（フィクション）はそのために必要だろうし、必要はそれに応じた見てきたような嘘もまた生み出してゆくのである。

第2部

『天正軍記』影印と翻字

①『天正軍記』解題にかえて

奥田　尚

はじめに

ここに収める『天正軍記』は、秀吉の伝記の一つにあたる。ここに影印として掲げるものは、『〈太閤記拾遺〉天正軍記』（〈　〉は二行割にした記述であること示す。以下同じ）という版本である（以下、この入手した版本を『本書版本』と記す）。本書の版本など『〈太閤記拾遺〉天正軍記』については、『国書総目録』第三巻八二六頁に、「天正記」として次のような記載がある。

○**天正記**　九巻　(別)天正軍記・〈太閤記拾遺〉天正軍記　(類)伝記　(著)太田牛一　(写)東大（巻二―五、別本共五冊）・東大〈史料〉（豊公検地帳、一冊）・神宮（五冊）　(版)慶長元和古活字版―内閣（三冊）・栗田（巻七・八欠、七冊）、元和古活字版（九冊）―静嘉・慶大・栗田・茶図〈成簀〉（八巻三冊）・旧安田、元和寛永古活字版（五冊）―岩瀬・刈谷・竜門（巻九、一冊）　承応三版（九冊）―国会・

内閣・宮書（八冊）・京大・東大・東大霞亭・秋田（五冊）・鶴舞・果園（八冊）・栗田・茶図成簣（八冊）・旧浅野、寛文二版―旧彰考（四冊）、刊年不明―岡山池田・九大（九冊）・教大（四冊）・刈谷（七冊）・彰考（二冊）・丸山（八冊）・旧彰考（三冊）

この記載から以下のようなことがわかる。

(1)本書の『〈太閤記拾遺〉天正軍記』は、『天正記』が代表的な名称であり、『天正軍記』という別名を持つ史料である。

(2)『天正記』の写本には東大に巻二から巻五（小計四冊）と別本の計五冊があり、東大史料編纂所には「豊公検地帳」と題された『天正記』の一部分の一冊がある。また、神宮文庫（伊勢神宮の文庫）には『天正記』五冊がある。

(3)版本には大きく分けて二種類、すなわち「古活字版」とよばれる木活字のものと、一枚の版木に全文を彫刻する整版による、いわゆる「版本（板本）」がある。古活字版には三種類があり、慶長元和古活字版（慶長：一五九六～一六一五年、元和：一六一五～一六二四年）、元和古活字版、元和寛永古活字版（寛永：一六二四～一六四四年）である。

(4)「版本」は三種類で、承応三年版（一六五四年）と寛文二年版（一六六二年）、それに刊行年不明のものがある。

以上が『国書総目録』による『天正記』（『天正軍記』）の主要情報である。なお、所蔵者が「内閣」となっているものは、内閣文庫であり、現在は国立公文書館の所蔵となっている。

『本書版本』は、全九巻を一〜三巻、四〜六巻、七〜九巻の三冊に仕立てた、刊行年不明の本である。刊年不明のものが一種類だけなのかどうかは、調査していないのでわからない。内閣文庫の承応三年版本『天正記』は、全九巻を各一冊ずつに仕立てた全九冊からなる。内閣文庫の表紙の題は、巻一〜巻四が「天正軍記」で、巻五〜巻九は「天正記」とあり、朱筆で「正」と「記」の間の右に「軍」と傍書する。ただし、本文にはすべて「天正記」と内題が記されている。『本書版本』は三冊ともに『〈太閤記拾遺〉天正軍記』の表題であり、その下部に「一　二　三」、「四　五　六」「七　八　九」と所収の巻数を記す。本文はすべて「天正記」の内題である

『本書版本』と内閣文庫所蔵の承応三年版本と対照すると、『本書版本』は承応三年版本から「挿絵」を除いた部分（つまり文字のみの部分）と、素人目にはまったく一致する。承応三年版本では「挿絵」はそれぞれ表と裏に各一枚の絵が付されている。絵のオモテ頁とウラ頁は一枚の版木に彫られている。また、文字部分の通しの紙数表記と、挿絵部分は別の紙数表示になっている。たとえば巻八には三枚の絵が配されるが、その一枚目は「八の又四」であり、文字頁の「四」と「五」の間に挿入されており、二枚目の絵は「八の又十二」で、文字頁の「十二」と「十三」の間に挿入されるといった具合になる。

したがって絵の頁を抜いても文字頁の数はそのままで、挿絵を除いても文字部分の紙数表示にはまったく影響がない。つまり、あくまで素人目の範囲であるが、承応三年版本から挿絵の版木を除いた、文字のみの版木だけを摺ったものが、『本書版本』にあたると判断される。ただし、承応三年版本の

巻九の第二〇紙の裏面には、「承応三〈甲午〉孟春仲旬〈改行〉中村五兵衛開板」との刊記があるが、『本書版本』にはその部分はない。これと冊数の相違（全九冊と全三冊）が目立った相違である。承応三年版本と『本書版本』との関係は、この程度にとどめておきたい。

一　『天正記』と『天正軍記』

上に引用した『国書総目録』の部分には、『天正記』の著者は太田牛一であるとあった。近世初期の軍記に関心のある人にはよく知られているように、『天正記』の著者は太田牛一ではなく、大村由己である。『天正記』の原著と『本書版本』（『〈太閤記拾遺〉天正軍記』）など「版本」との関係は、少々わかりにくい。

『本書版本』の外題は「〈太閤記拾遺〉天正軍記」である。上に記したように内題には「天正記巻第一目録」とあり、「天正記」である。『本書版本』の全九巻のすべての巻頭と巻末に「天正記」とある。その第九巻に巻末は、大尾の部分に「天正十五年三月十三日〈改行〉太田和泉守記之〈改行〉天正記巻九終」とある。大略、次のような形になっている。

慶長十五年三月十三日
天正記巻九終　　　　　　　　太田和泉守記之

したがって全九巻すべての「天正記」が「太田和泉守」すなわち太田牛一の著書であるように見える。

しかし、そうでないことは桑田忠親により詳しく研究されている。

桑田忠親の研究は、『豊太閤伝説物語の研究』として一九四〇（昭和一五）年五月に中文館書店から刊行された。発行部数は八五〇部であったという。その後、一九六五年一二月に徳間書店から、『豊太閤伝説物語の研究』を「徹底的に訂正増補し、漢字や仮名づかいも、文章も、できるだけ今日ふうに改め、『太閤記の研究』と改題して、新刊することにした」（桑田忠親『太閤記の研究』二三八頁「あとがき」）として、改訂版が改名して刊行された。

以下、桑田の『太閤記の研究』により、『天正記』・『天正軍記』を紹介したい。

大村由己の『天正記』は、次掲のように本来は一二編からなる。

①播磨別所記
②惟任謀反記
③柴田合戦記
④関白任官記
X⑤金賦（かねくばり）之記
X⑥大御所御煩平癒記
X⑦若君（わかぎみ）御誕生之記
X⑧西国征伐記
⑨聚楽行幸記

⑩　紀州御発向記
⑪　四国御発向幷北国御動座記
⑫　小田原御陣

この一二編のうち現在に「本文」が伝わらないのは、番号にXをつけた四編である。以外の八編については現伝するが、大村由己の自筆原本として伝わるのは⑨のみであり、他は写本として伝わる。それらの写本は、ほとんど原本のままと認められると桑田はいう。

要するに、「天正記」は、秀吉の御伽衆梅庵大村由己が、秀吉の在世中、その命令によって、著述したものであって、数多い太閤伝記の中で、初見のものであり、題名だけ伝わるものをも含めれば、十二巻だけが、今に知られる。いずれも、秀吉の公私の生活、及び功業を世に宣伝する目的のもとに、真名の美文で書かれたもので、机上の読み物たるに止まらず、御伽の席などで朗読させたものらしく、そこに、他書に見られぬ特異性が認められる。しかしながら、この真名文体の、通俗味に乏しい読み本「天正記」は、その史的価値の高さに拘らず、事実、小瀬甫庵の「太閤記」に比べて、著しい流布も見られなかった。江戸時代において、太閤関係の史書、もしくは、読み本が、徳川幕府の政策的圧迫を蒙った事実は、一般的に認められるが、それにしても、この「天正記」が、その内容の優秀さに拘らず、広く流布を遂げ得なかったのは、原本の文章がやや難解であって、これを和訳して、「版本天正記」として版刻した際にも、正しく元の姿を伝え得なかったためと、思われる。（桑田忠親『太閤記の研究』八一・八二頁）

ここに桑田が「版本天正記」といっているのは、内閣文庫所蔵の元和年間（一六一五～二四年）の古活字版と、同所蔵の承応三（一六五四）年版の両方の本である。『本書版本』など刊行年不明のものについての言及はないが、前述のように『本書版本』は承応三年版本から挿絵を除いたものである。また、内閣文庫の古活字本との詳細な比較はまだ行っていないが、後述のように内閣文庫の古活字本にはかなりの乱丁と、巻四の本文の欠落は見られるものの、古活字本の基本的な内容は、承応三年版本・『本書版本』のそれとほぼ同一である（もちろん巻四を除く）。

古活字本は全九巻で、それを『天正記　上』ならびに同『中』、『下』の三冊に分け、上冊には巻一～三、中冊には巻四～六、下冊には巻七～九を収めるが、内閣文庫の中冊は巻四の目録（目次）のみを記し、本文が欠けている。内閣文庫本の巻四の目録の裏には、国学者小杉榲邨（一八三五年生・一九一〇年没）の「榲邨云、本書四ノ巻、コノ目録ノミニシテ、本文ヲ闕ク」という朱筆の識語が記されている。

桑田の前引の部分にも見えるように、古活字本も、承応三年版本・『本書版本』も、大村由己の『天正記』をかなりひどく改竄したものである。また、古活字本の巻三の跋部分は、本文の最後から数字空けて同じ行の末尾に、「天正記第三終」とあり、改行して「于時天正十一年十一月吉日〔数字分空き〕由己謹誌之」とある。由己の名前が見えるのはこの巻三のみで、他にはない。大略次のような形である。

天正記第三終

于時天正十一年十一月吉日　由己謹誌之

また、古活字本の巻九の跋部分は、「大田いつみの守〔数字分空き〕誌之〔改行〕慶長十五年三月十三日〔改行〕天正記第九終」と三行に記される。次のようである。

大田いつみの守　　誌之

慶長十五年三月十三日

天正記第九終

次に触れるが、ともかく、『天正記』は大村由己の著述になるものであり、古活字本、承応三年版本・『本書版本』の第六巻までは、大村由己の『天正記』の非常に杜撰な写しによる版本である。次に同本の第七・八・九巻であるが、桑田に「版本天正記」のこれらの巻についての言及があるので、それを見ておきたい。

第七巻は、前関白秀吉公御検地帳の目録・朝鮮国御進発の人数積り・肥前国名護屋御在陣の衆と題する三種の古記録を収めている。この三種の記録は、一見、それぞれ独自性を有するものの如く見られるが、じつは、いずれも、その原形は太田牛一の「大かうさまくんきのうち」に見られるもので、この巻は、由己の著作ではなく、太田牛一の記録の書き直しと、思われる。

第八・九の二巻も、太田牛一の「太閤軍記」の書き直しである。（桑田忠親『前掲書』七九頁）

ここに桑田が「太閤軍記」と呼ぶものについては、後述するが、実質的には『大かうさまくんきのうち』を指す。桑田がいうように、第七～九巻は、太田牛一の『大かうさまくんきのうち』によるものであり、そのために各本の巻九の跋部分は、「大田いつみの守〔数字分空き〕誌之〔改行〕慶長十五年三月十三日〔改行〕天正記第九終」（内閣文庫古活字本）、「慶長十五年三月十三日〔改行〕天正記巻九終〔かなりの空白あり〕太田和泉守記之」（内閣文庫承応三年版本、『本書版本』）となっている。これはあくまで第七〜九巻が依拠した太田和泉『大かうさまくんきのうち』の跋部分であり、それが誤って『天正記』の全体に対する跋記述と見られて、『国書総目録』のように、筆者が太田牛一と記されるにいたったのである。

次に『大かうさまくんきのうち』について、見ておきたい。

二　『大かうさまくんきのうち』について

『大かうさまくんきのうち』についても、『国書総目録』第三巻の記述、三八四頁を見ておこう。

○**大かうさまくんきのうち**〈たいこうさまぐんきのうち〉一冊 ㊩伝記 ㊔太田牛一 ㊢慶長年間 写慶大（自筆、重美）・東大史料（慶大蔵本写）・東北大 ㊕戦国時代叢書太閤史料集

「大かうさまくんきのうち」は、太田牛一の自筆本が現存し、慶応義塾大学に所蔵され、重要美術品に指定されている。東大の史料編纂所には慶応義塾大学のものの写本が所蔵されている。活字本には、桑田忠親『太閤史料集』（戦国時代叢書一）がある、などといったことがわかる。桑田の『太閤史料集』（戦国時代叢書一）は、一九六五年二月に新人物往来社から出版されている。

桑田の『太閤史料集』には、大村由己『天正記』（現存する八編のすべて）と、太田牛一『太閤さま軍記のうち』（『大かうさまくんきのうち』と同じもので、東京大学史料編纂所本に基づいて、桑田が漢字混じり文に直したもの）と、『川角太閤記』が収載されている。

なお、慶応義塾大学所蔵の太田牛一の「自筆本」は、影印本とそれを活字にした「翻字編」が、「斯道文庫古典叢刊之三」として、一九七五年二月に汲古書院から刊行されている。「翻字編」には大沼晴暉執筆の「解題」があるので、それにより『大かうさまくんきのうち』について見ておきたい。

表紙は縦二四センチ、横一七.五センチ、中央に太田牛一の自筆で「大かうさまくんきのうち　大たいつみ記」と題書されている。本文の巻頭には下端に「大たいつみこれをつゞる」とある。一行を隔てて本文がはじまり、半葉つまり半分に折った状態での一頁に六行、一行の字数は一七、八字である。文字は老筆でやや震えはあるものの、終始乱れず謹書されており、さる方のもとに、清書して奉ったものと考えられる。

『国書総目録』に「重美」つまり重要美術品であるとあるが、一九三五年五月に指定を受けたという。さらに一九七四年五月には、重要文化財に指定されている。

『大かうさまくんきのうち』という書名は二様に解され、一はこれから書こうとする『太閤軍記』という作の未完の一部、他の一は『大かうさまくんき』というすでに完成した書物の抜粋本としてである。桑田忠親は『大かうさまくんき』（『太閤様軍記』）の存在を示唆していると、大沼晴暉は指摘する。

桑田は、太田牛一著の『太閤軍記』が存在する可能性があるといい、さらにそれは「太閤記」とも呼ばれたとする。桑田は、『大かうさまくんきのうち』は慶長八（一六〇三）年ころの段階での『太閤軍記』の未定稿にあたり、慶長一七年に近い頃には『太閤軍記』が完成したが、まったく散逸して現在その全貌はうかがう術がないとする（桑田忠親『太閤記の研究』九六～九八頁など）。

この桑田説に対し大沼は、『大かうさまくんきのうち』は、今上後陽成天皇の盛徳をたたえ、中間に天道恐るべきという非道の例を記し、太閤の最も華やかな醍醐の花見で終わるという構成を持ち、一つの完成した作品の結構であるとする。牛一が作品を自己の日記や備忘録から作り出すことからも、秀吉の事績について『大かうさまくんきのうち』以外には、それほど多くの記述を加えることはできないであろうともいう。以上の点からして、桑田のあげた史料の『太閤軍記』や『太閤記』は、『大かうさまくんきのうち』の別名であるとする。

太田牛一に『信長公記』があり、それをもとに小瀬甫庵が『信長記』を書いたことはよく知られている。太田牛一の『信長公記』は全一六巻という大部なものであり、小瀬甫庵の『信長記』は序に相当する「起」に、太田牛一のものに重撰を加えたとする。加えてさらに各巻の巻頭に「太田和泉守牛一輯録〔改行〕小瀬甫庵道喜居士重撰」と明記する。形としては次のようになる。

太田和泉守牛一輯録
小瀬甫庵道喜居士重撰

これに対し小瀬甫庵の『太閤記』は、「凡例」に「此書、太田和泉守記しけるを便とす」とはするものの、各巻には「小瀬甫庵輯録」とのみ記して、太田牛一に触れるところがない。牛一の『太閤記』あるいは『太閤軍記』は、たとえ存在するにしてもさほど大部のものではなく、また牛一の『信長公記』ほどには小瀬甫庵に材料を提供しなかったと見られる。こうした点からも、おそらくは大沼説のいうように、『大かうさまくんきのうち』はそれで完成した一本であり、『太閤軍記』の未定稿といった性格のものではないという指摘が妥当である。

なお、『大かうさまくんきのうち』は、本来は目録を持たないが、「翻字編」には大沼により作成された、各部分の主題をまとめた目次が付されている。また桑田忠親『太閤史料集』所収の『太閤さま軍記のうち』にも、桑田による目次が載せられている。『大かうさまくんきのうち』の詳細な内容は、それら目次に示されるが、ここではそれほど詳細な紹介は必要がないので、桑田による『太閤記の研究』九九・一〇〇頁にある「要目」を、さらに簡単にする形で紹介するにとどめたい。

後陽成天皇の御聖徳／秀吉の治績の礼賛／文禄四年秀次の最期／三好実休の最期／松永久秀の最期／子の義龍による斎藤道三の殺害／明智光秀の謀反と山崎合戦／賤ヶ岳合戦、神戸信孝の自殺／小田原合戦、会津動座、知行割／天正一九年の鷹狩／秀次の関白任命／天正二〇年聚楽第行幸／朝鮮侵攻／大政所の死去／伏見築城／拾丸（秀頼）の誕生／慶長三年醍醐の花見

大村由己の『天正記』には文禄（一五九二～九六年）以前の記事が全般を占めるが、『大かうさまくんきのうち』は文禄年間およびそれ以降の記事が多いと桑田はいう。『大かうさまくんきのうち』が三好実休、斎藤道三、明智光秀、神戸信孝（信長の子）に言及するのは、関白秀次の最期を因果応

報で説くための手段にすぎないともいう。

以上のように、『大かうさまくんきのうち』は太田牛一の自筆本が残るのであり、これが基本的な第一次史料である。これを書き改めて版本としたものが、内閣文庫の古活字本ならびに承応三年版本、承応三年版本と同じ版木によると思われる刊行年不明の『本書版本』の第七・八・九巻である。

まとめにかえて

『本書版本』の各巻についての整理をし、まとめにかえたい。なお、対応する文献とはかなりの文字ならびに文章の変更がある。

第一巻 『惟任退治』（『惟任退治記』・続群書類従巻五八九所収）に対応する。

*武田勝頼、天目山に敗死す〔天正一〇（一五八二）年三月〕。

*秀吉、備中を攻撃〔同年三月〕、備中高松城の水攻め。

*本能寺の変〔同年六月二日〕。

*秀吉、高松城主清水宗治を自害させ、毛利と和睦し京都へ引き上げを開始〔同年六月〕。

*秀吉、山崎合戦に勝利し、明智光秀滅亡〔同年六月〕。

*秀吉、織田信雄、柴田勝家ら清須に会議し、当面の支配方針を協議〔同年六月〕。

*秀吉、紫野大徳寺にて信長の葬儀を盛大に行う〔同年一〇月〕。

第二巻 『柴田合戦記』(『柴田退治記』)・続群書類従巻五八七所収)に対応する。
＊秀吉、長浜城主柴田勝豊〔勝家養子〕を服属せしむ〔天正一〇(一五八二)年一二月〕。
＊秀吉、岐阜城の織田信孝を服属せしむ〔同年一二月〕。
＊秀吉、勝家と通じる伊勢の瀧川一益を討つ〔天正一一(一五八三)年二月〕。
＊秀吉、勝家の近江出兵を聞き、伊勢より近江に転じ、勝家と対決〔同年三月〕。
＊秀吉、勝家と賤ヶ岳に決戦し、勝利す。勝家、北ノ庄〔福井市〕に戻り、自害す。この間、岐阜城の信孝、勝家に味方するも、信雄に降伏して自害〔同年四月、五月〕。
＊柴田平定につき行賞あり。
＊大坂城の築城を開始。〔天正一一年一一月以前〕。

第三巻 『紀州御発向記』(続群書類従巻五八九所収)
＊秀吉、和泉から紀伊に入り、根来・雑賀を攻撃し平定〔天正一三(一五八五)年三月〕。
＊秀吉、紀伊の太田村を水攻めし、平定〔同年三月、四月〕。
＊秀吉、高野山を保護〔同年四月〕。

第四巻 『四国御発向幷北国御動座記』(続群書類従巻五八九所収)
＊秀吉、四国の長宗我部元親(もとちか)と対決、元親を下し土佐一国をあたえ、阿波・讃岐・伊予は没収する

〔天正一三（一五八五）年四〜八月〕。

＊秀吉、軍を北陸へ移し、越中の佐々成政と対決、越前・越中に進軍し、信雄の仲介で成政の降伏を認める〔同年八月〕。

＊秀吉、四国と北陸を平定したため、知行割あり〔同年閏八月〕。

第五巻　『関白任官記』（続群書類従巻五八九所収）と『聚楽行幸記』（群書類従巻四一所収）の一部に対応。

＊秀吉、左近衛権少将となる〔天正一〇（一五八二）年一〇月〕。

＊秀吉、参議従四位下となる〔天正一一（一五八三）年五月〕。

＊秀吉、従三位権大納言となる〔天正一二（一五八四）年一一月〕。

＊秀吉、内大臣となる〔天正一三（一五八五）年三月〕。

＊秀吉、関白となる。関白任命の勅使あり〔同年七月〕。

＊秀吉、親王と准后の席順を裁定する〔同年七月〕。

＊秀吉の素生を祖父は萩中納言、祖母も朝廷に仕えたとする物語を記す。

ここまで『関白任官記』、以下は『聚楽行幸記』からの粗雑な引用と作文。

＊後陽成天皇、秀吉の聚楽第に行幸す〔天正一六（一五八八）年四月〕。

第六巻　『聚楽行幸記』つづき。

〔後陽成天皇、秀吉の聚楽第に行幸あり　〔一五八八年四月〕〕

第七巻　この巻は前半に「前関白秀吉公　御検地帳の目録」を載せる。この部分は『天正記』、『甫庵太閤記』、『大かうさまくんきのうち』には、対応するものはない。

後半は「朝鮮国御進発の人数づもり」と「肥前国名護屋在陣衆」という、二種類の朝鮮への出兵予定人数目録からなる。これらの巻は『甫庵太閤記』巻一三「朝鮮国御進発之人数帳」に極少部分を除いて、ほぼ一致する。『大かうさまくんきのうち』にも朝鮮出兵の人数の略記はあるが、それとは異なる。なお、この部分の人名は、檜谷昭彦・江本裕校注『太閤記』〔新日本古典文学大系、岩波書店、一九九六年三月〕の人名注に依拠した。

第八巻　太田牛一の自筆本が残る『大かうさまくんきのうち』の冒頭から三分の一くらいの部分に対応するが、例によって杜撰な採録部分も多い。

＊後陽成天皇の治世の賛美。

＊秀次の乱行、謀反、高野山への追放。

＊秀次を自害させ、その側近たちを処分〔文禄四（一五九五）年七月〕。

＊秀次の悪行。

＊秀次の妻妾たちを処分〔同年八月〕。
＊妻妾たちの辞世の歌〔歌は『甫庵太閤記』のものとも、『大かうさまくんきのうち』とも異なる。名前の初めの文字を取っており、新たに作歌したものであろう〕。
＊「天道おそろき事」三好実休の例、松永久秀の例、斎藤道三の例。

第九巻　太田牛一の『大かうさまくんきのうち』の前巻〔第八巻〕につづく部分と、末尾に近い部分が対応し、分量はほぼ三分の一である。なお、一部に『甫庵太閤記』に対応記事がある部分がある。
＊明知日向守〔明智光秀〕身上の事〔第一巻「惟任退治記」の異伝ともいえる。『大かうさまくんきのうち』に対応部分あり〕。
＊柴田修理亮〔勝家〕武辺の事〔第二巻「柴田退治記」の異伝ともいえる。『大かうさまくんきのうち』に対応部分あり〕。
＊小田原へ御進発の事〔桑田忠親は『天正記』に「小田原御陣」（前田元公爵家の古記録）が含まれていたとするが、おそらくは『大かうさまくんきのうち』から、杜撰に採録したもの。秀吉の北条氏政打倒。天正一八（一五九〇）年三月から七月〕。
＊関東武蔵岩槻へ発向の事〔秀吉、小田原を発し、会津黒川（会津若松）まで進軍。関東奥羽を平定し、日本統一完成。徳川家康を江戸に封じ、関東の知行割を実施す。以上、同年八月。九月聚楽第に凱旋。『大かうさまくんきのうち』に対応部分あり〕。

＊太閤秀吉へ、宝来るの事〔秀吉の出世より以来、日本に金銀の産出が増加した。『大かうさまくんきのうち』に対応部分あり〕。

＊慶長元年に四国へ、高麗船寄す事〔『大かうさまくんきのうち』に対応記事なし。『甫庵太閤記』に対応記事あり。長宗我部元親の本拠地の土佐の浦戸桂浜の沖に南蛮の巨船漂着す。積み荷を買い取り船を修理して返す。〔スペイン商船サン＝フェリペ号の漂着〕。一五九六（慶長元）年九月〕。

＊慶長三年三月十五日、御花見の事〔秀吉、醍醐に花見の宴を開く。『大かうさまくんきのうち』に対応部分あり〕。

〔本稿は、『アジア学科年報』四号（アジア学科、二〇一〇年一一月）に発表した「版本『天正記』の斎藤道三と義龍の物語」の前半を基礎として、それに改稿を加えたものである〕。

巻一二三表紙

巻一01ウラ

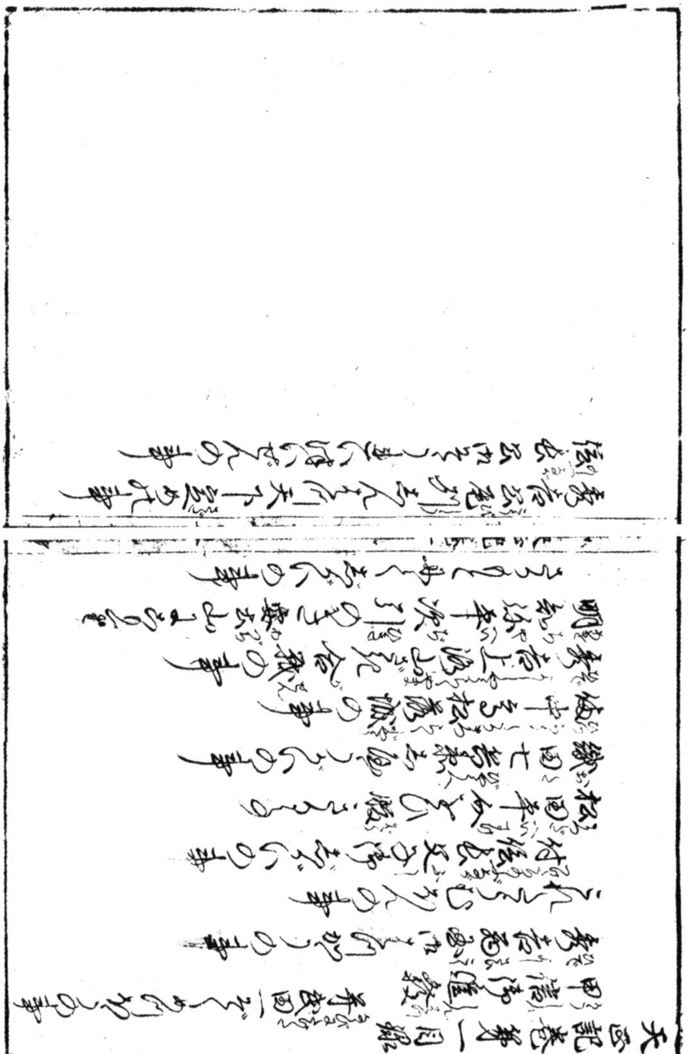

巻一01オモテ

巻一02ウラ

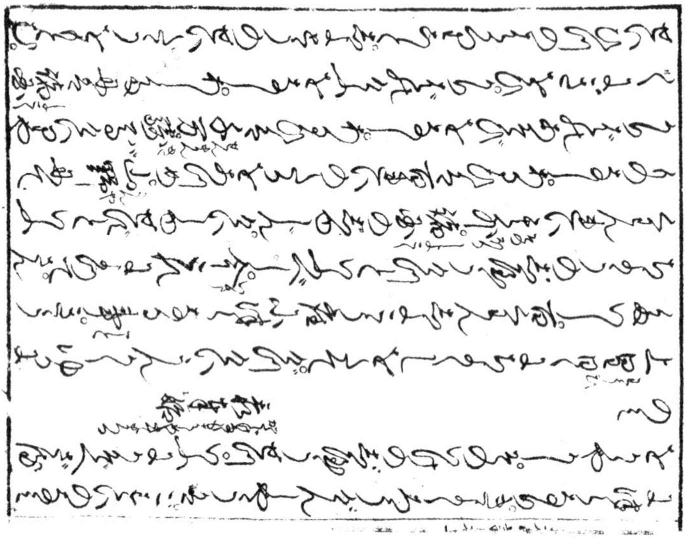

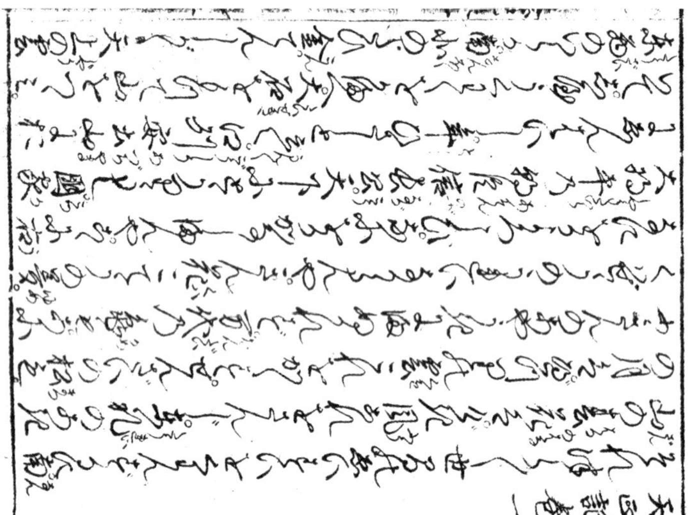

巻一02オモテ

巻一03ウラ

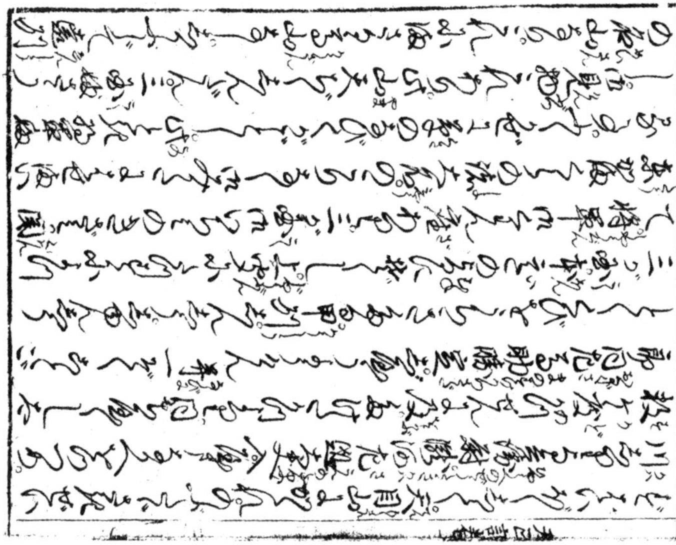

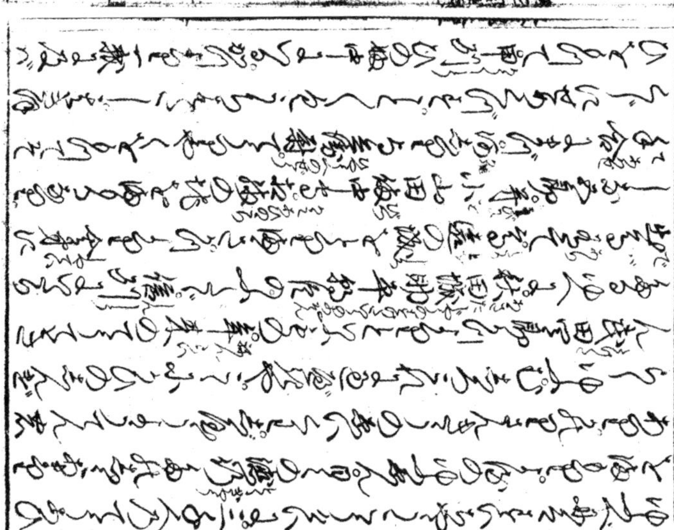

巻一03オモテ

巻一04ウラ

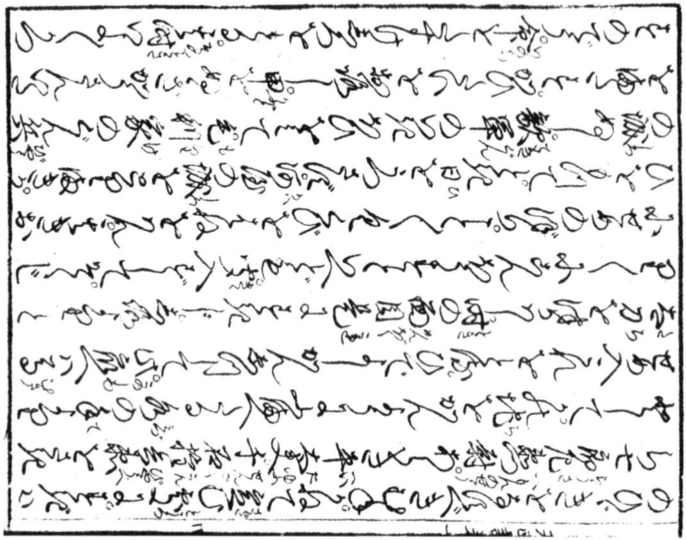

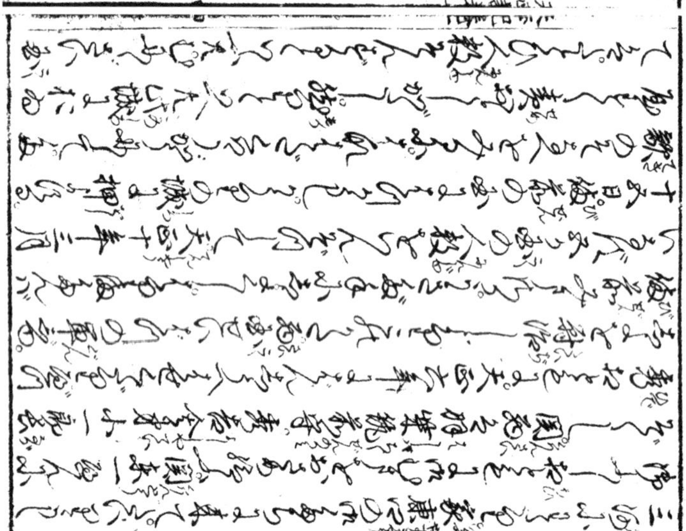

巻一04オモテ

巻一05ウラ

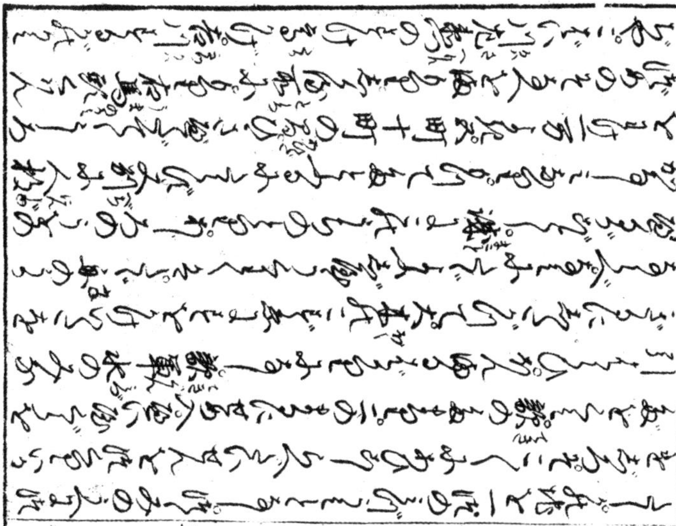

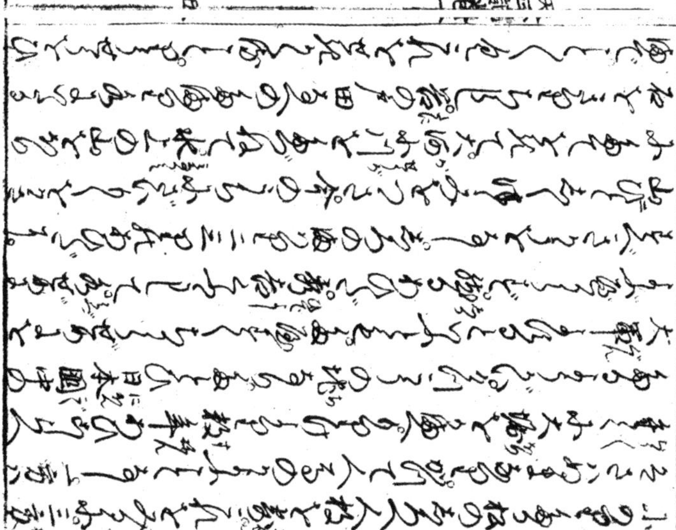

巻一05オモテ

巻一06ウラ

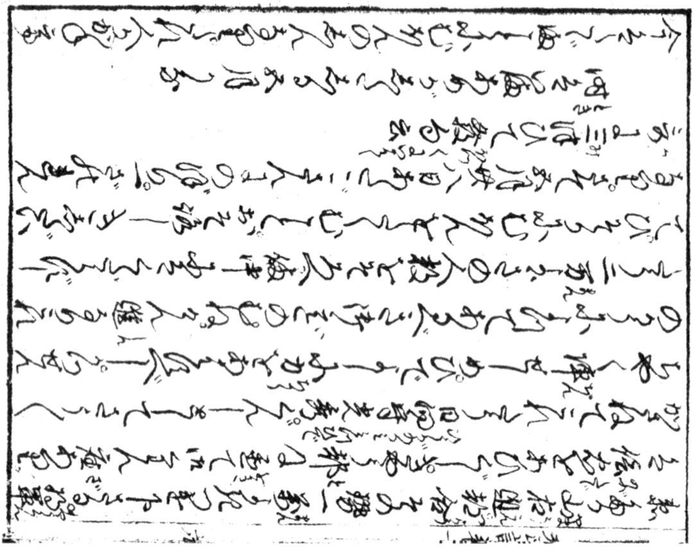

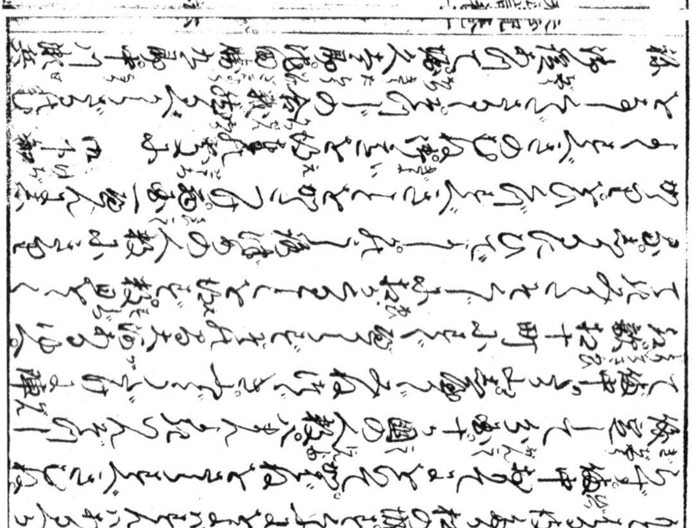

巻一06オモテ

巻一07ウラ

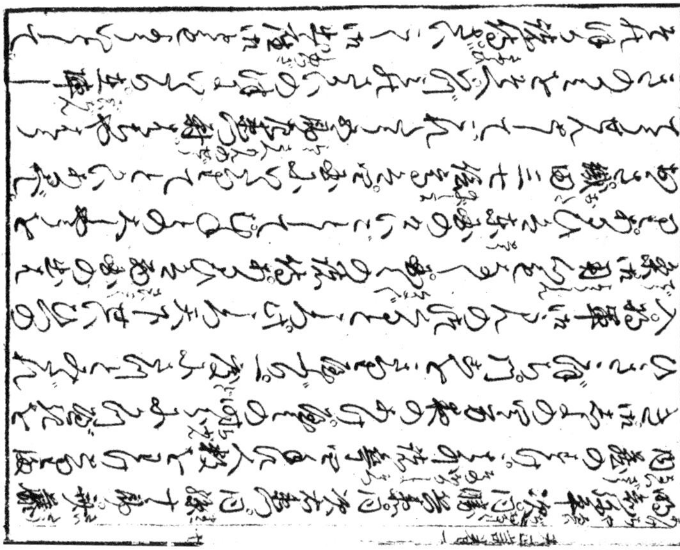

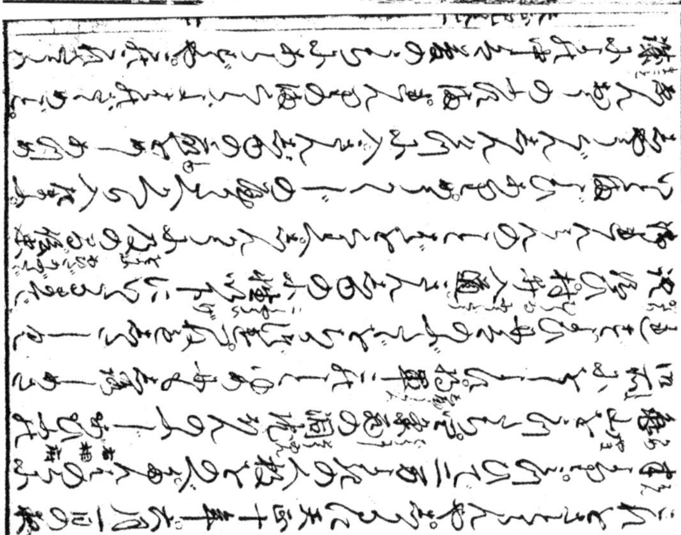

巻一07オモテ

巻一08ウラ

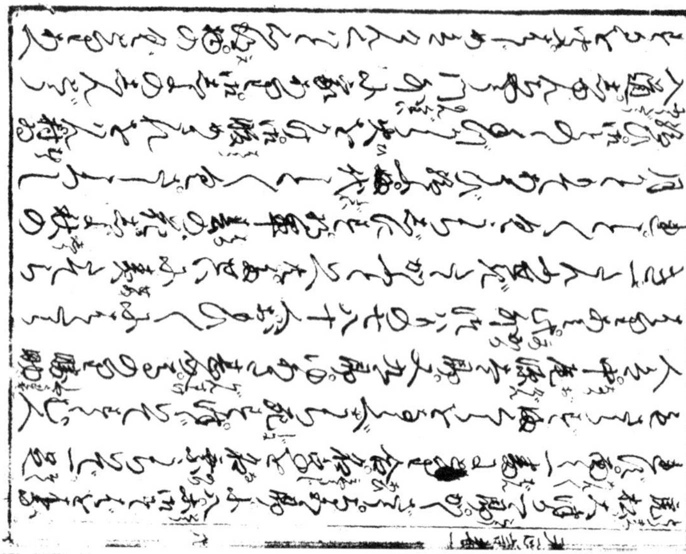

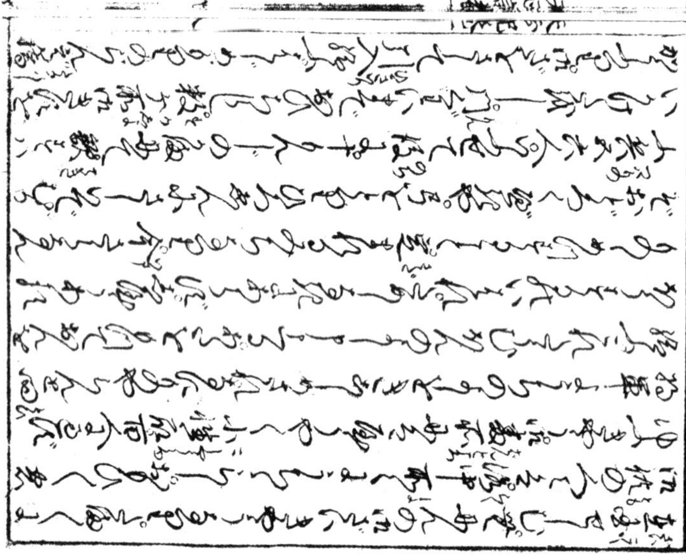

巻一08オモテ

巻一09ウラ

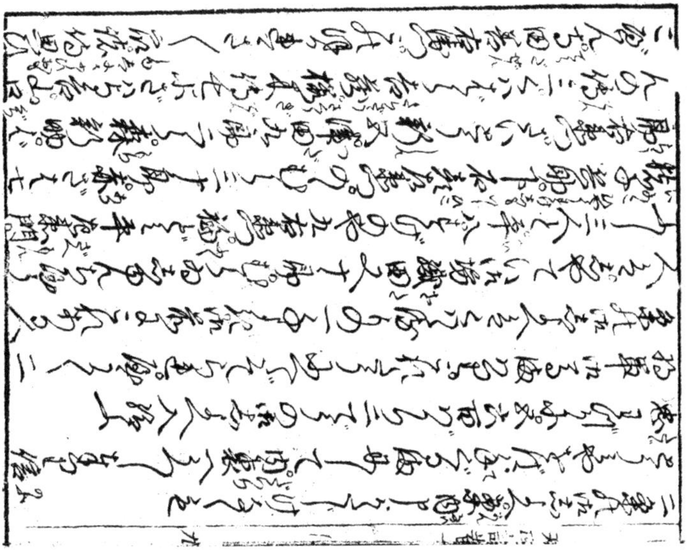

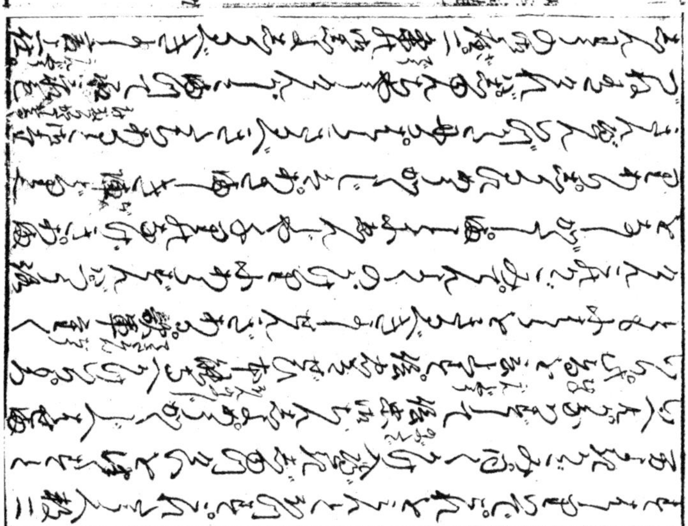

巻一09オモテ

巻一10ウラ

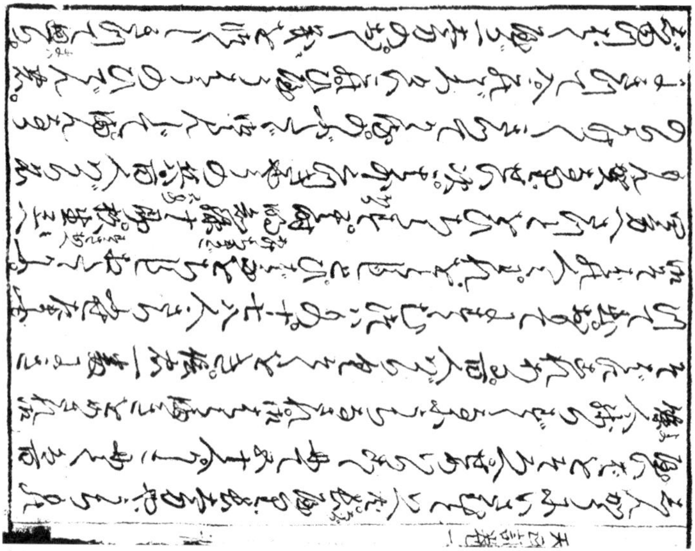

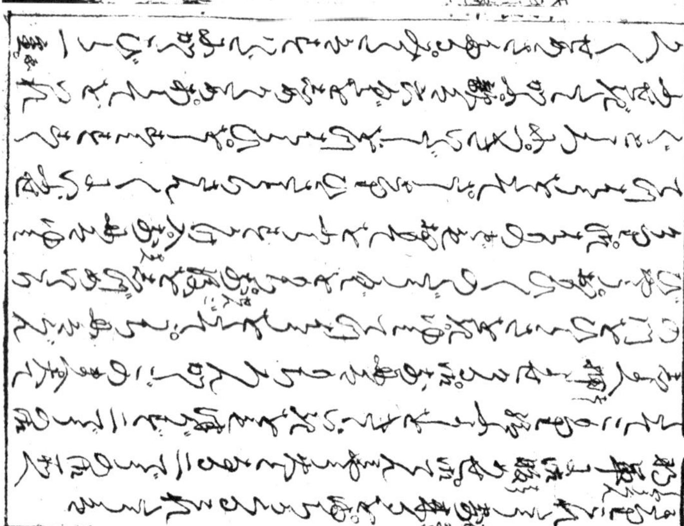

巻一10オモテ

巻一 11ウラ

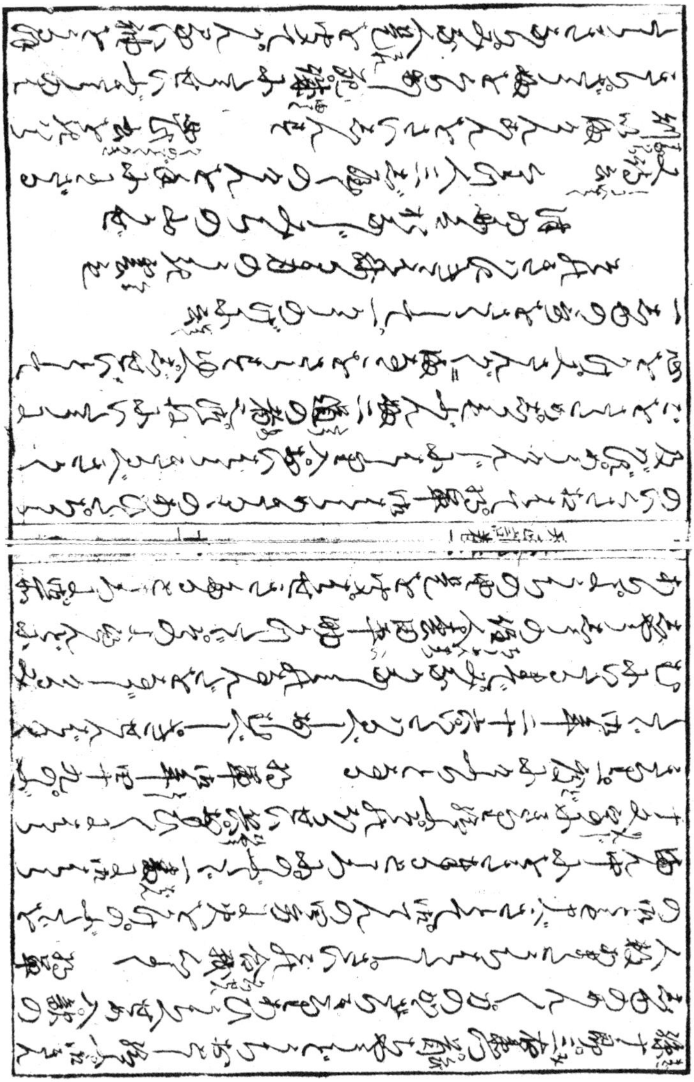

巻一 11オモテ

巻一12ウラ

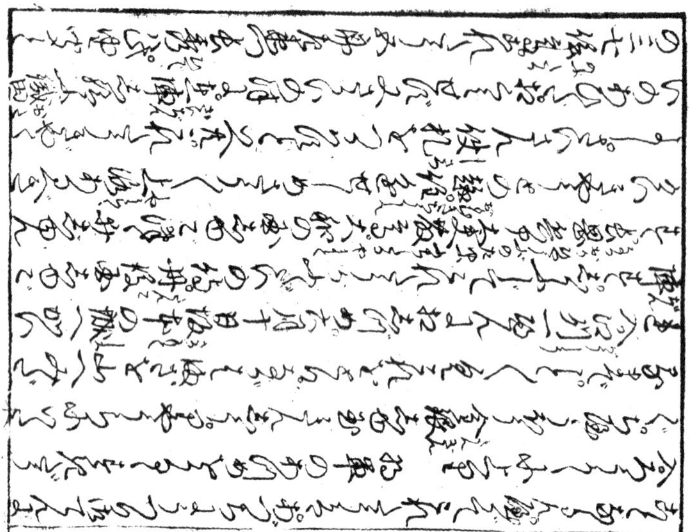

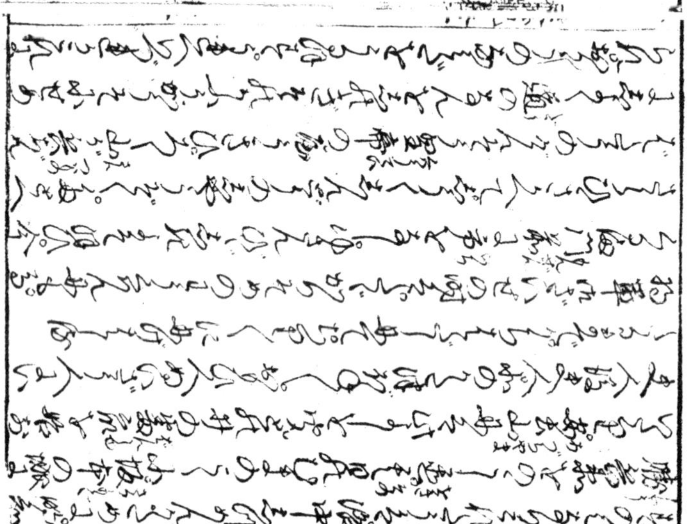

巻一12オモテ

巻一13ウラ

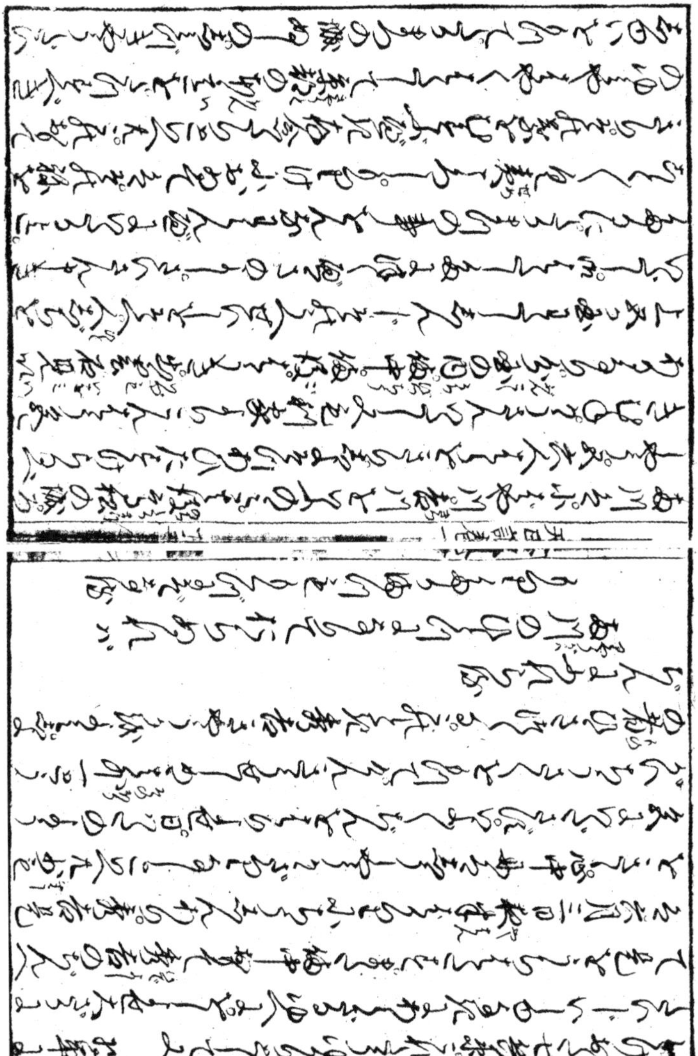

巻一13オモテ

巻一14ウラ

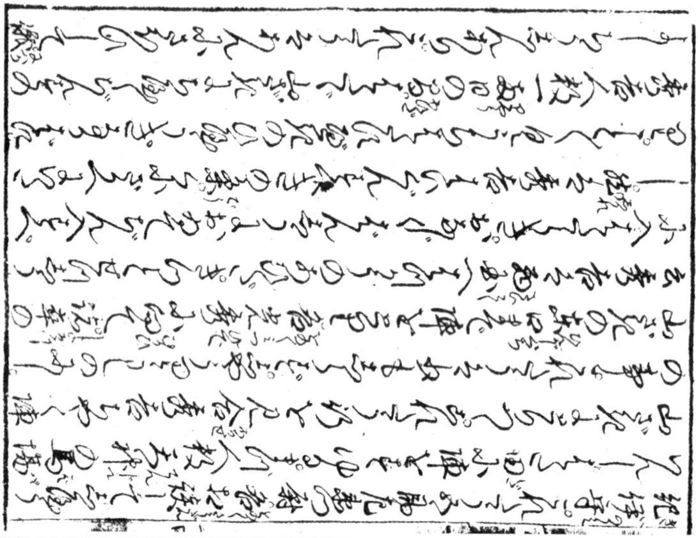

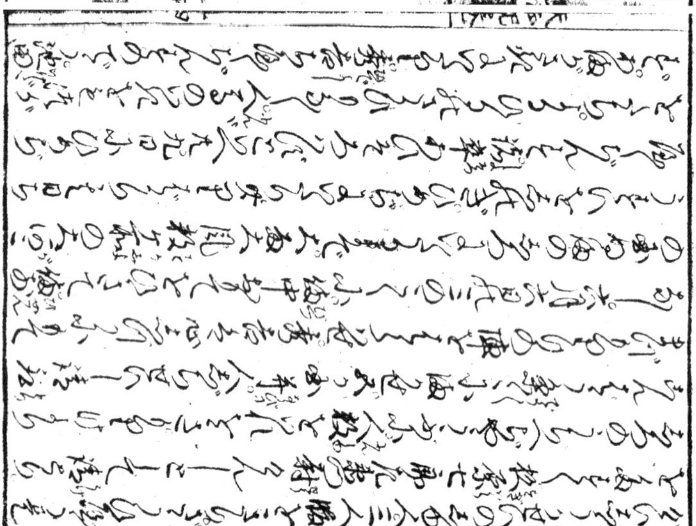

巻一14オモテ

巻一 15ウラ

巻一 15オモテ

巻一16ウラ

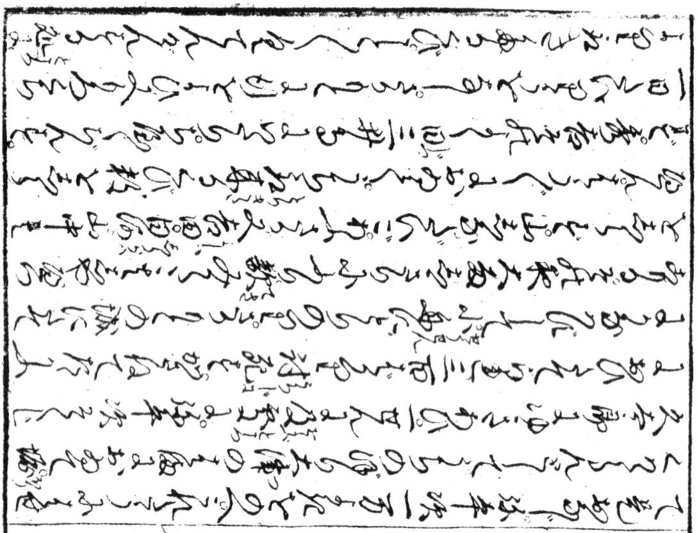

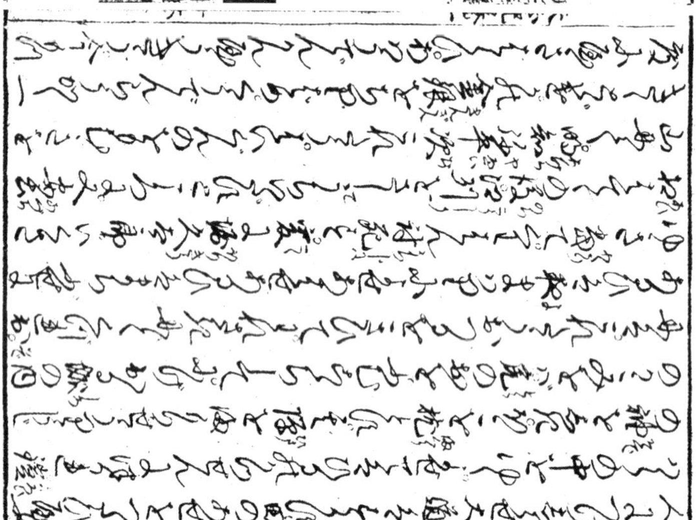

巻一16オモテ

巻一 17ウラ

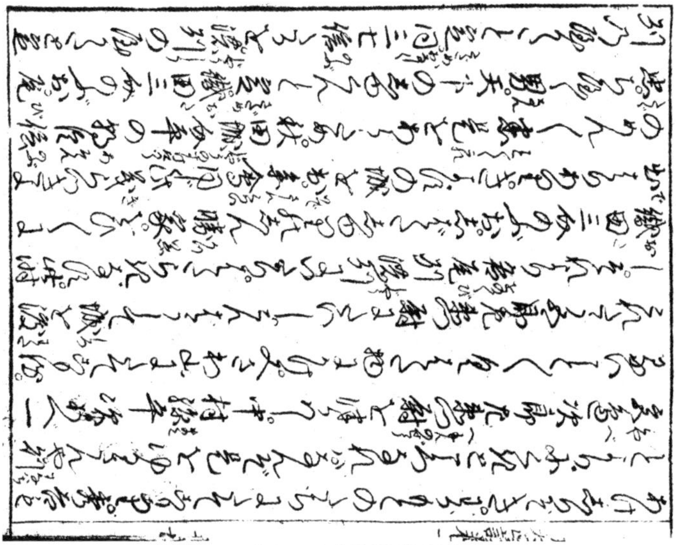

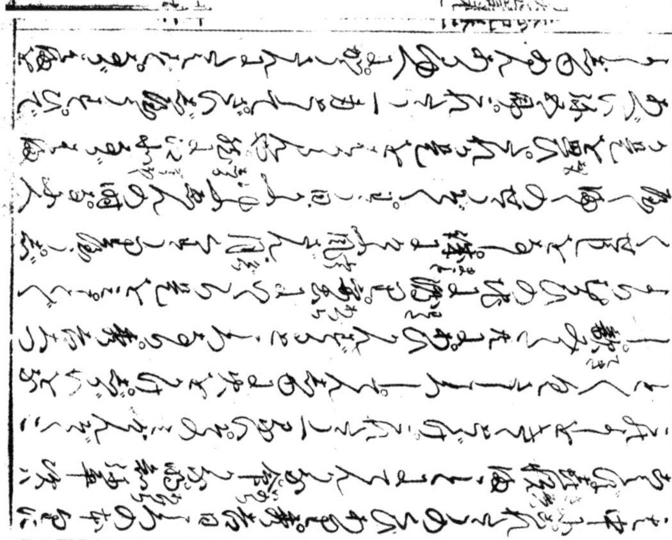

巻一 17オモテ

巻一18ウラ

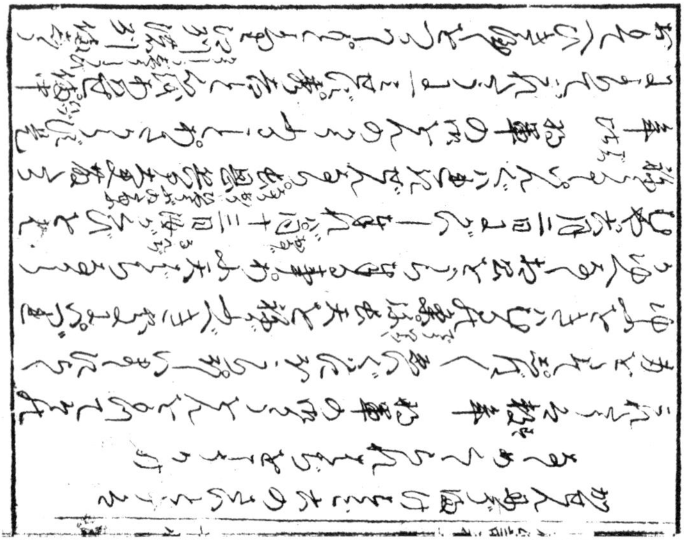

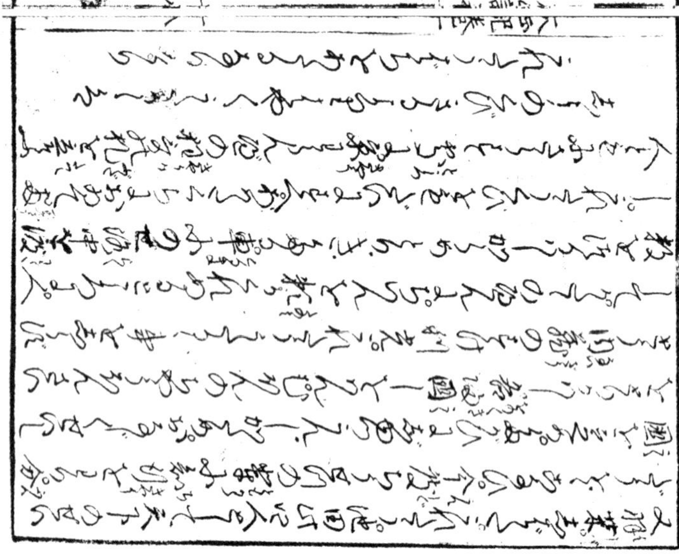

巻一18オモテ

巻一19ウラ

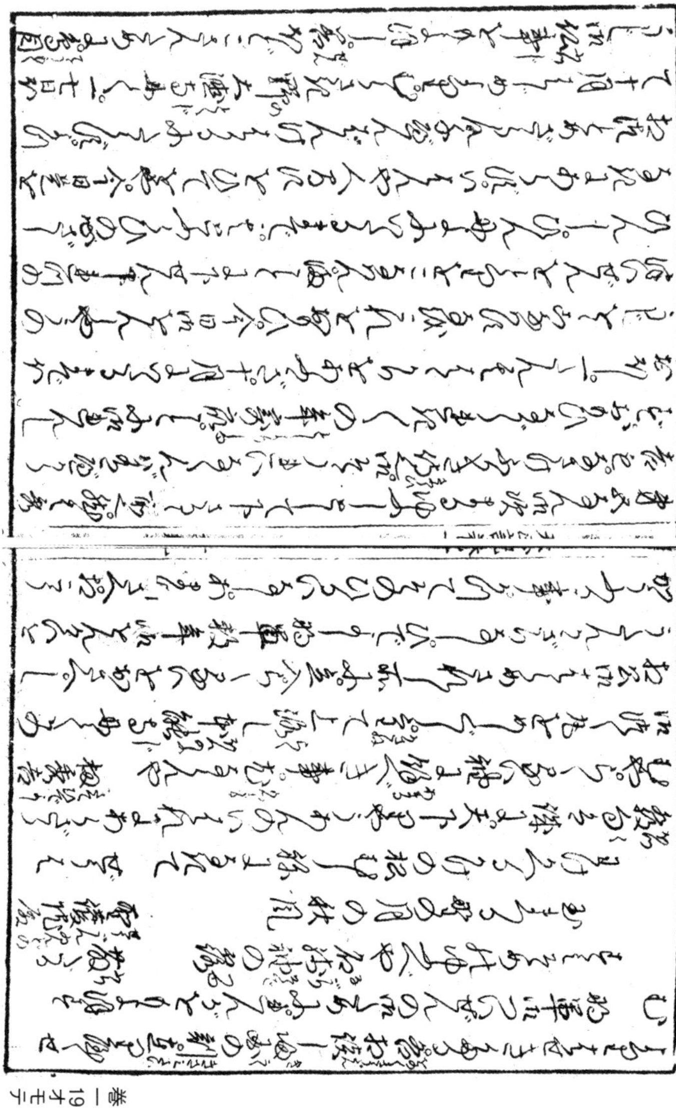

巻一19オモテ

巻一20ウラ

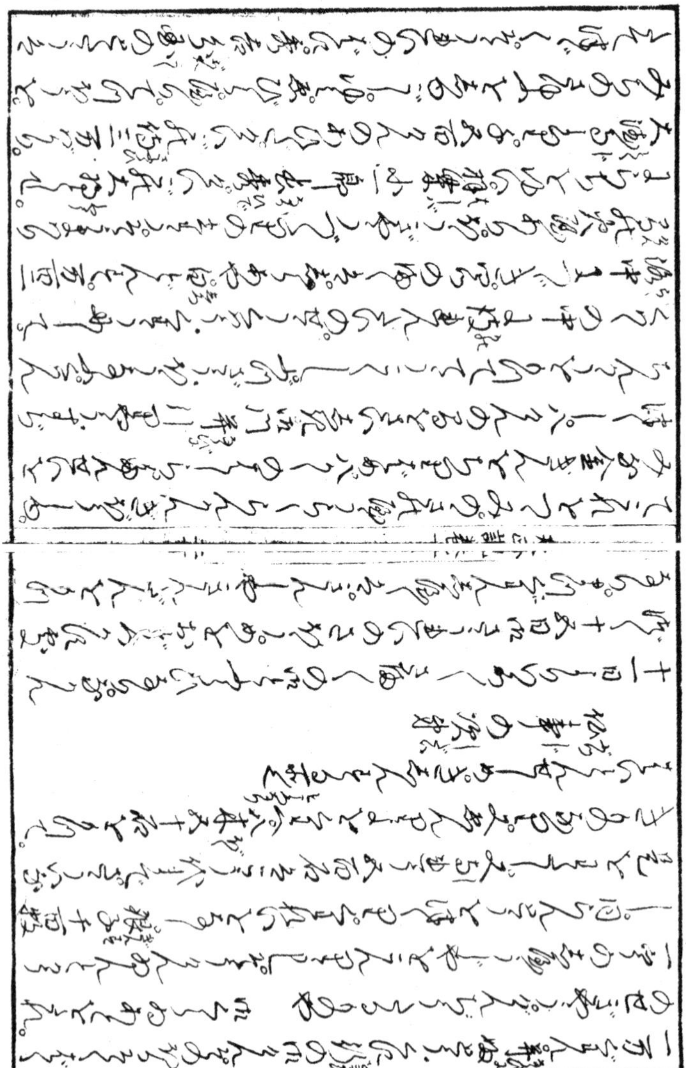

巻一20オモテ

巻一21ウラ

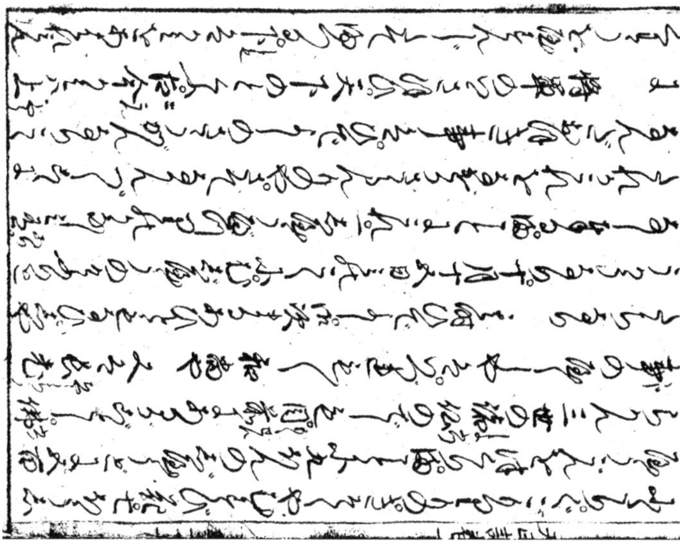

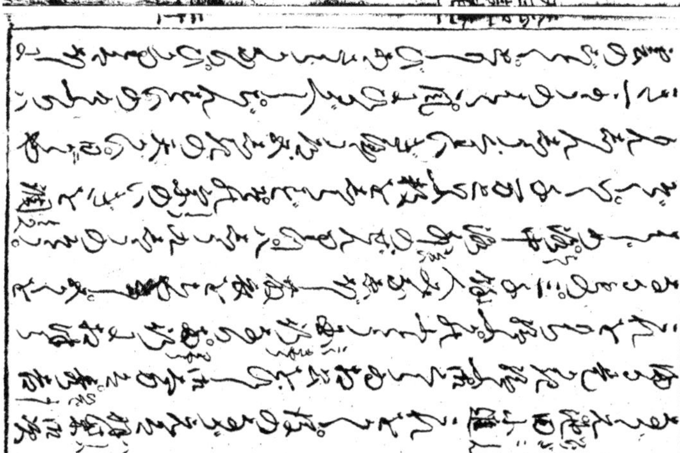

巻一21オモテ

巻一22ウラ

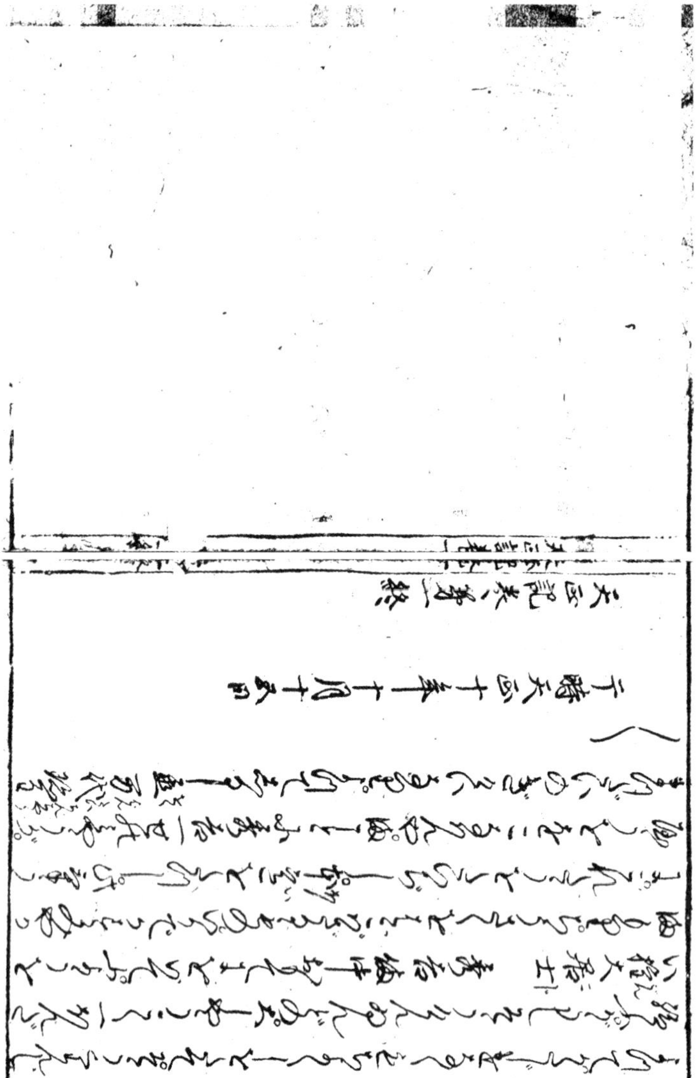

巻一22オモテ

巻二01オモテ

天正記巻第二目録

信孝逆意[illegible]進発の事

勢州江進発の事

江州[illegible]の事

重て濃州江[illegible]の事

佐久間玄蕃[illegible]

付中川瀬兵衛討死の事

秀吉[illegible]柴田軍[illegible]の事 幷[illegible]

秀吉賀州江[illegible]の事

柴田権六佐久間玄蕃いけどり洛中渡事

巻二01ウラ

三七殿[illegible]の事

[illegible]の事

巻二02ウラ

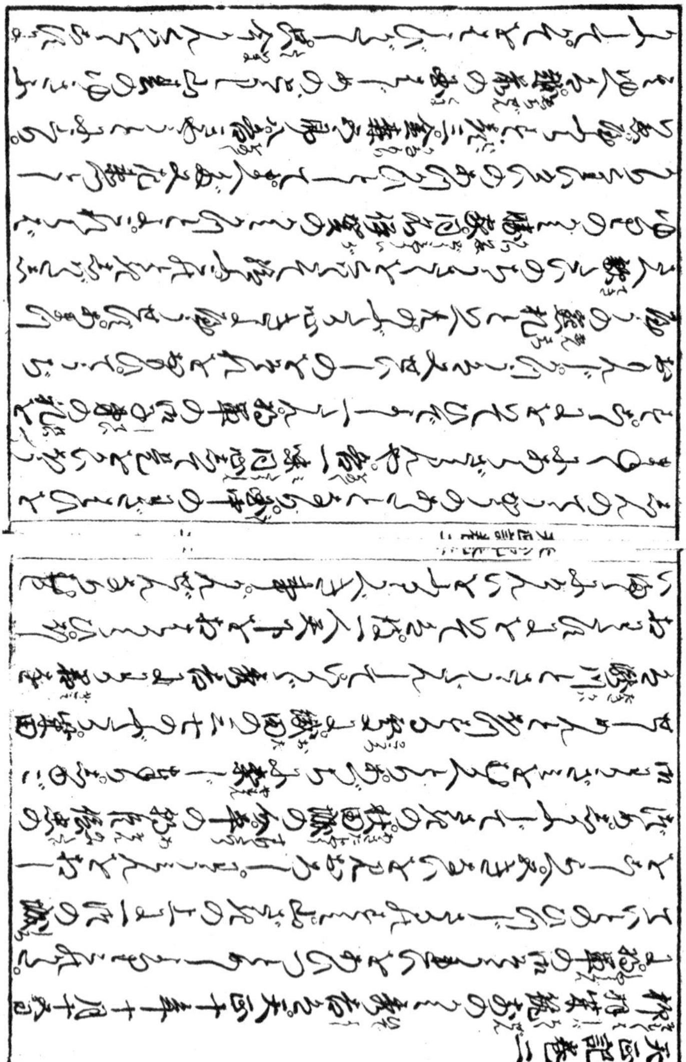

巻二02オモテ

巻二03ウラ

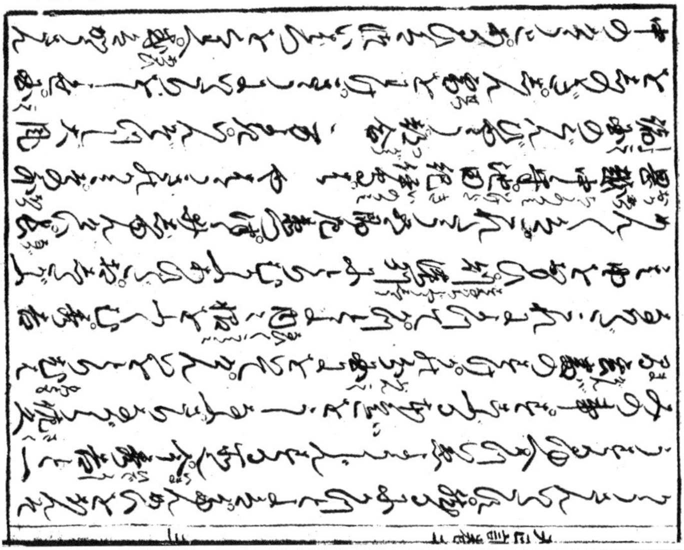

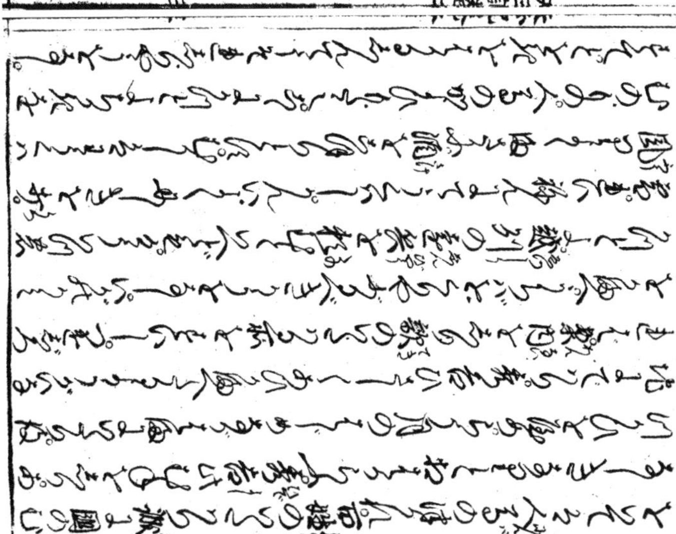

巻二03オモテ

巻二04ウラ

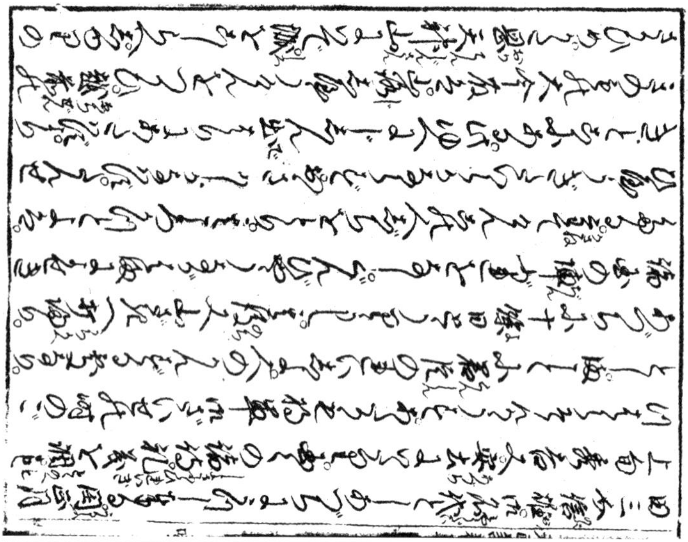

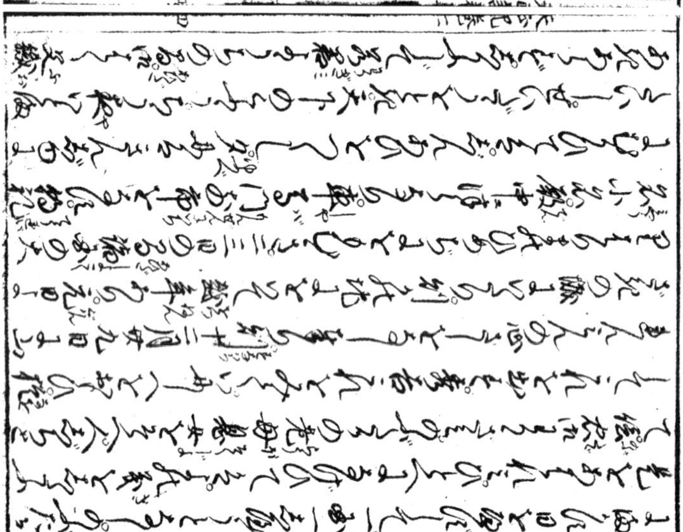

巻二04オモテ

巻二05ウラ

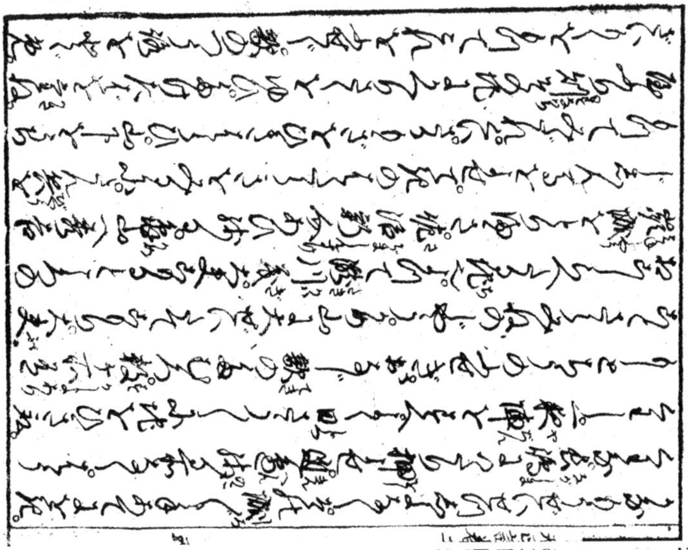

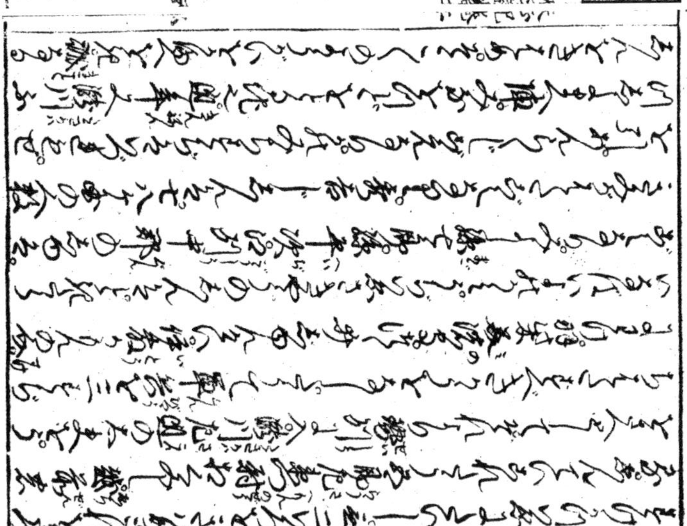

巻二05オモテ

巻二06ウラ

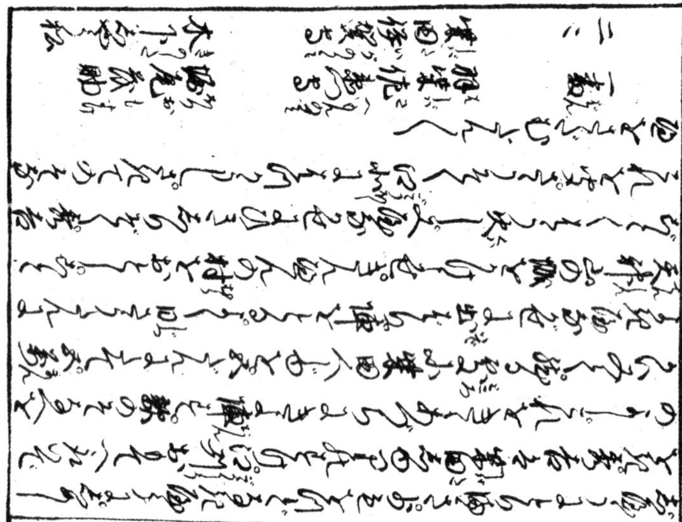

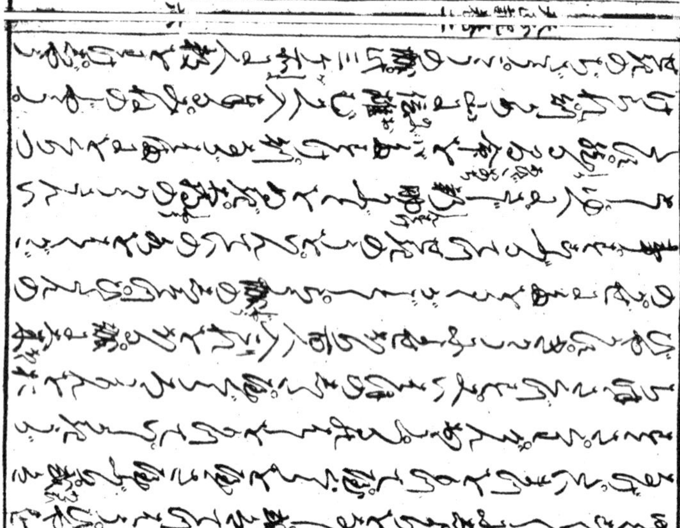

巻二06オモテ

巻二07ウラ

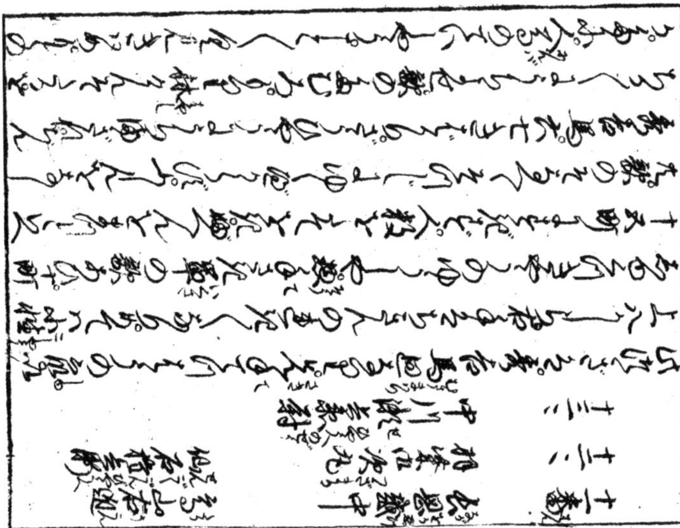

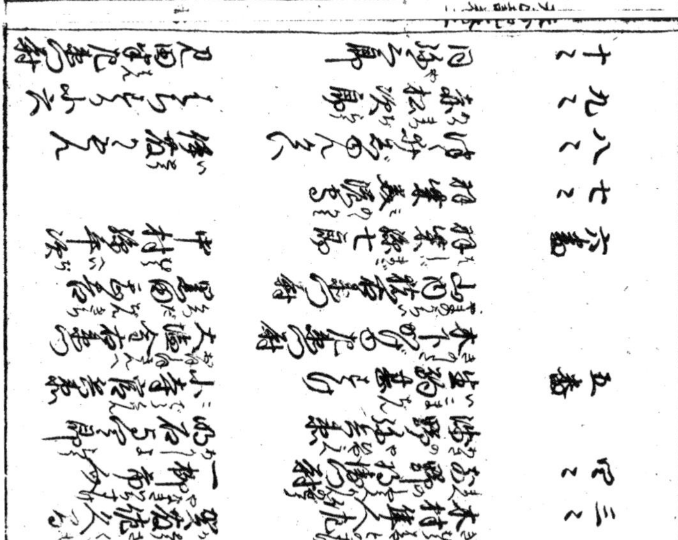

巻二07オモテ

巻二08ウラ

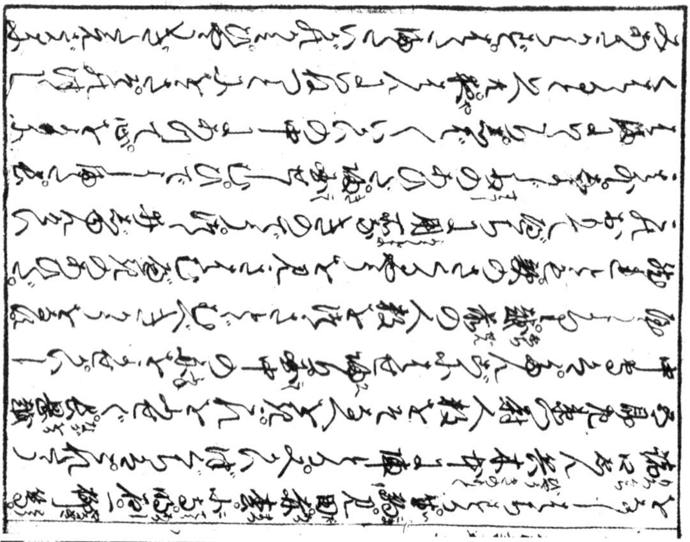

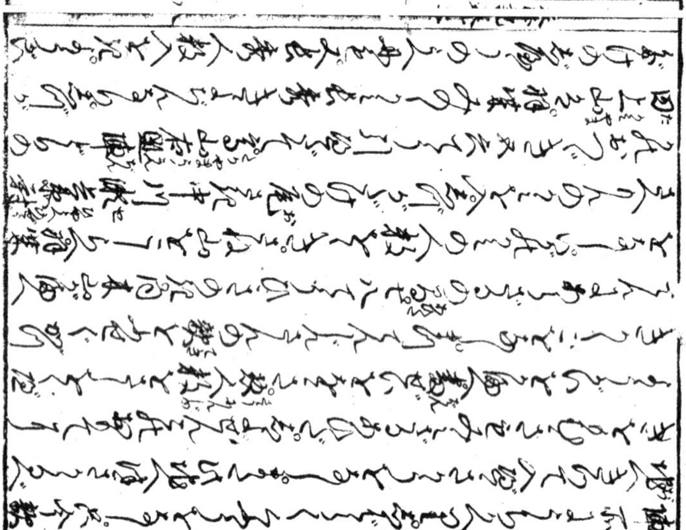

巻二08オモテ

巻二09ウラ

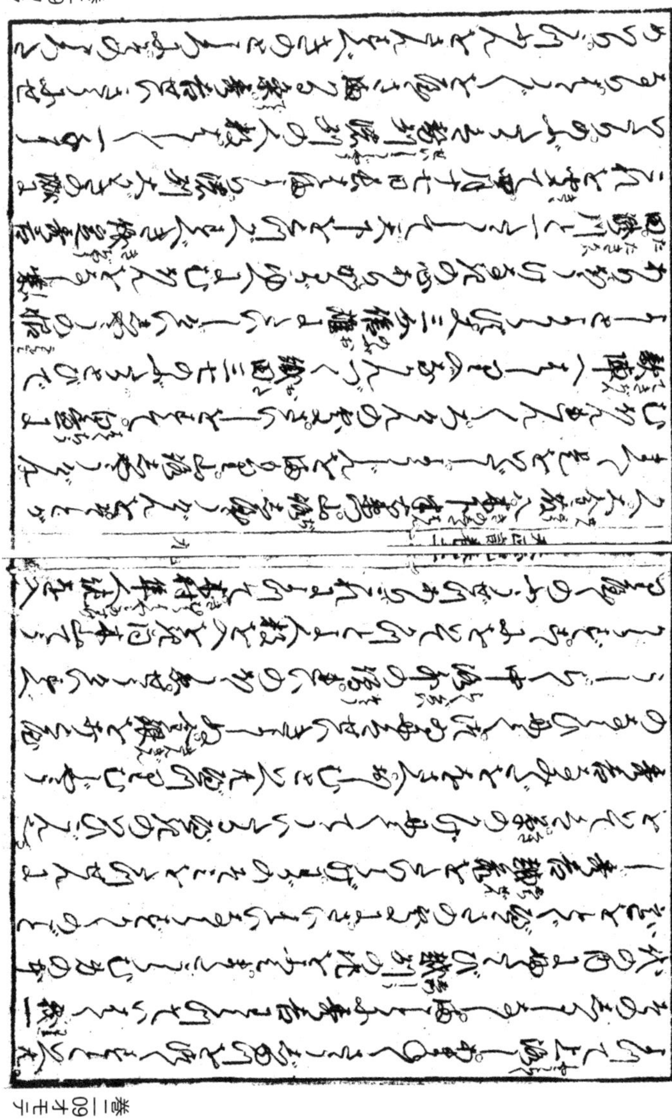

巻二09オモテ

巻三10ウラ

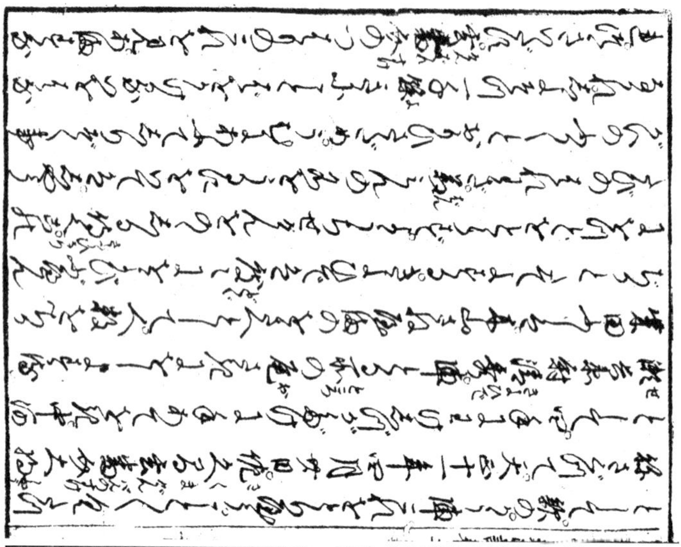

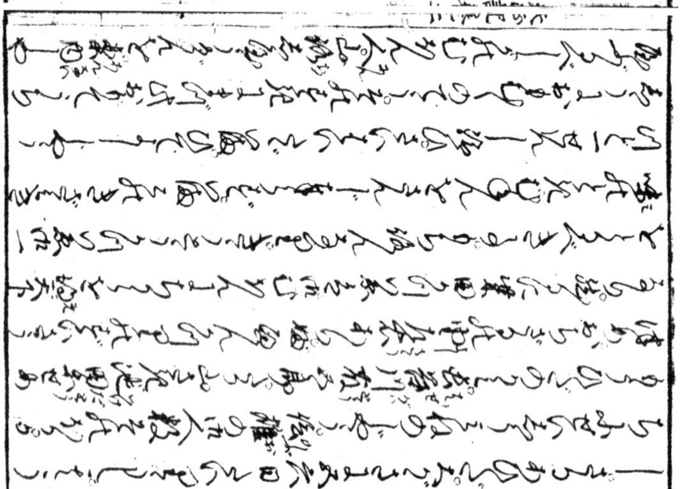

巻三10オモテ

巻二―11ウラ

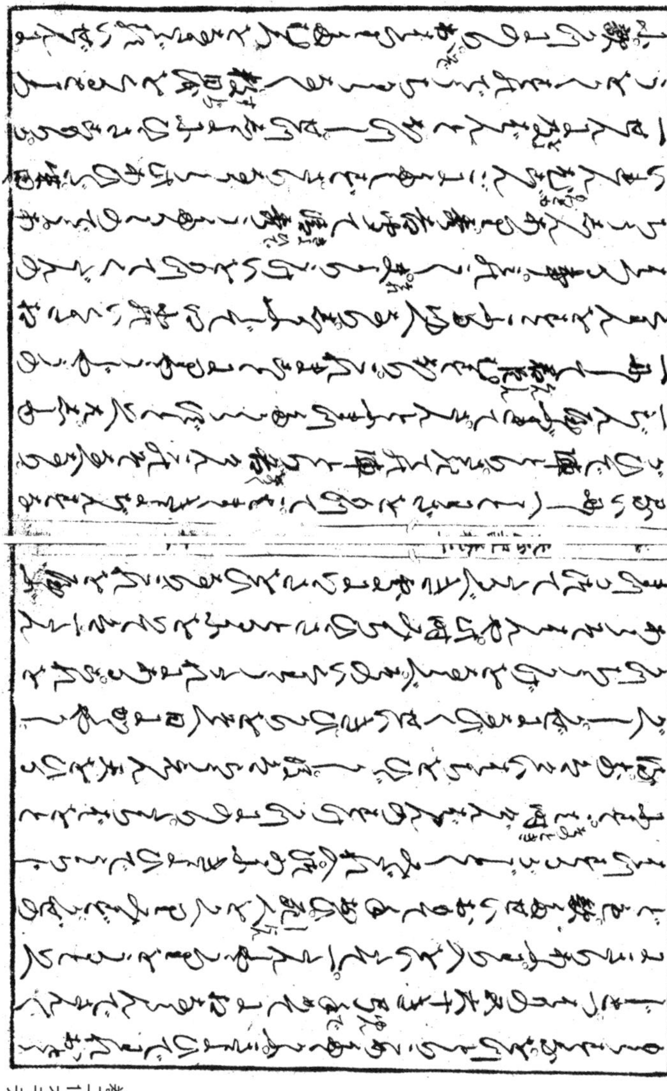

巻二―11オモテ

巻二12ウラ

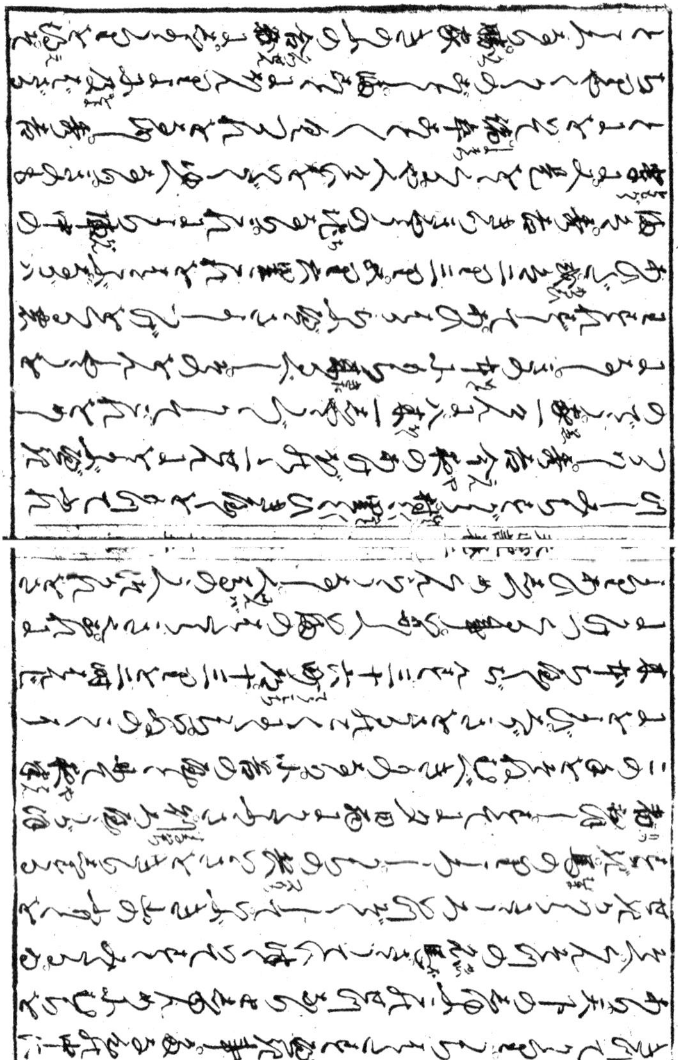

巻二12オモテ

巻二13ウラ

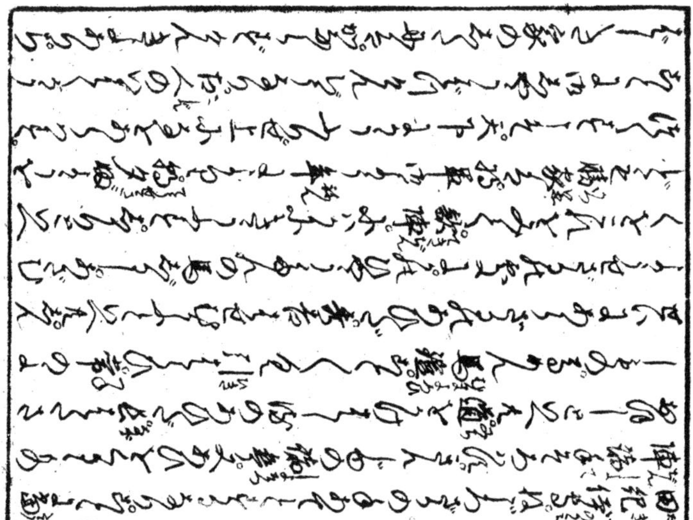

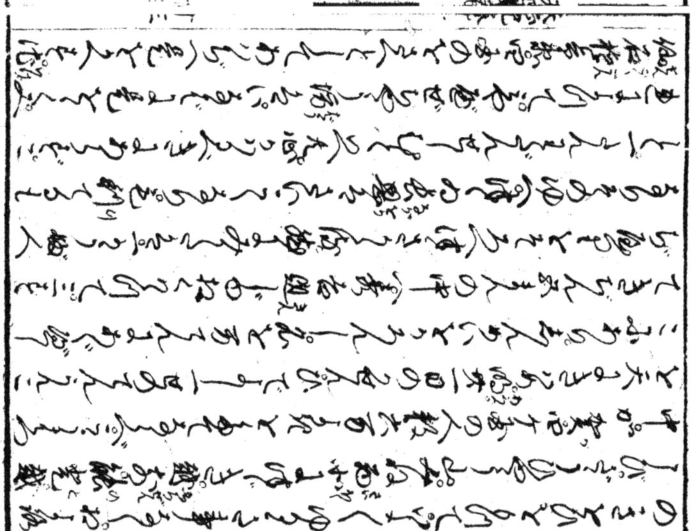

巻二13オモテ

巻二14ウラ

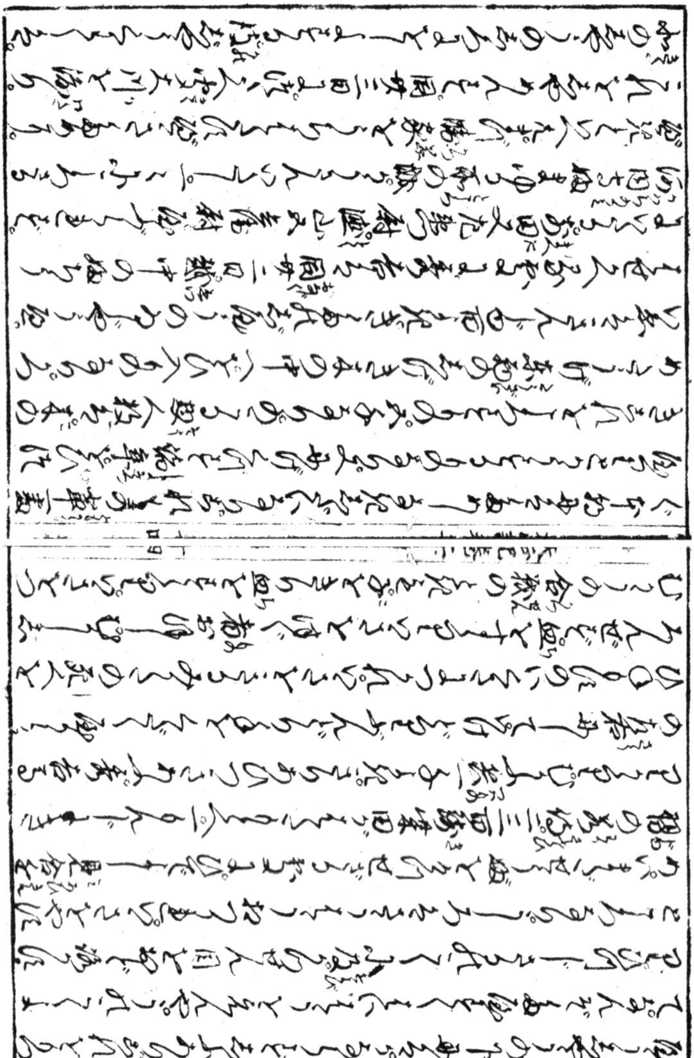

巻二14オモテ

巻二15ウラ

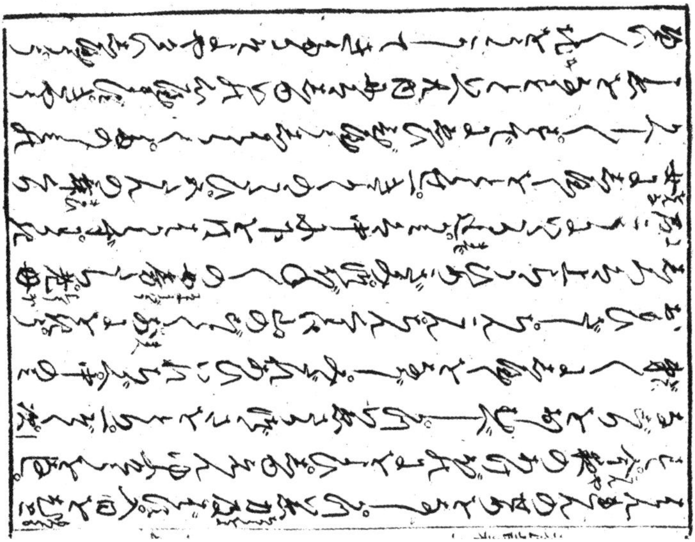

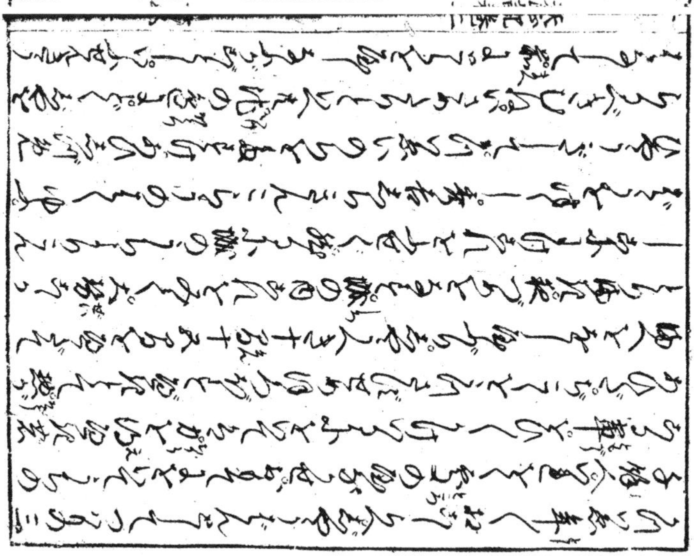

巻二15オモテ

巻二16ウラ

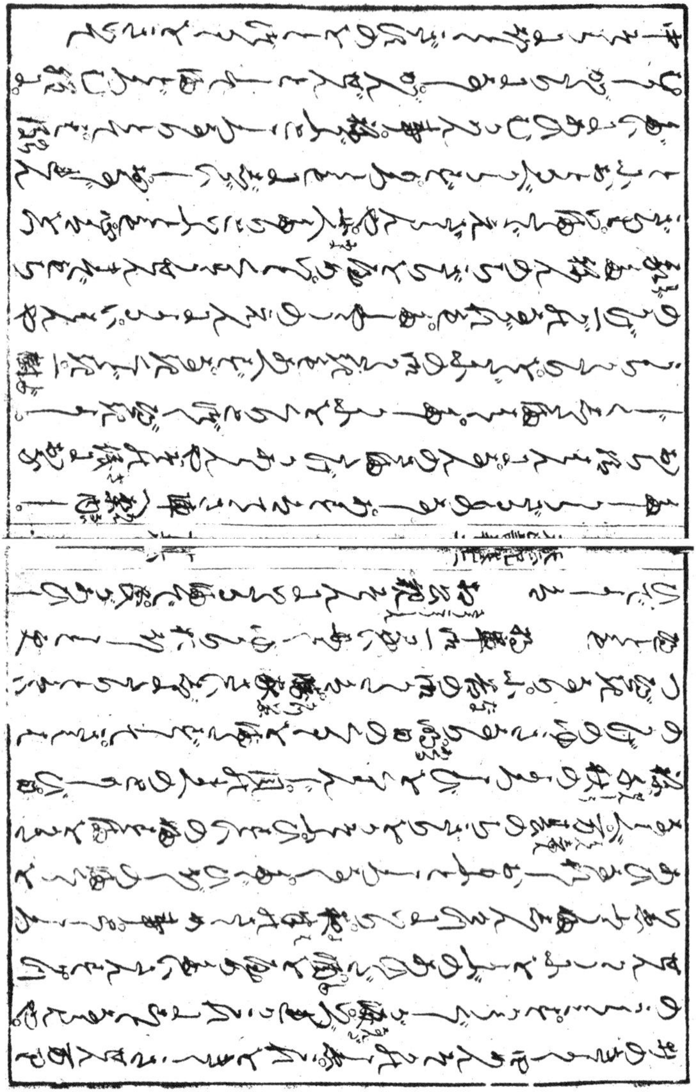

巻二16オモテ

巻二 廿ウラ

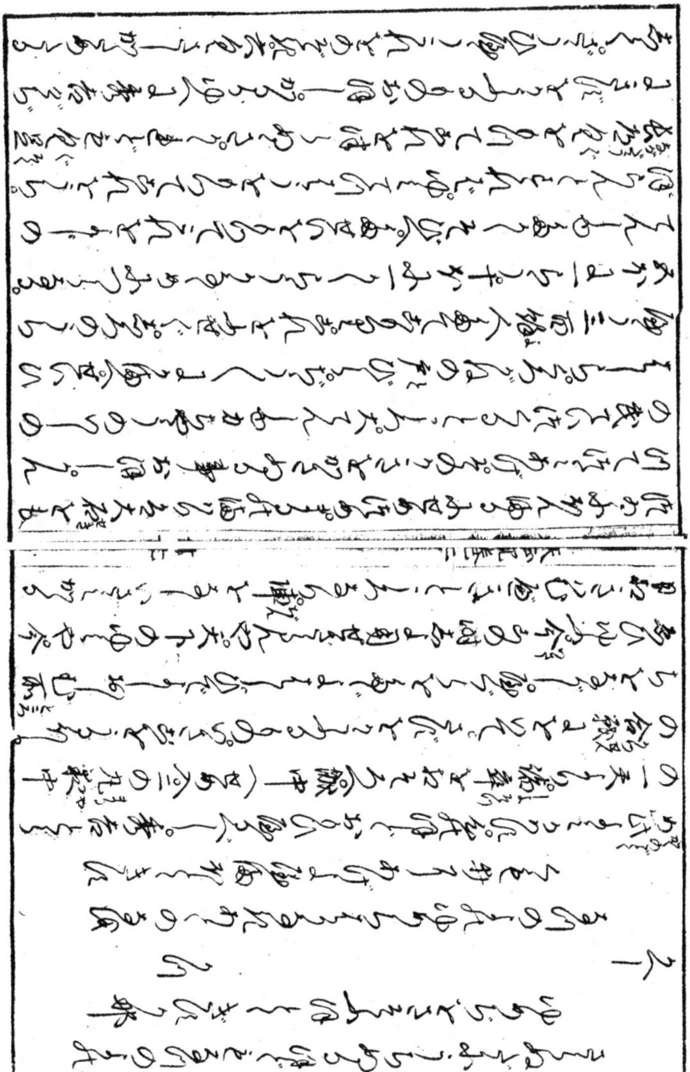

巻二 廿オモテ

巻二18ウラ

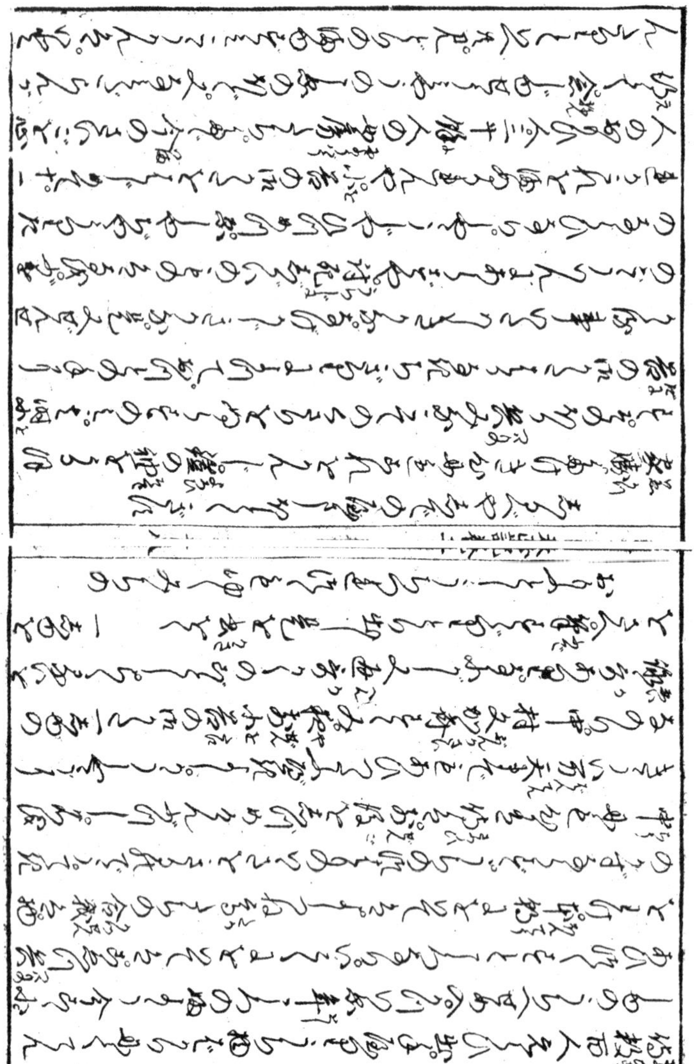

巻二18オモテ

巻二19ウラ

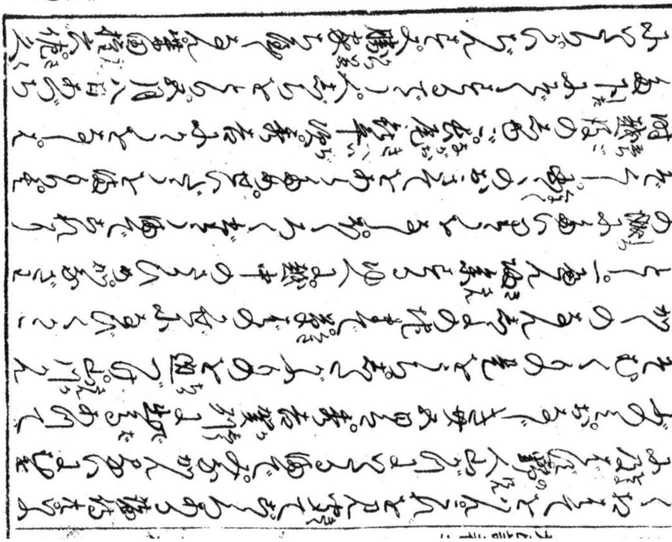

巻二19オモテ

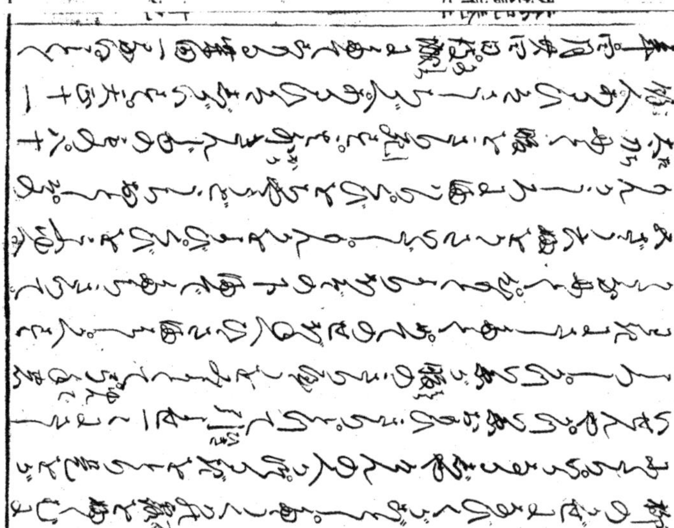

巻二20ウラ

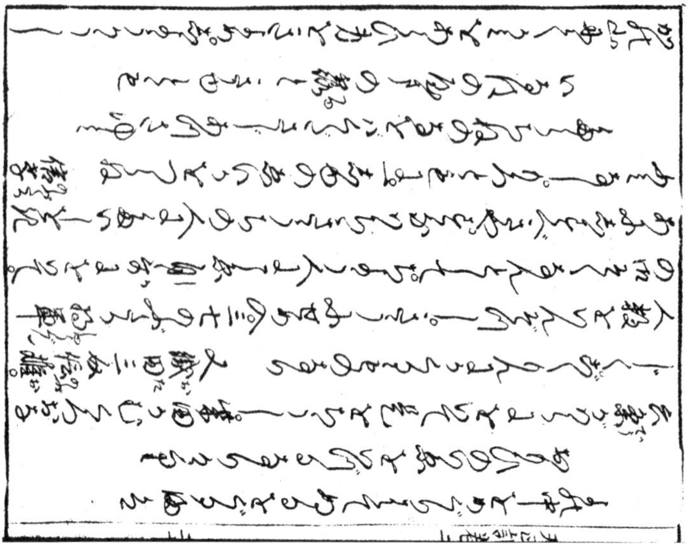

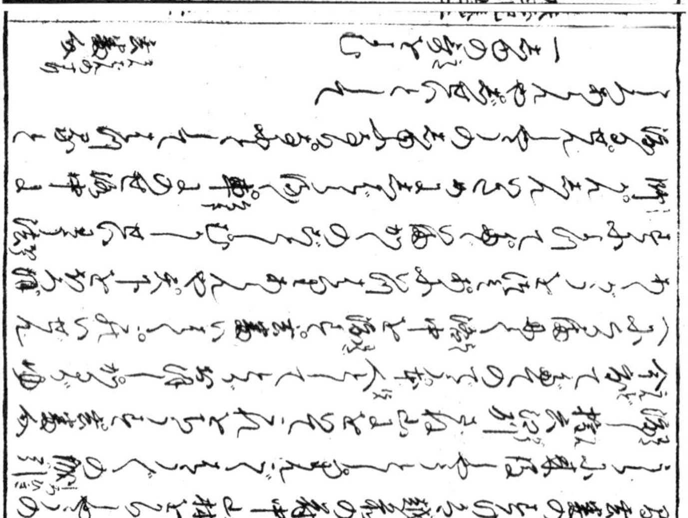

巻二20オモテ

巻二21ウラ

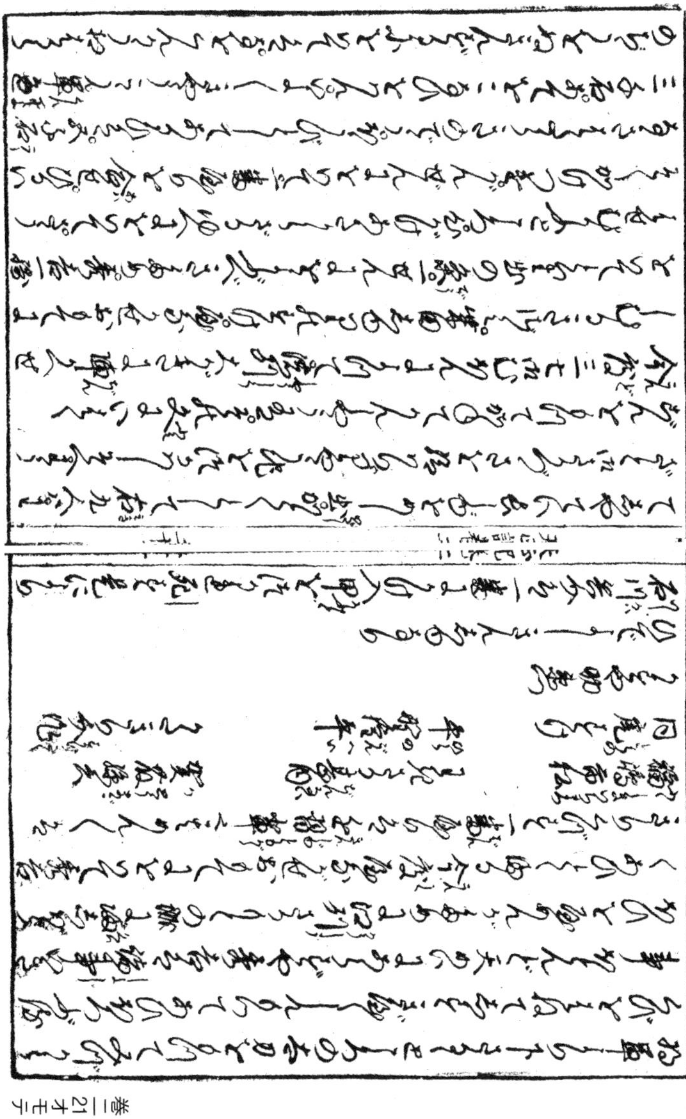

巻二21オモテ

巻二22ウラ

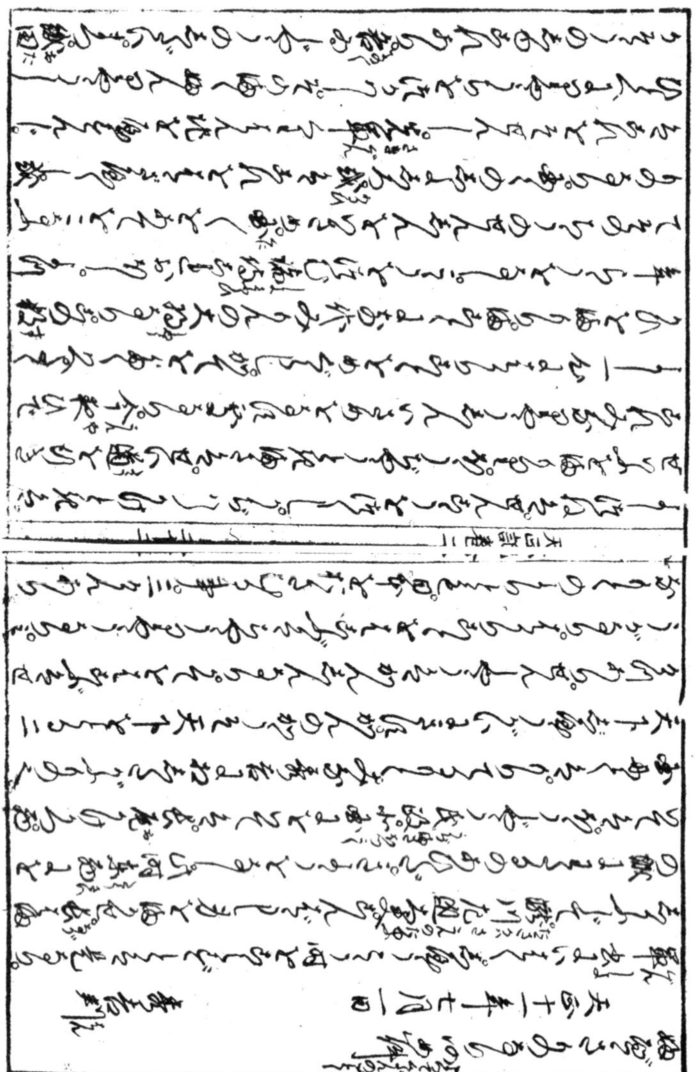

巻二22オモテ

巻二23ウラ

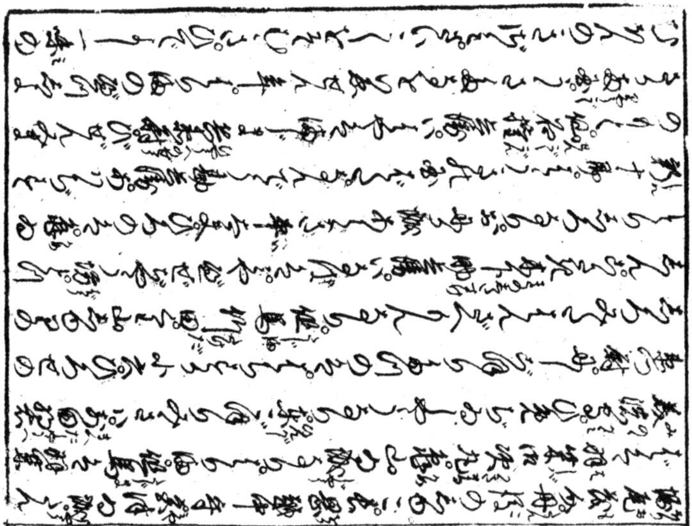

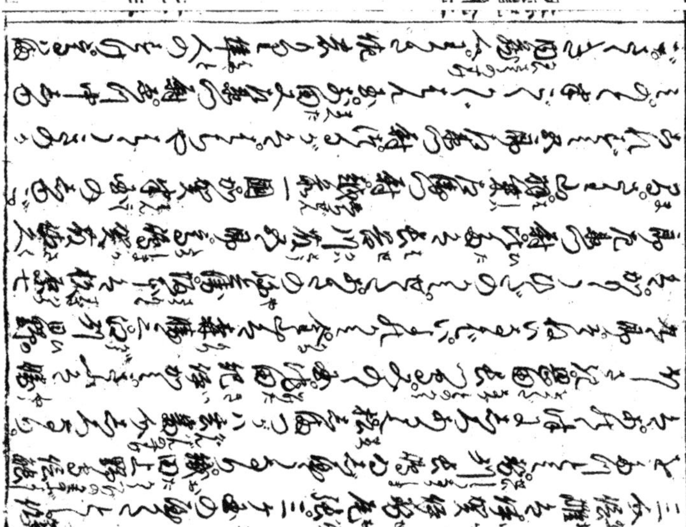

巻二23オモテ

巻二24ウラ

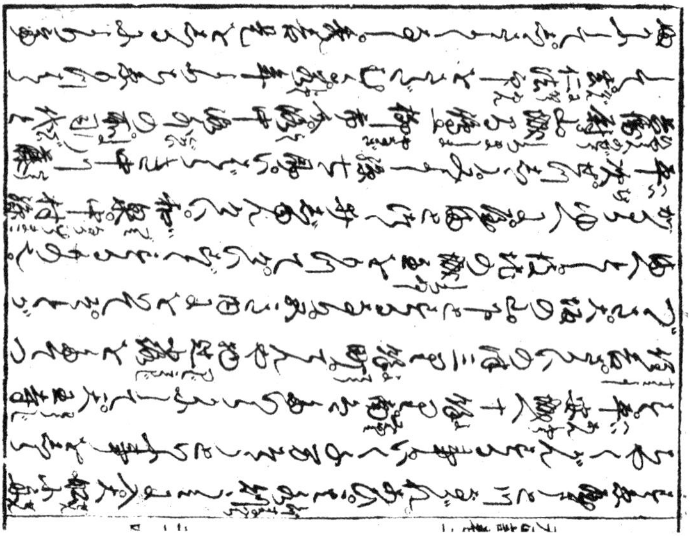

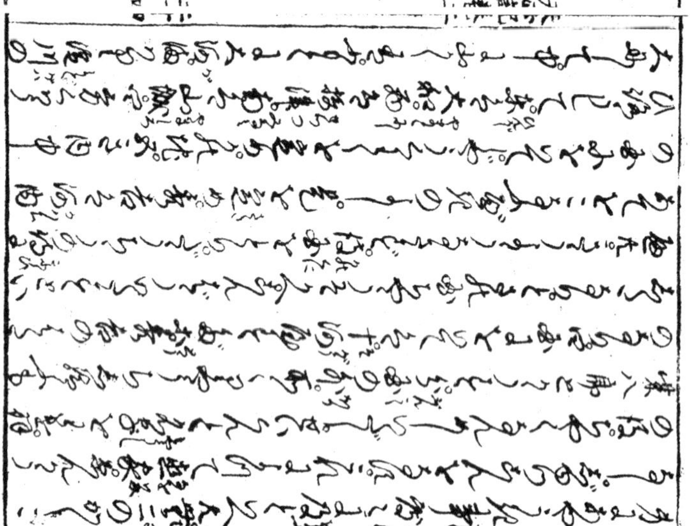

巻二24オモテ

巻二25ウラ

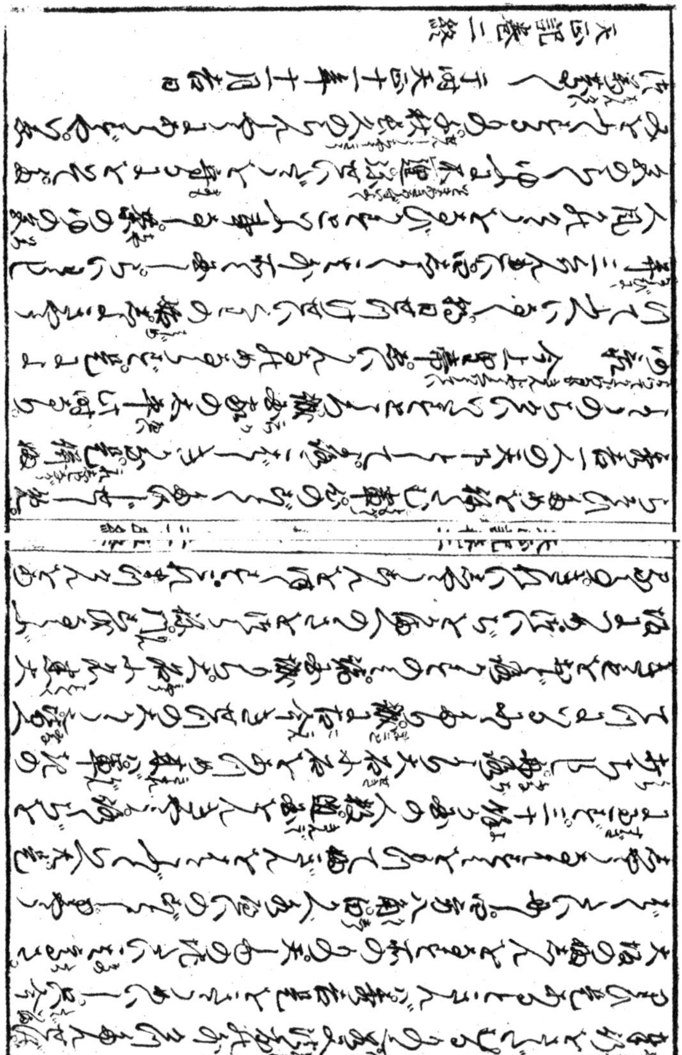
天正記巻二終
于時天正十一年十一月吉日

巻二25オモテ

巻三01ウラ

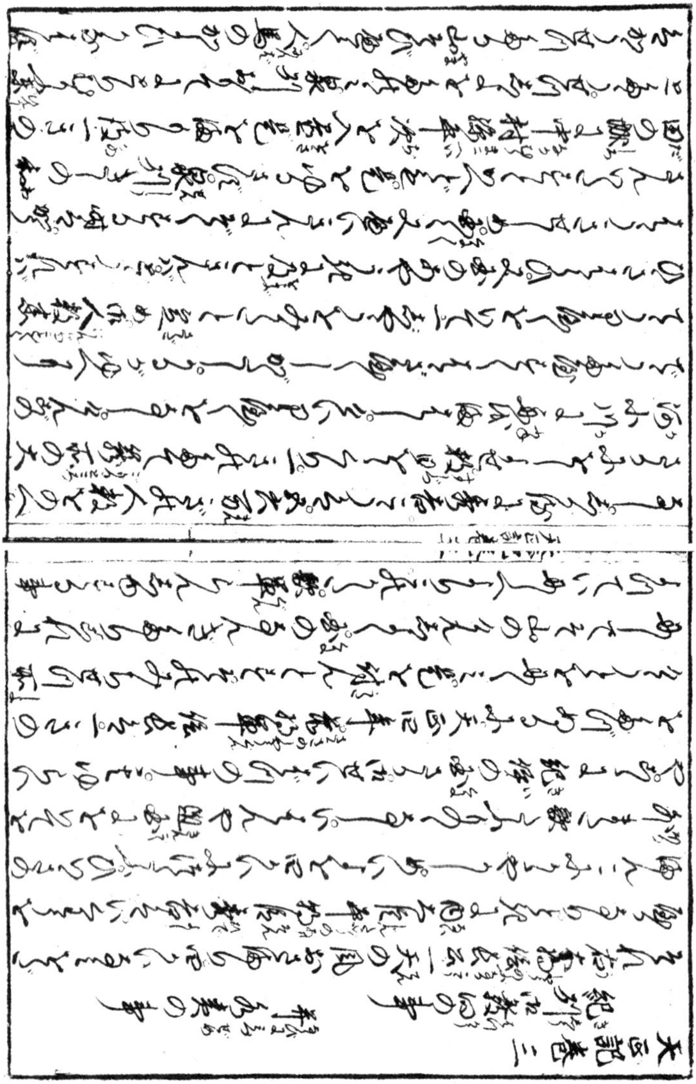

巻三01オモテ

巻三02ウラ

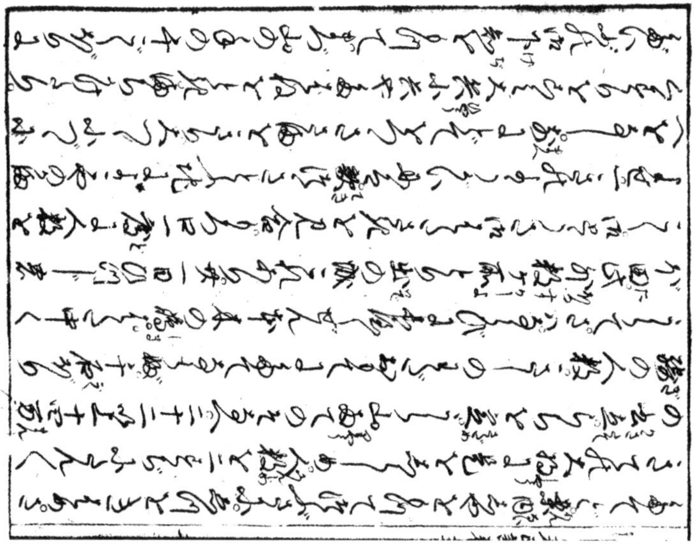

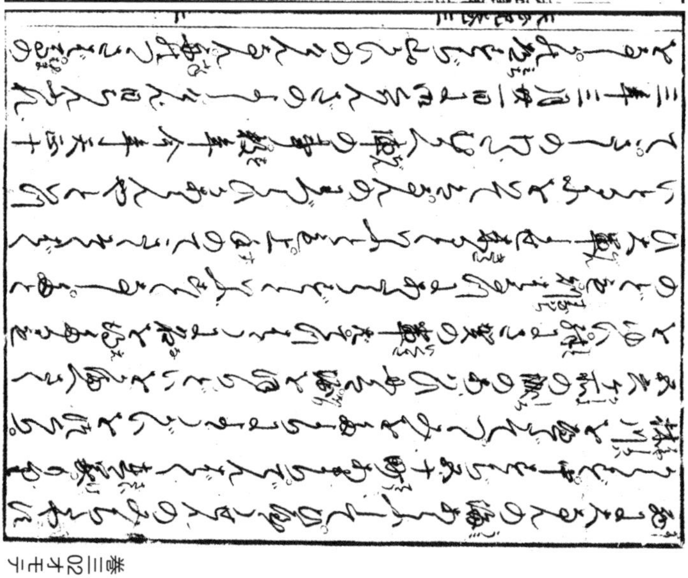

巻三02オモテ

巻三03ウラ

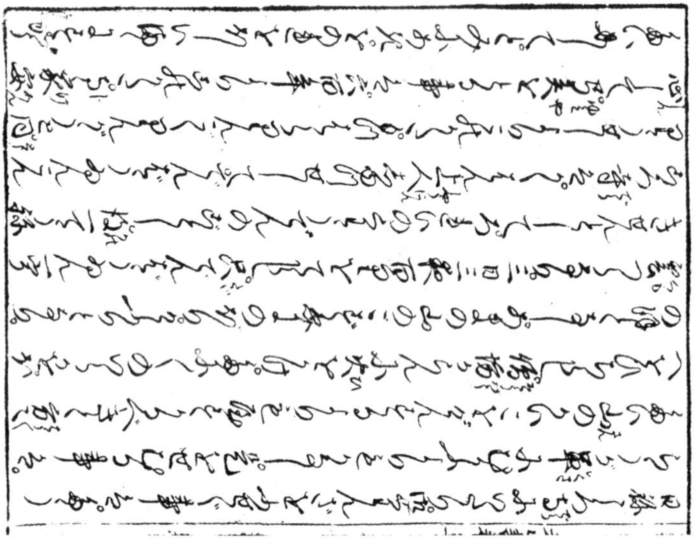

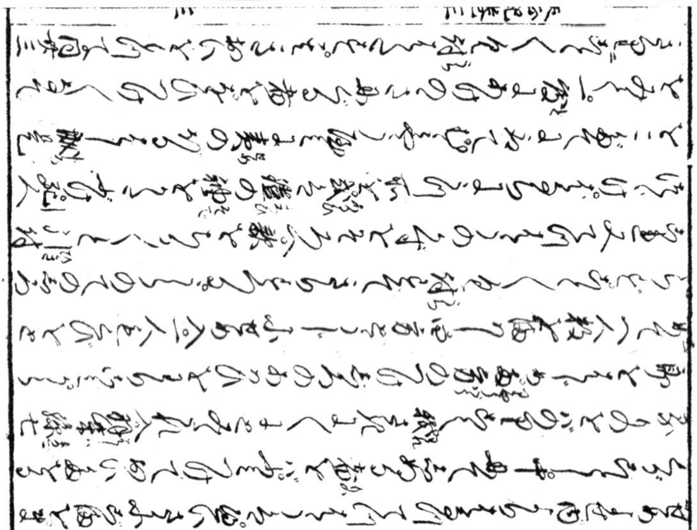

巻三03オモテ

巻三04ウラ

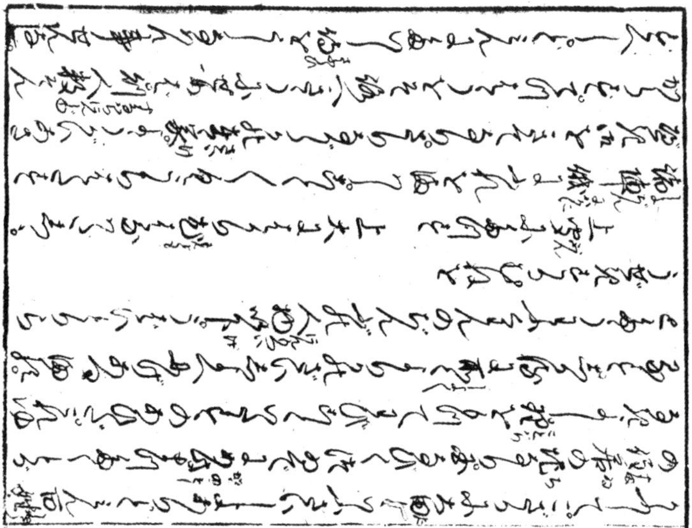

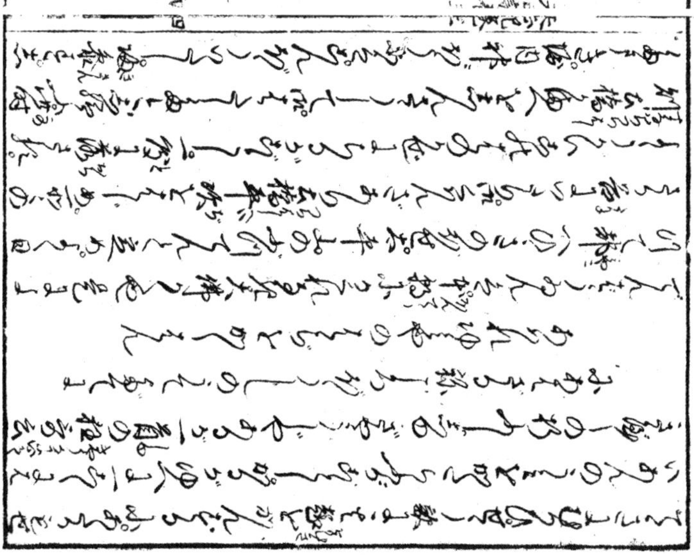

巻三04オモテ

巻三05ウラ

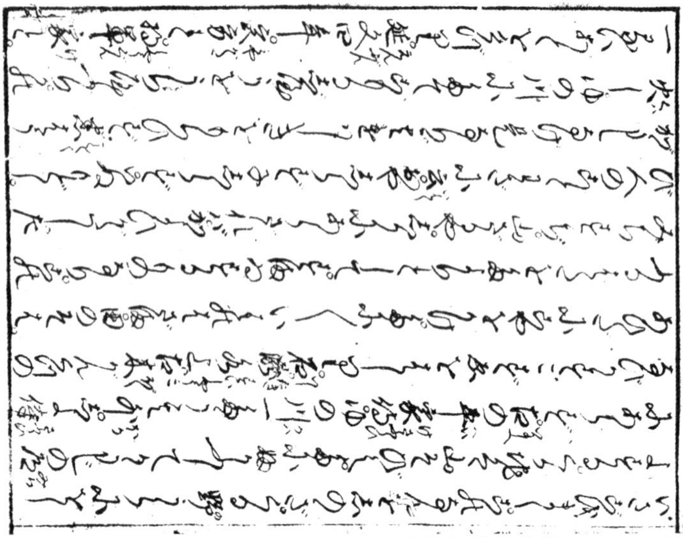

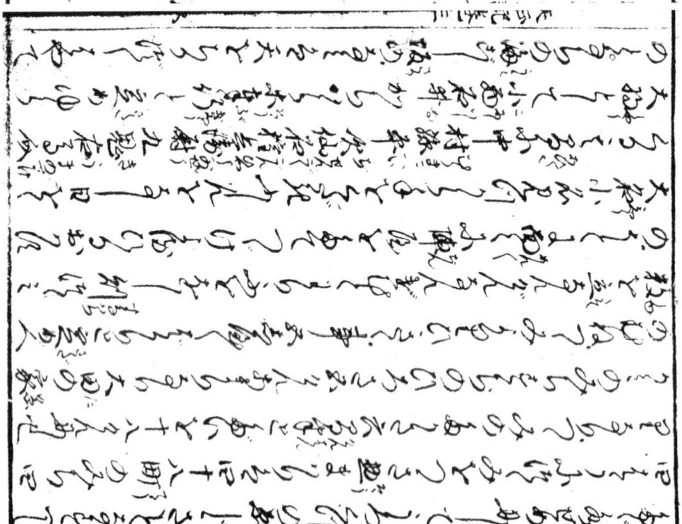

巻三05オモテ

巻三06ウラ

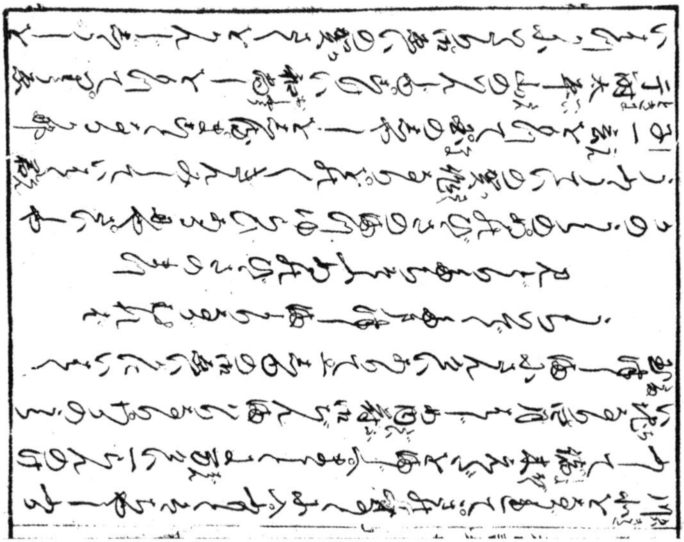

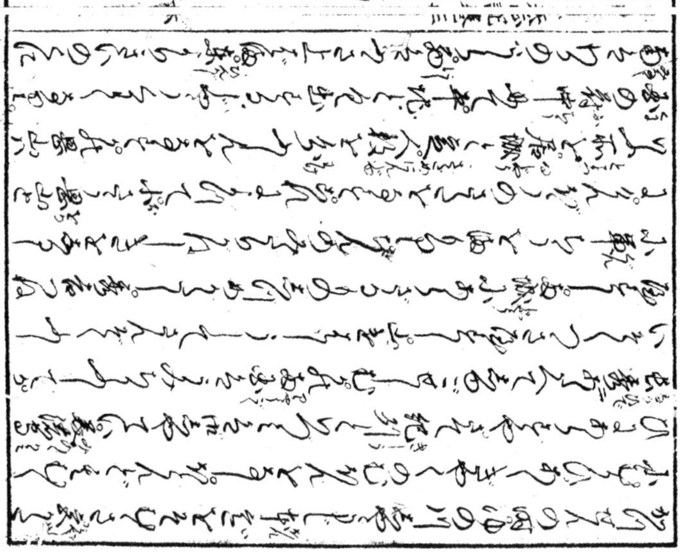

巻三06オモテ

巻三07ウラ

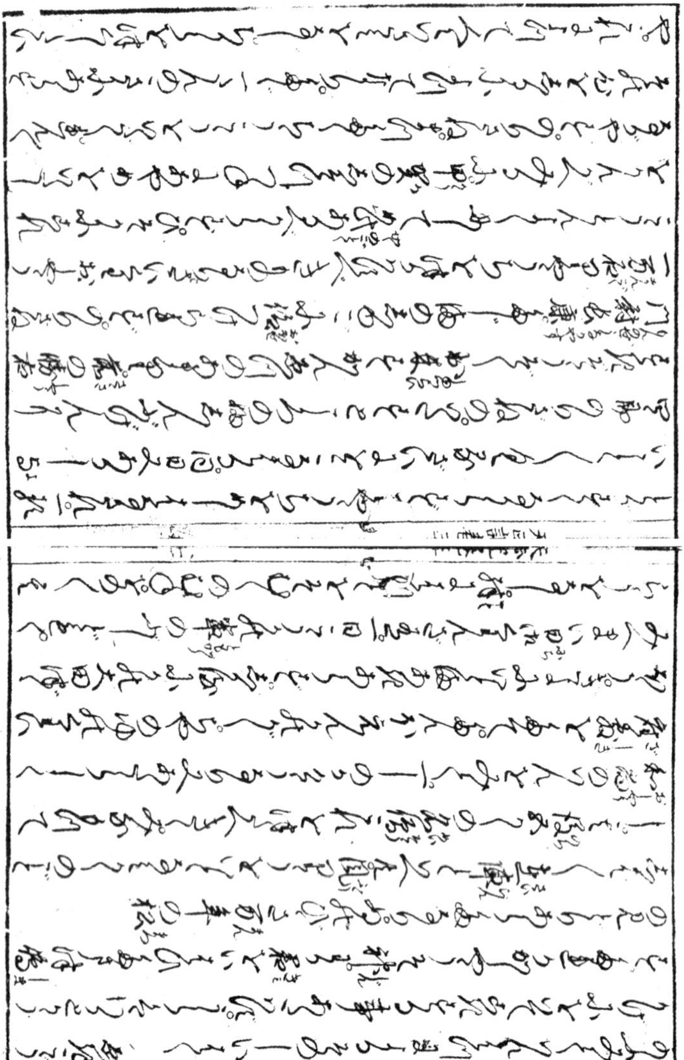

巻三07オモテ

巻三08ウラ

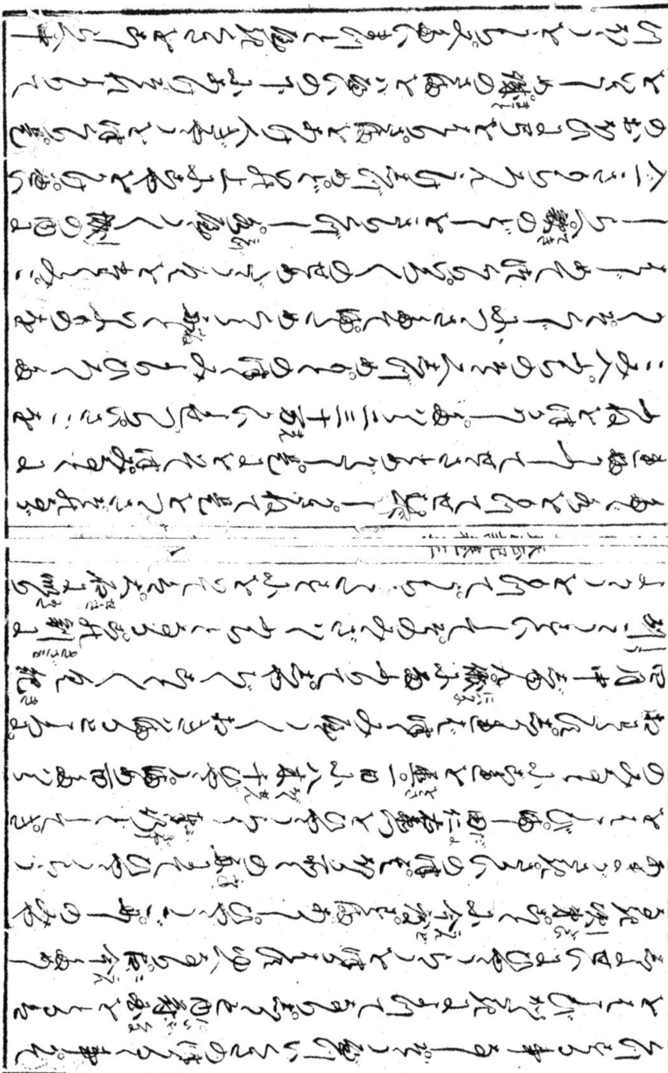

巻三08オモテ

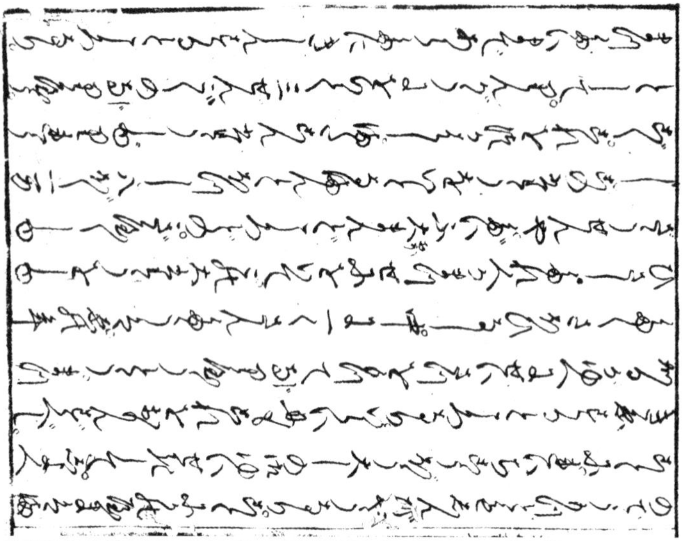

巻三09ウラ

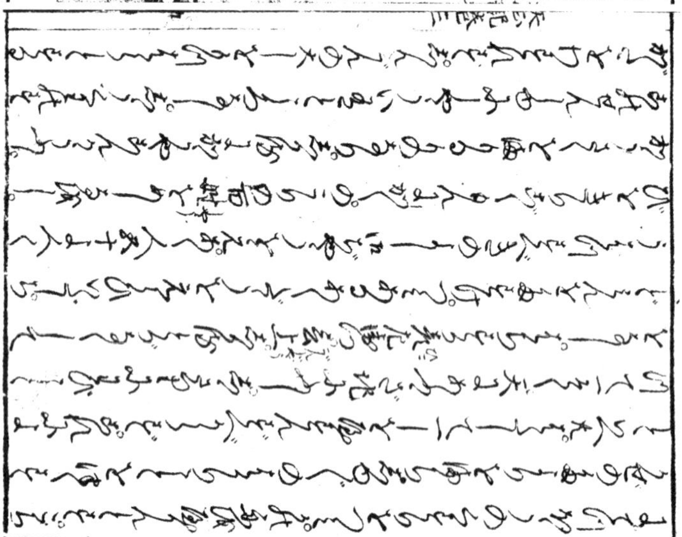

巻三09オモテ

巻三裏表紙に貼り付け

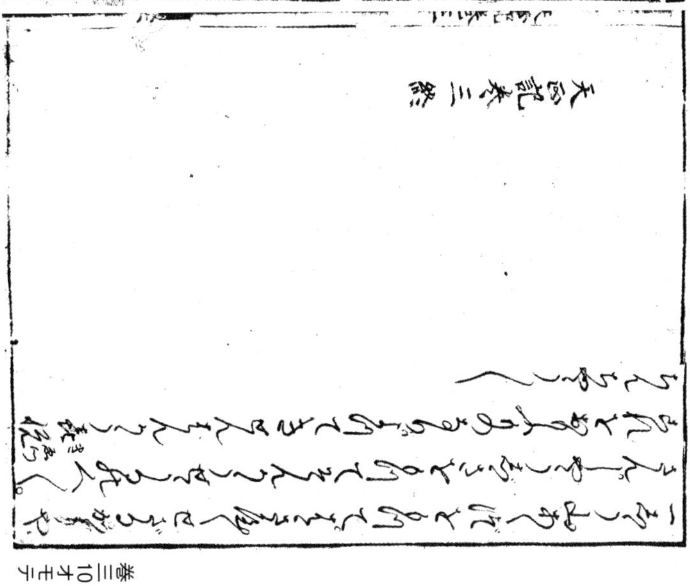

巻三10オモテ

巻四五六表紙

巻四01ウラ

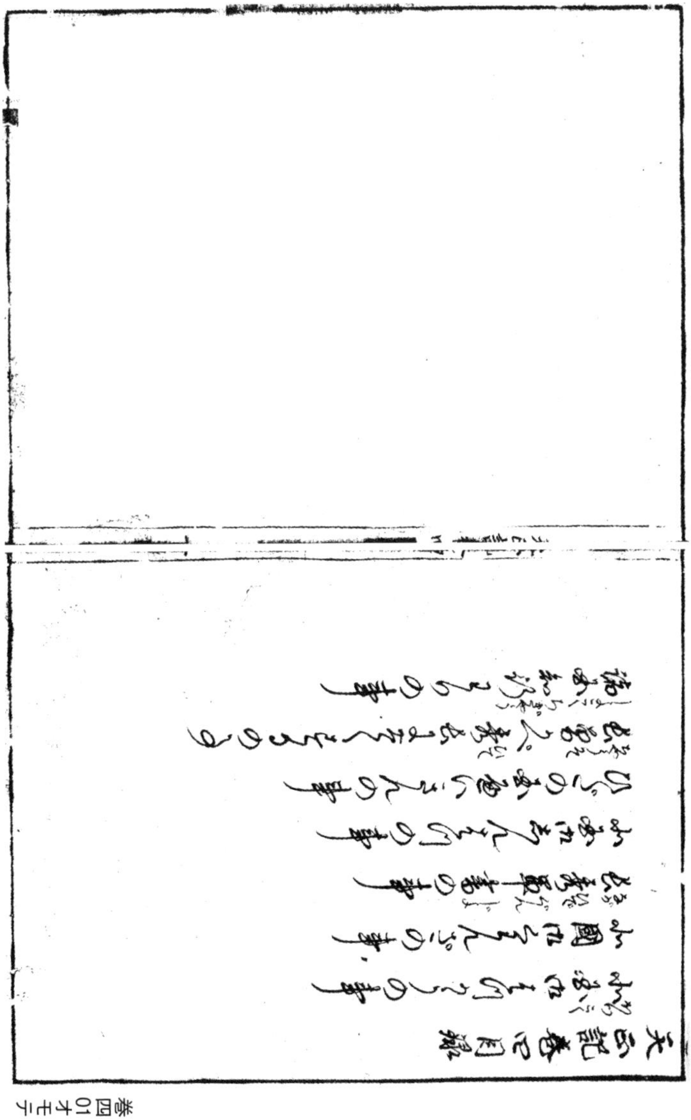

巻四01オモテ

巻四02ウラ

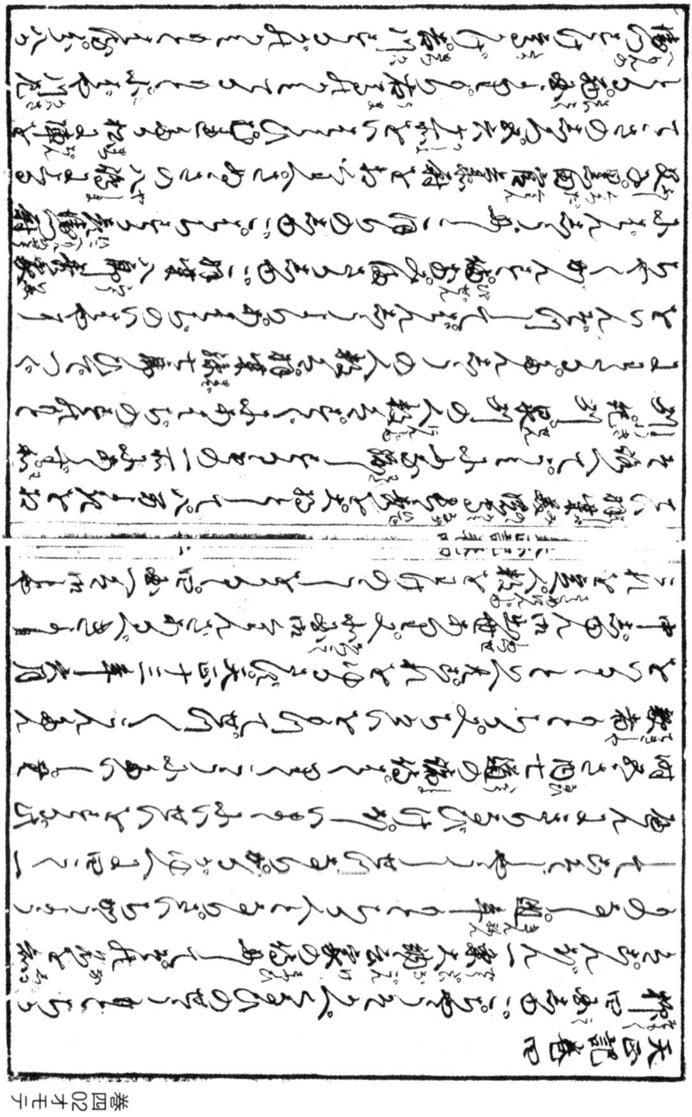

巻四02オモテ

巻四03ウラ

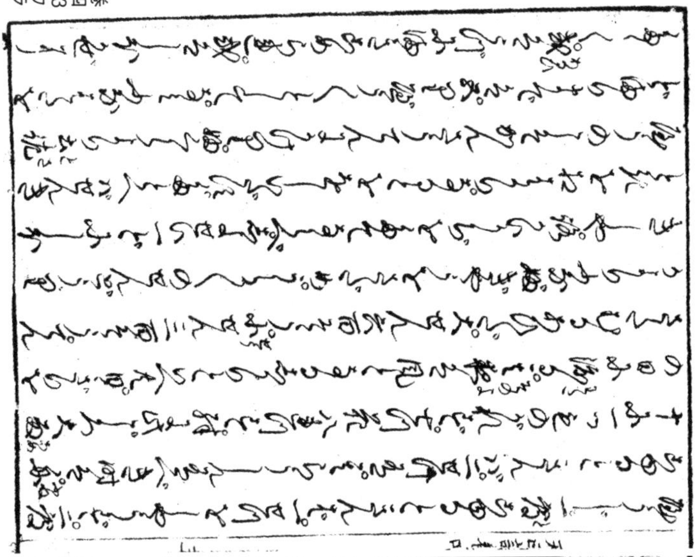

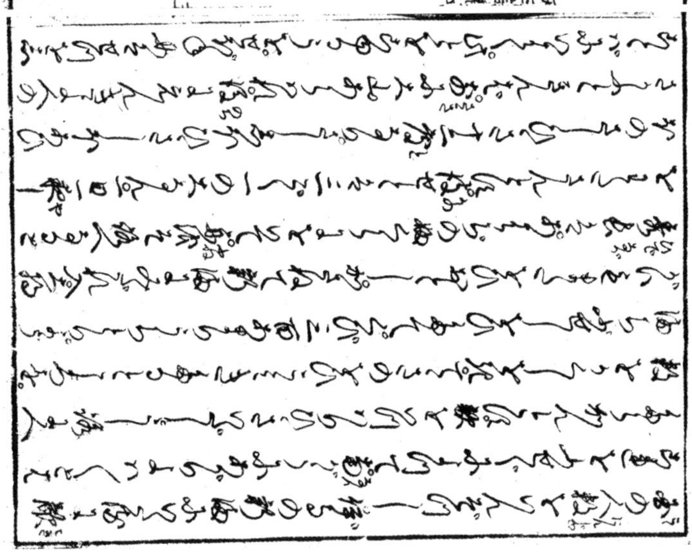

巻四03オモテ

巻四04ウラ

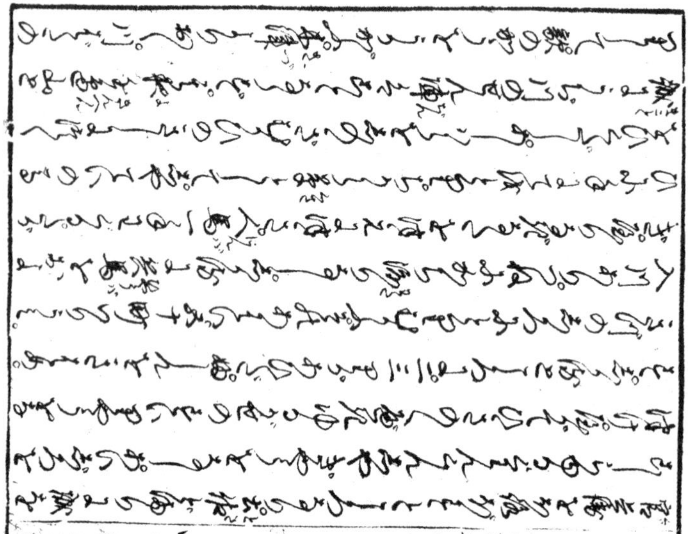

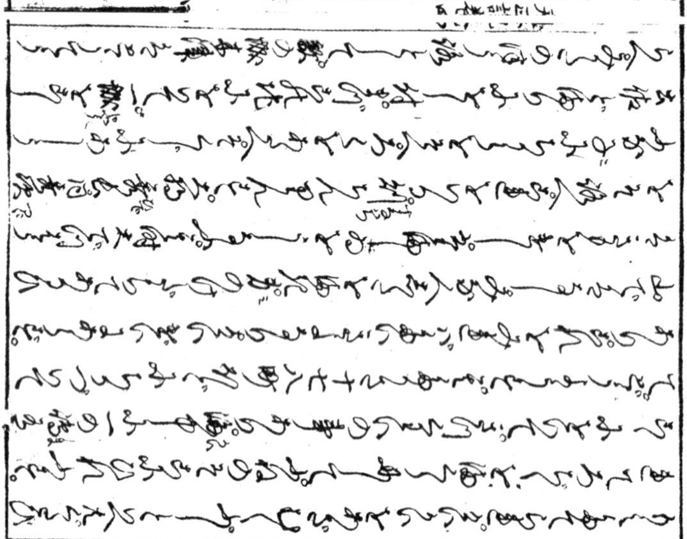

巻四04オモテ

巻四05ウラ

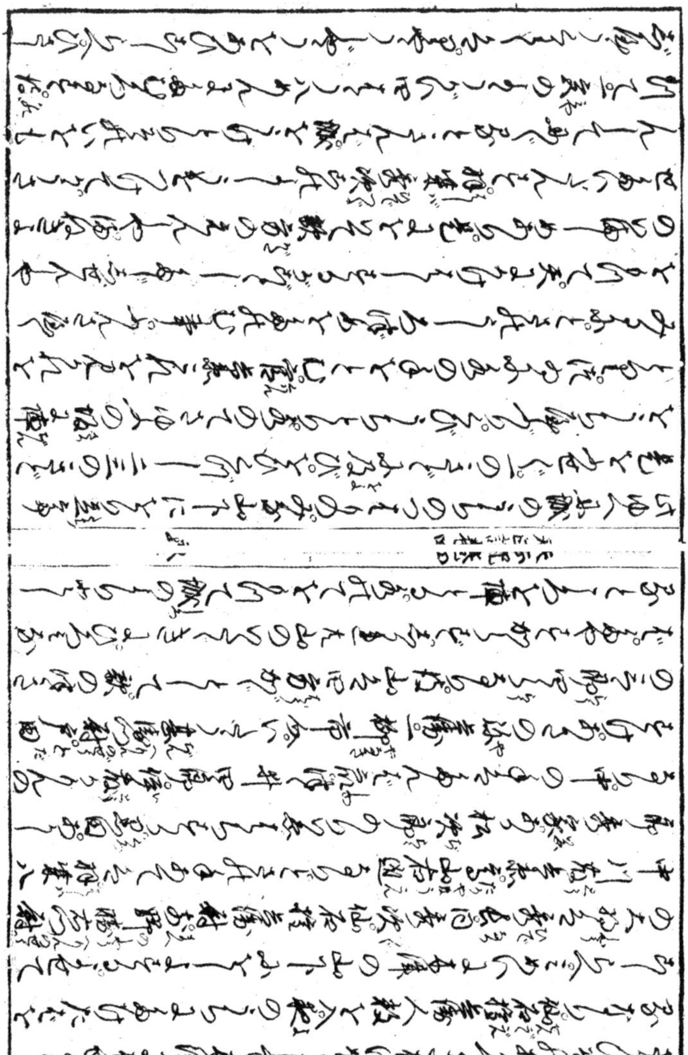

巻四05オモテ

巻四06ウラ

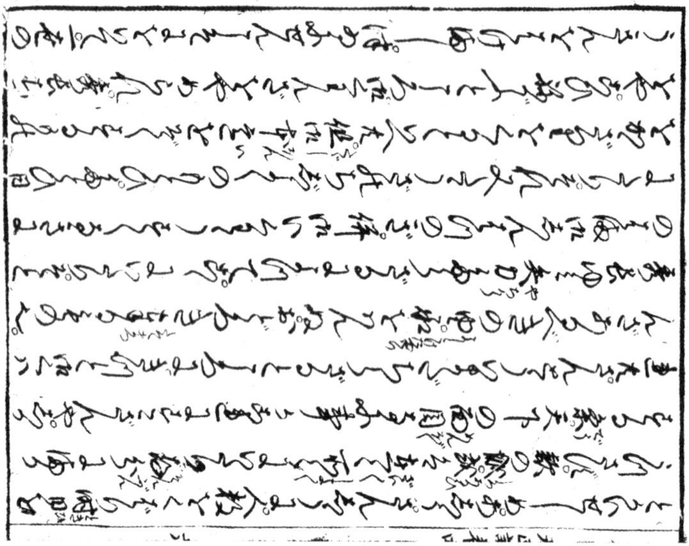

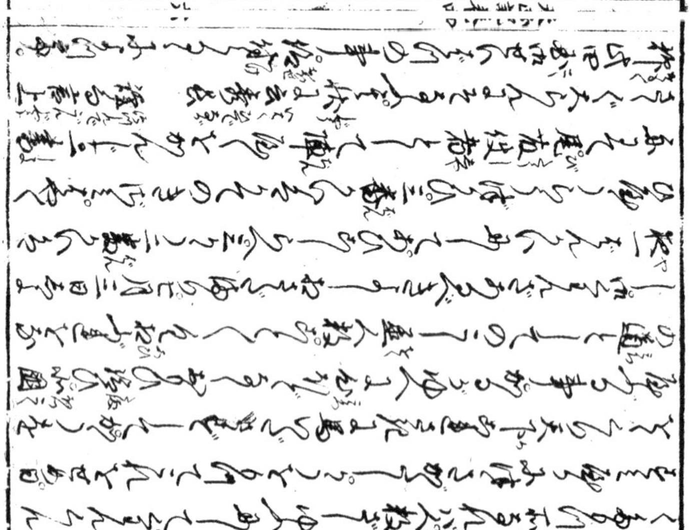

巻四06オモテ

巻四07ウラ

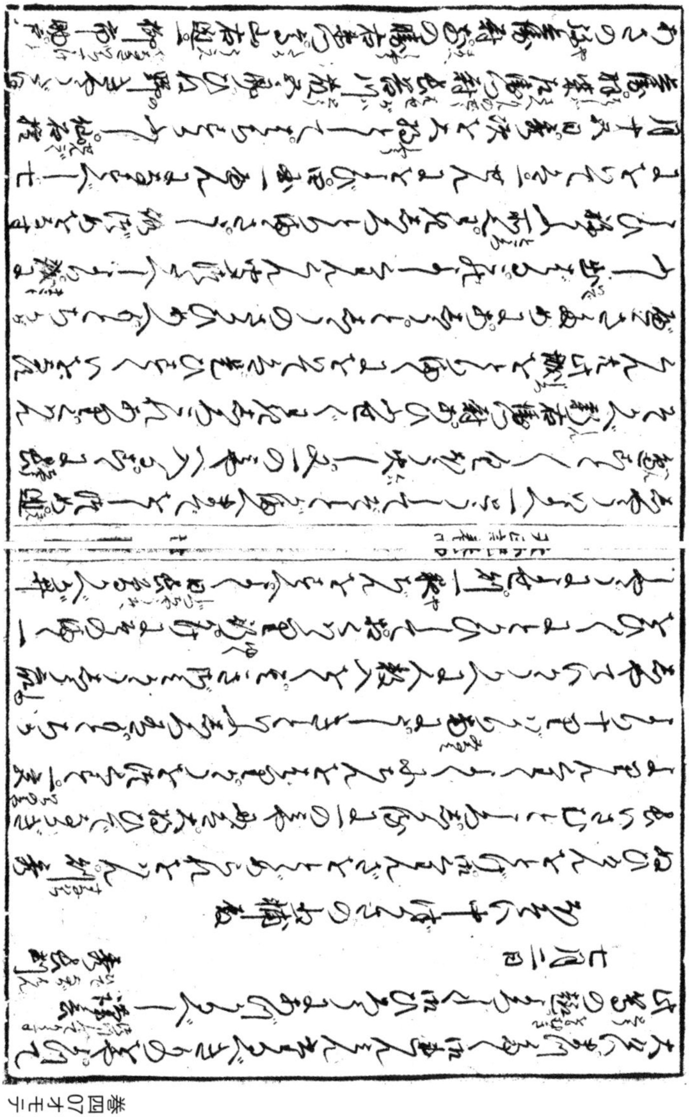

巻四07オモテ

巻四08ウラ

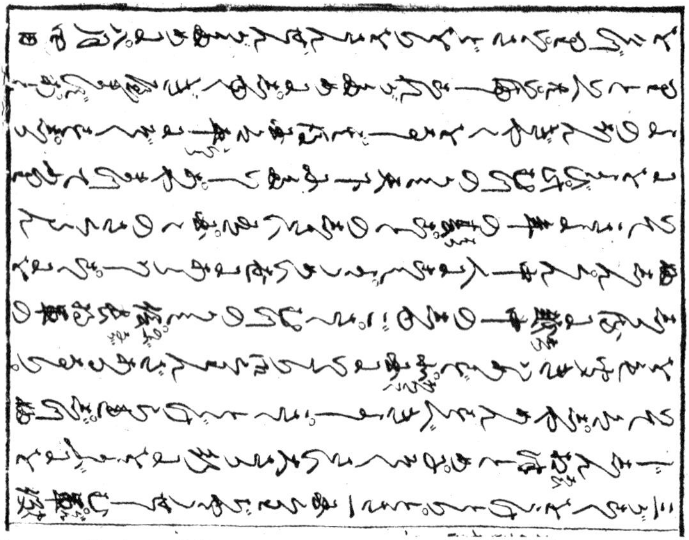

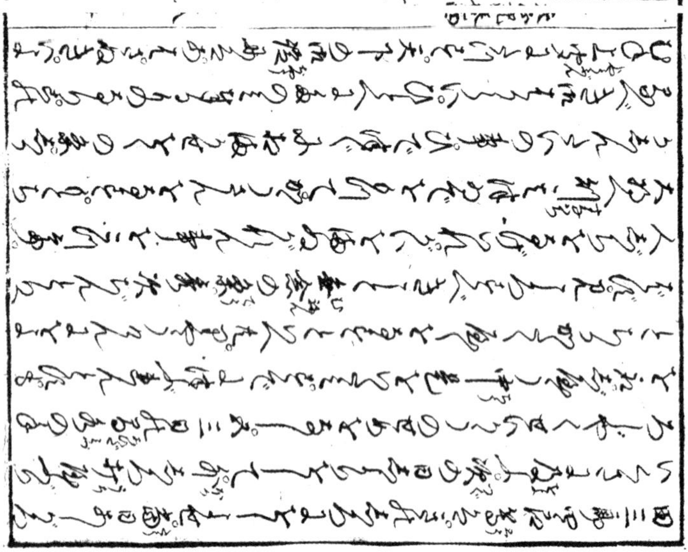

巻四08オモテ

巻四09ウラ

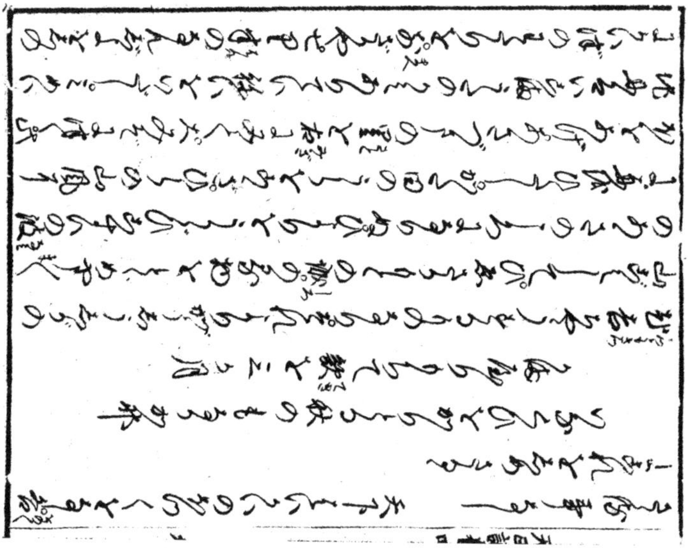

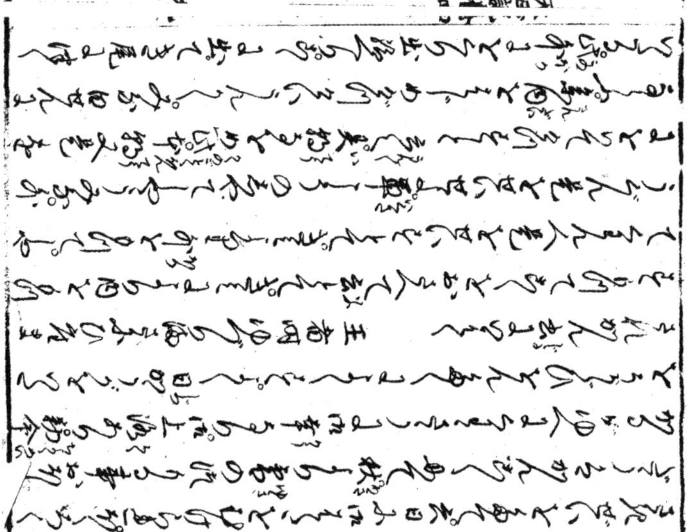

巻四09オモテ

巻四10ウラ

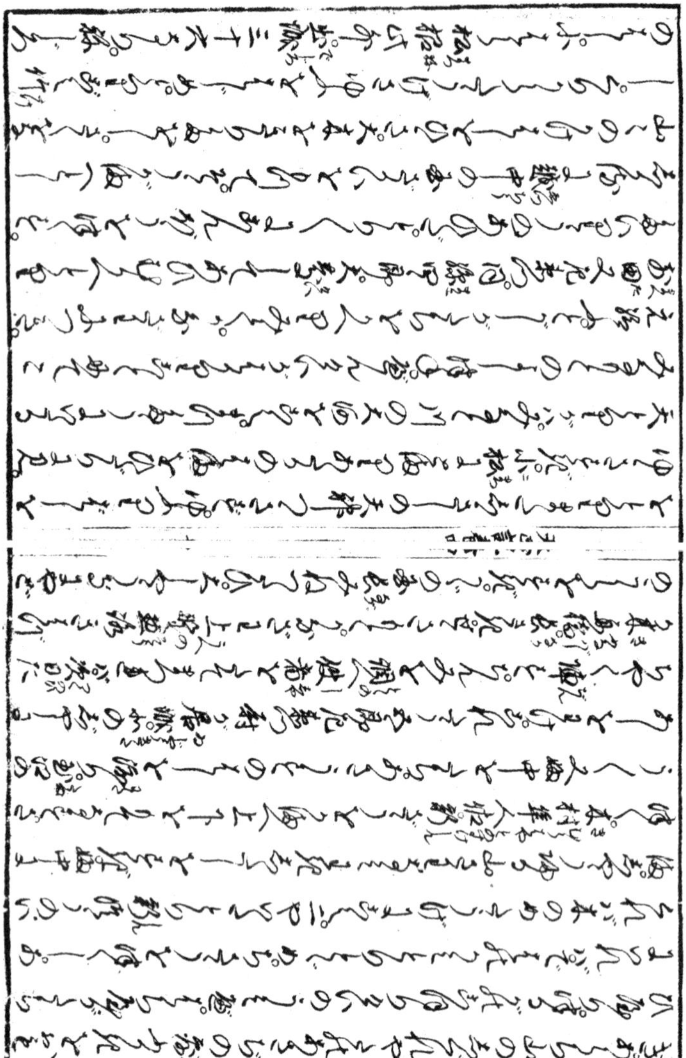

巻四10オモテ

巻四 11ウラ

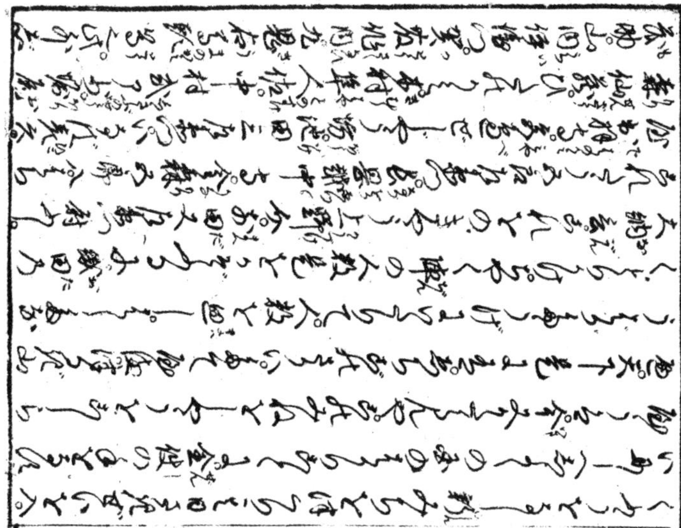

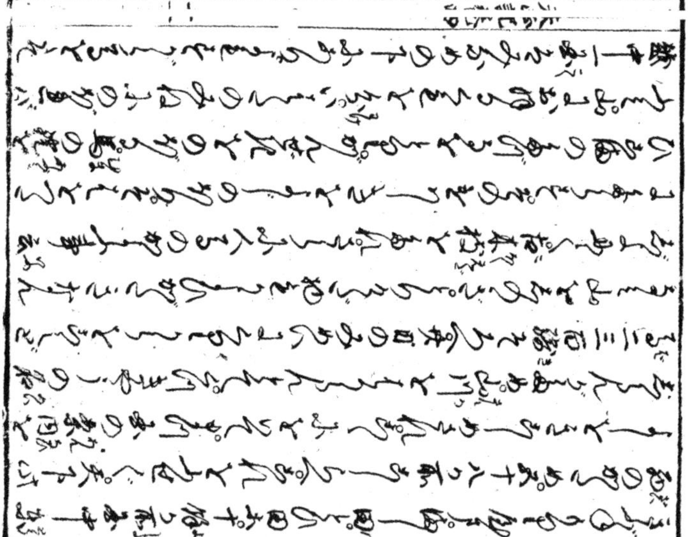

巻四 11オモテ

巻四12ウラ

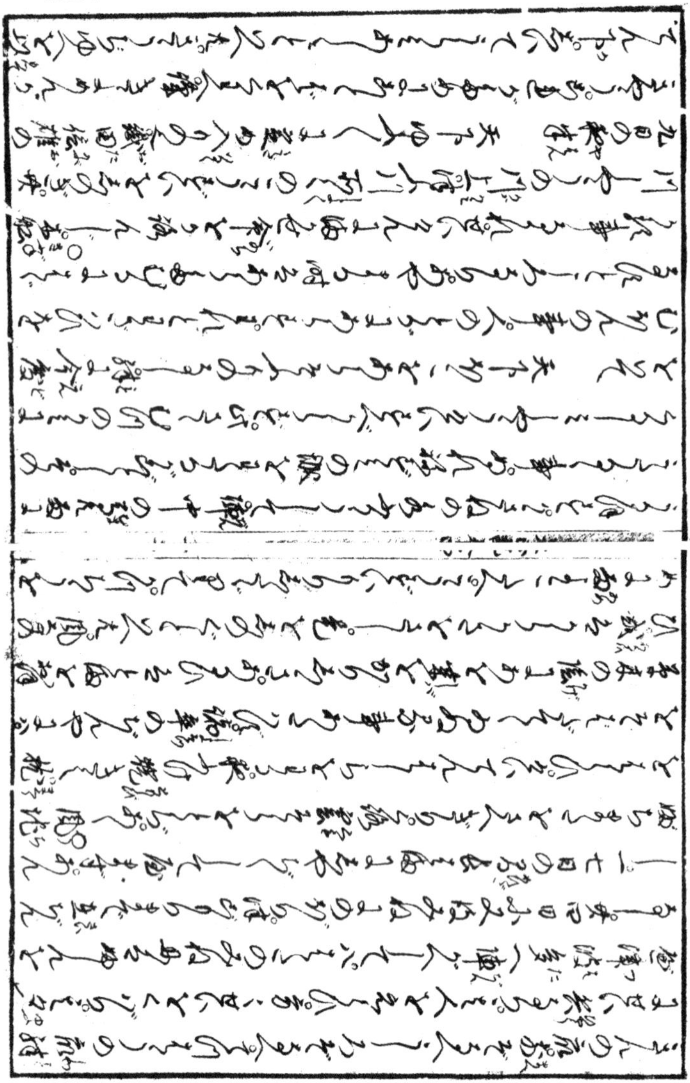

巻四12オモテ

巻四13ウラ

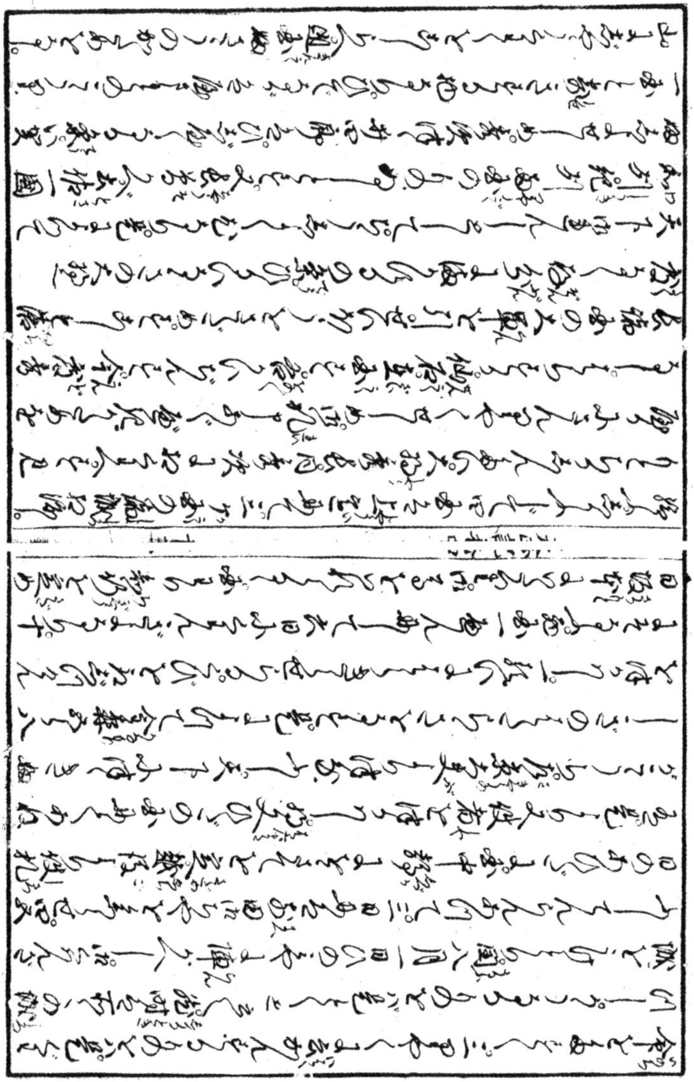

巻四13オモテ

巻四14ウラ

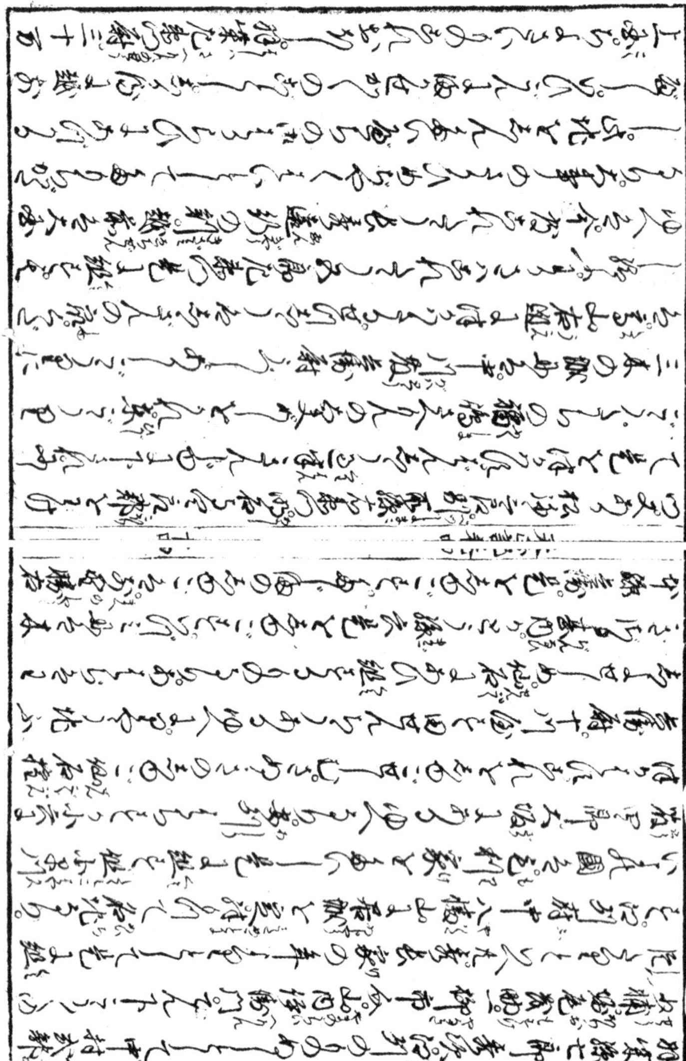

巻四14オモテ

巻四15ウラ

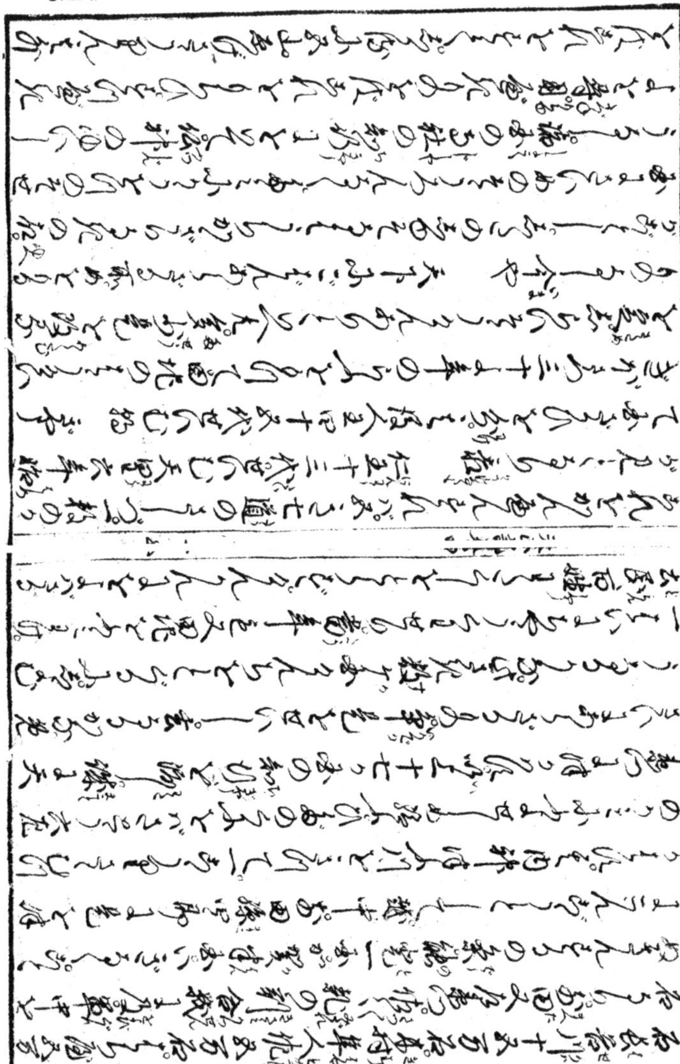

巻四15オモテ

巻四16ウラ

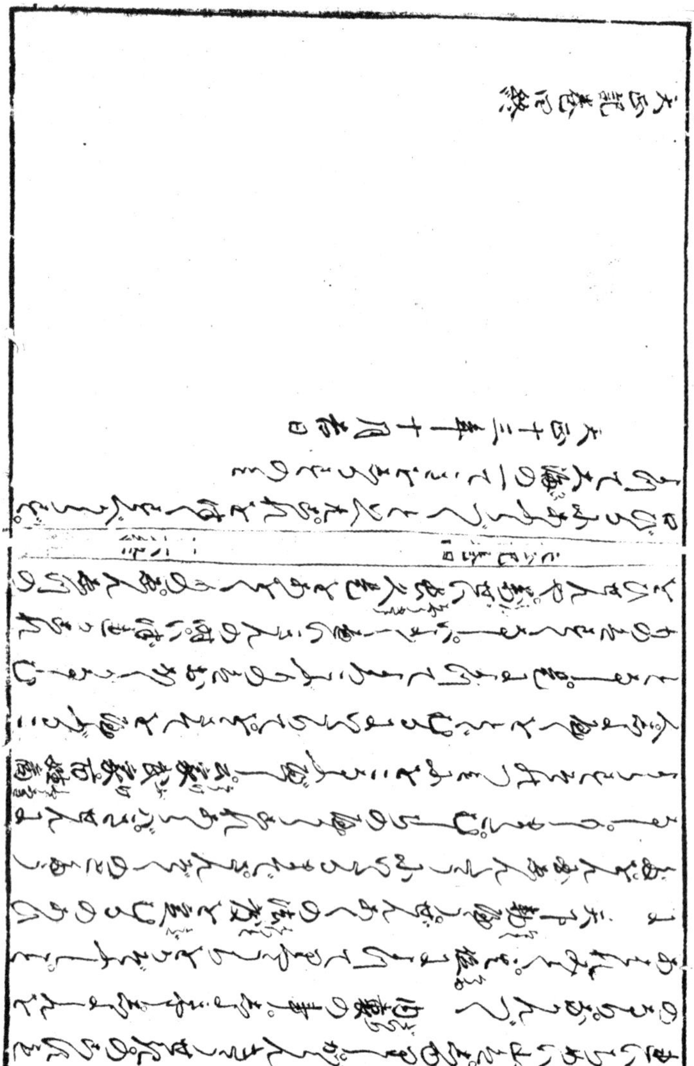

巻四16オモテ

巻五10ウラ

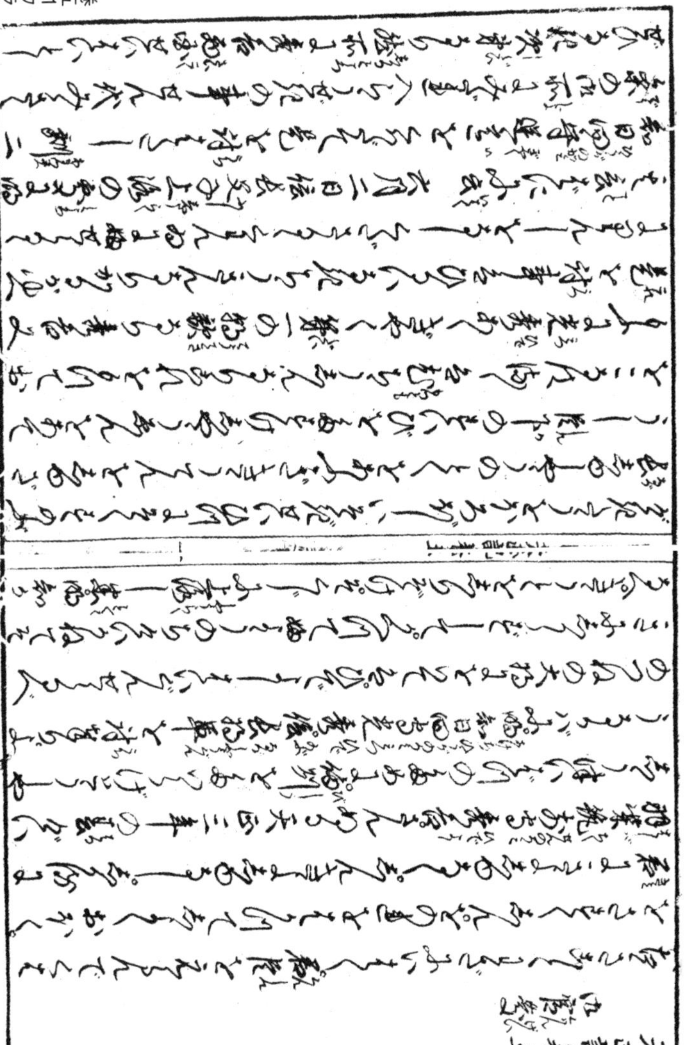

巻五10オモテ

巻五02ウラ

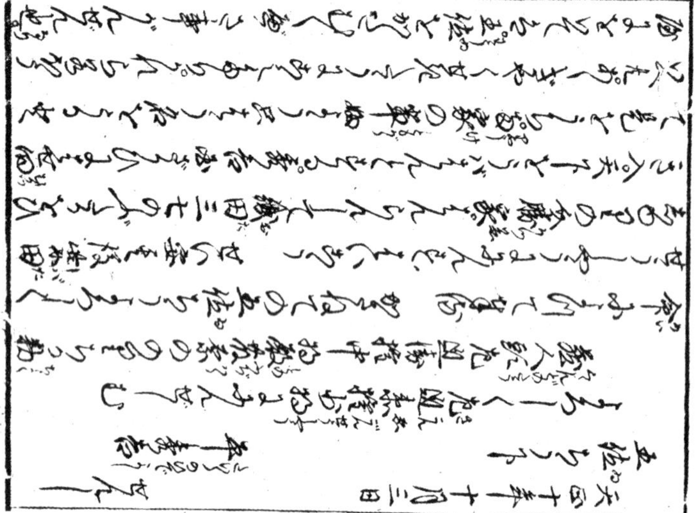

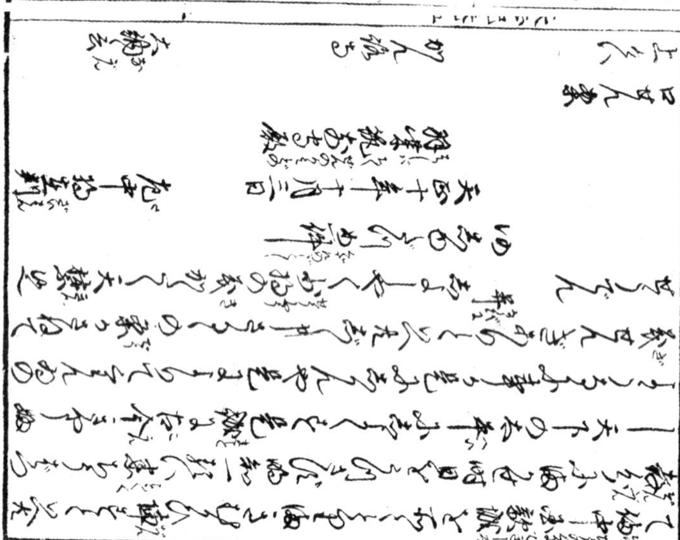

巻五02オモテ

巻五03ウラ

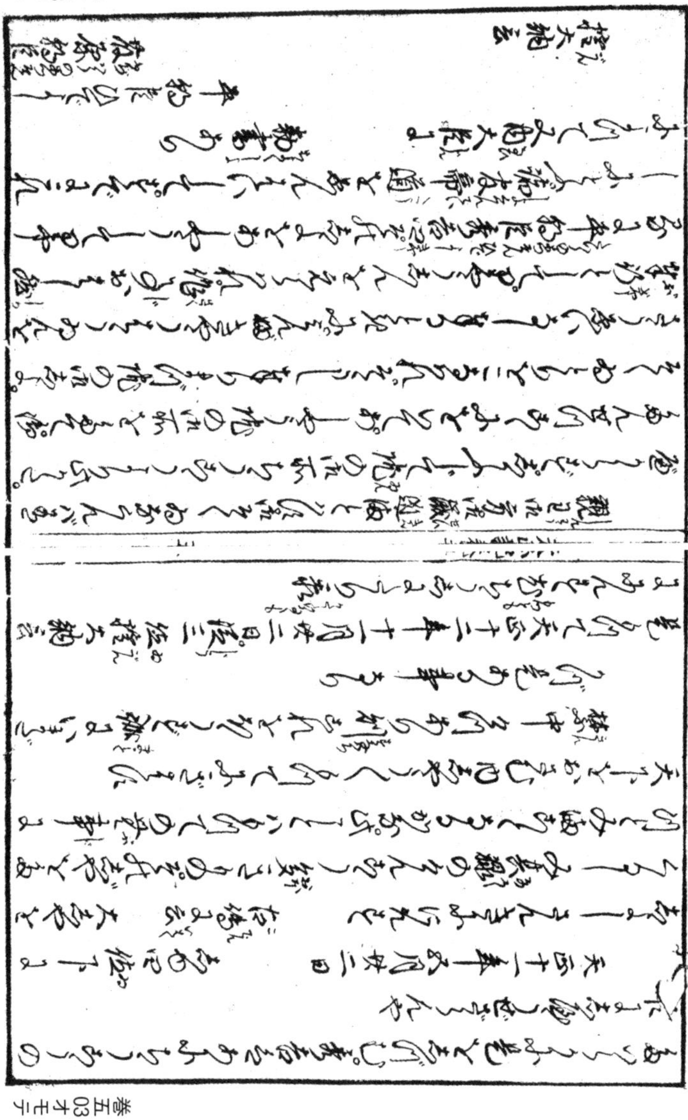

巻五03オモテ

巻五04ウラ

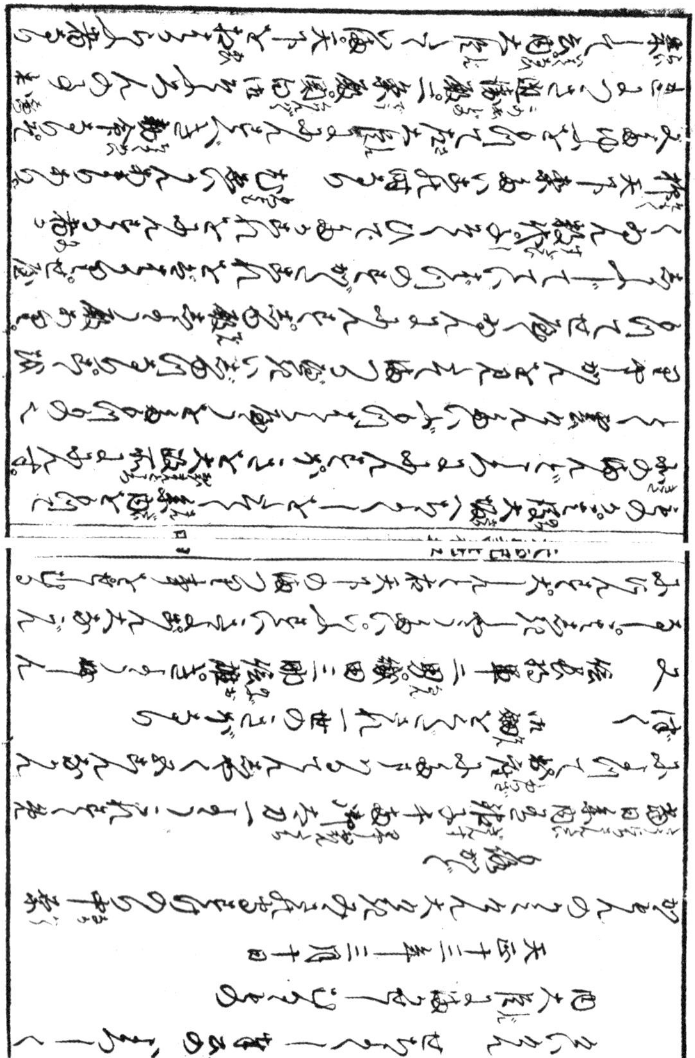

巻五04オモテ

巻五05ウラ

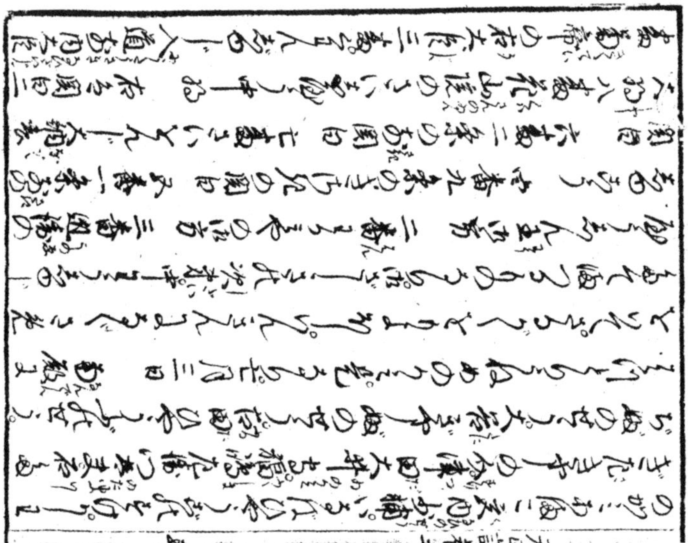

巻五05オモテ

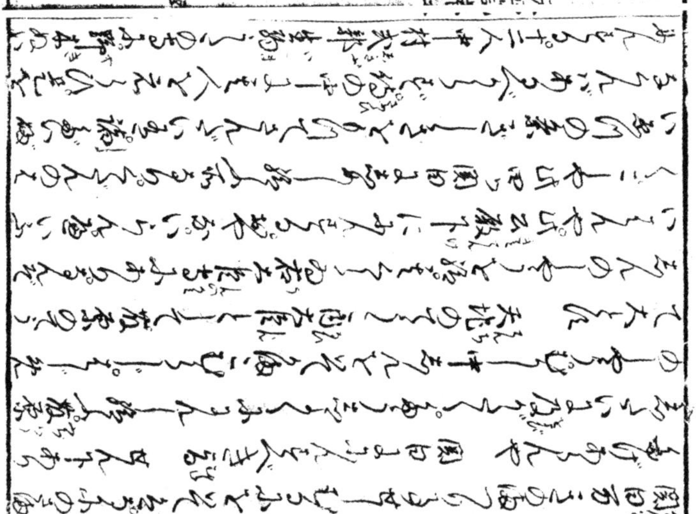

巻五06ウラ

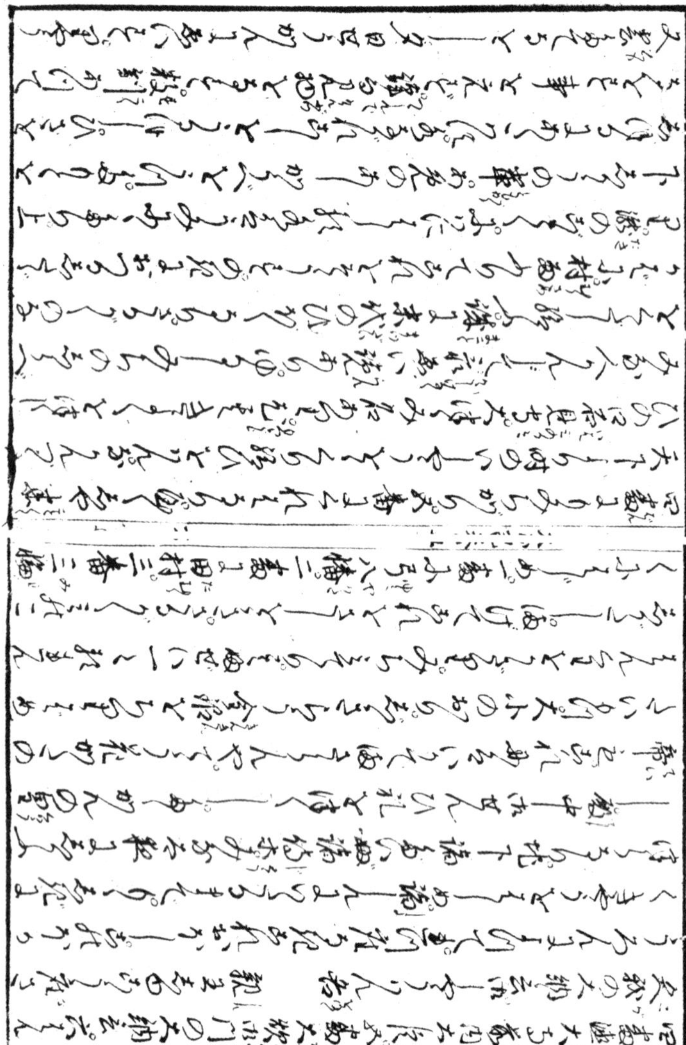

巻五06オモテ

巻五07ウラ

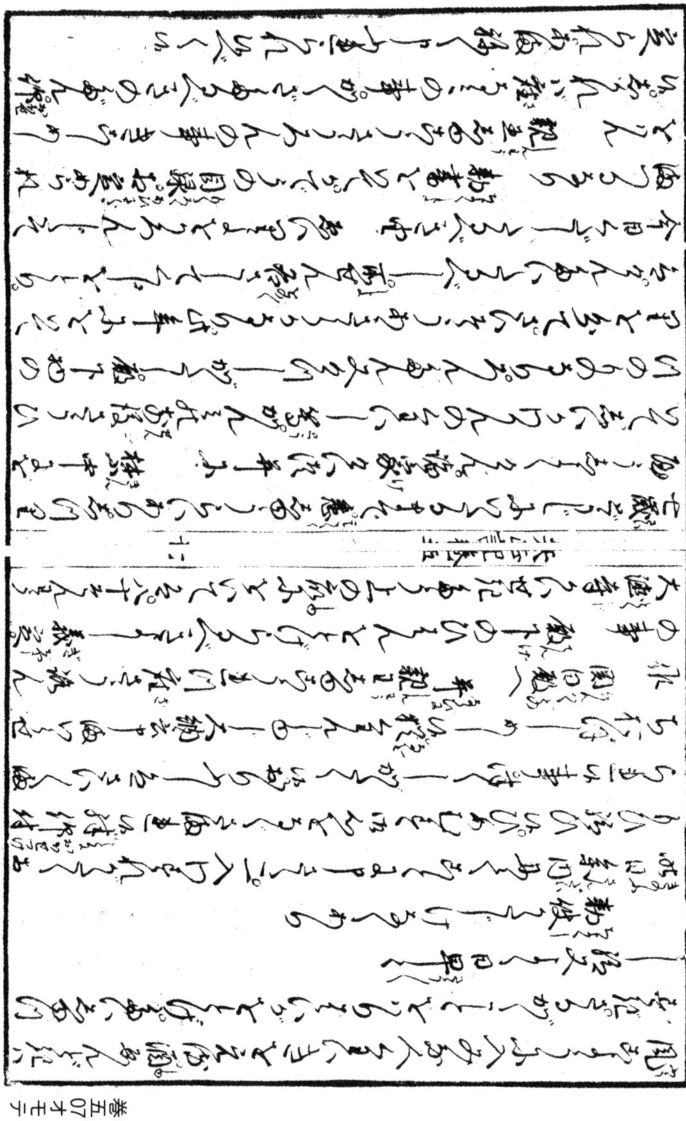

巻五07オモテ

巻五08ウラ

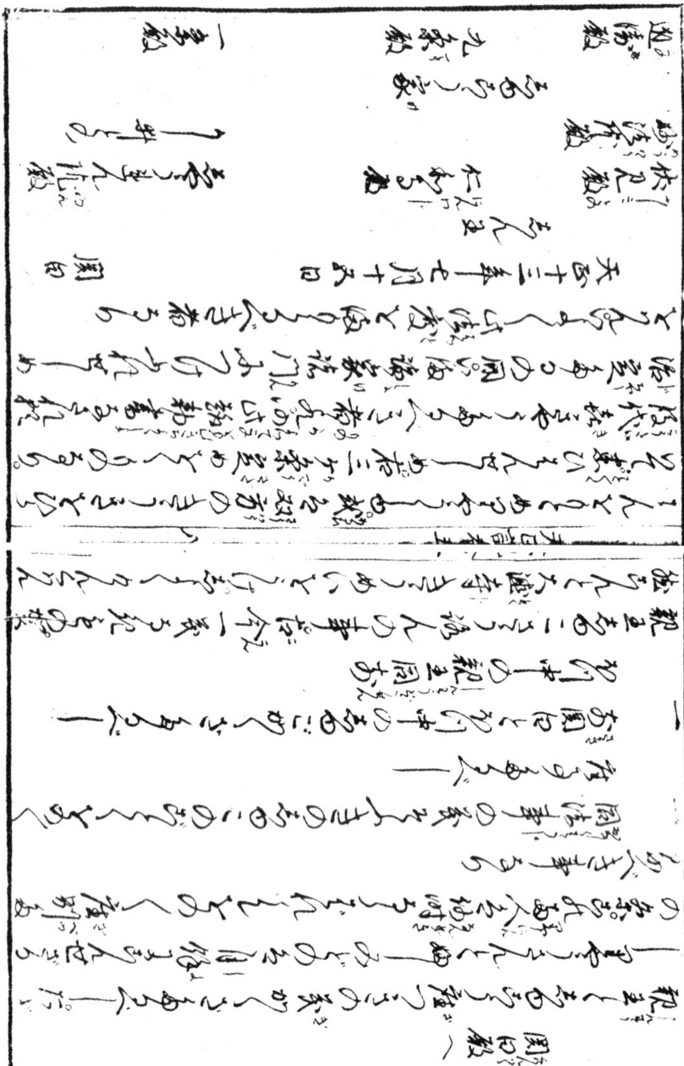

巻五08オモテ

巻五09ウラ

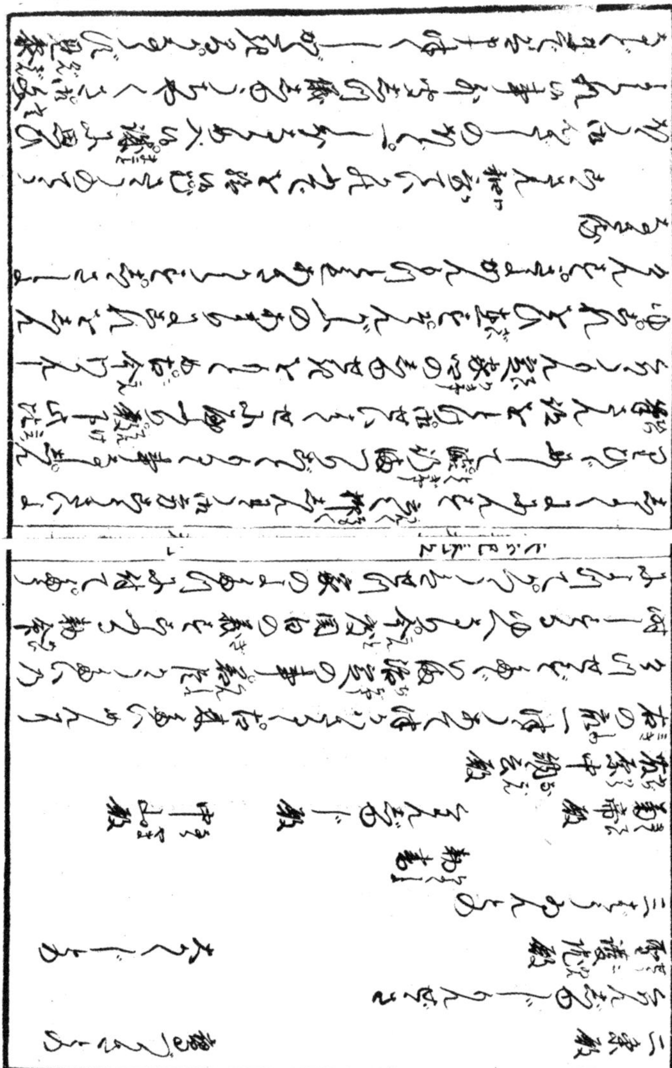

巻五09オモテ

巻五10ウラ

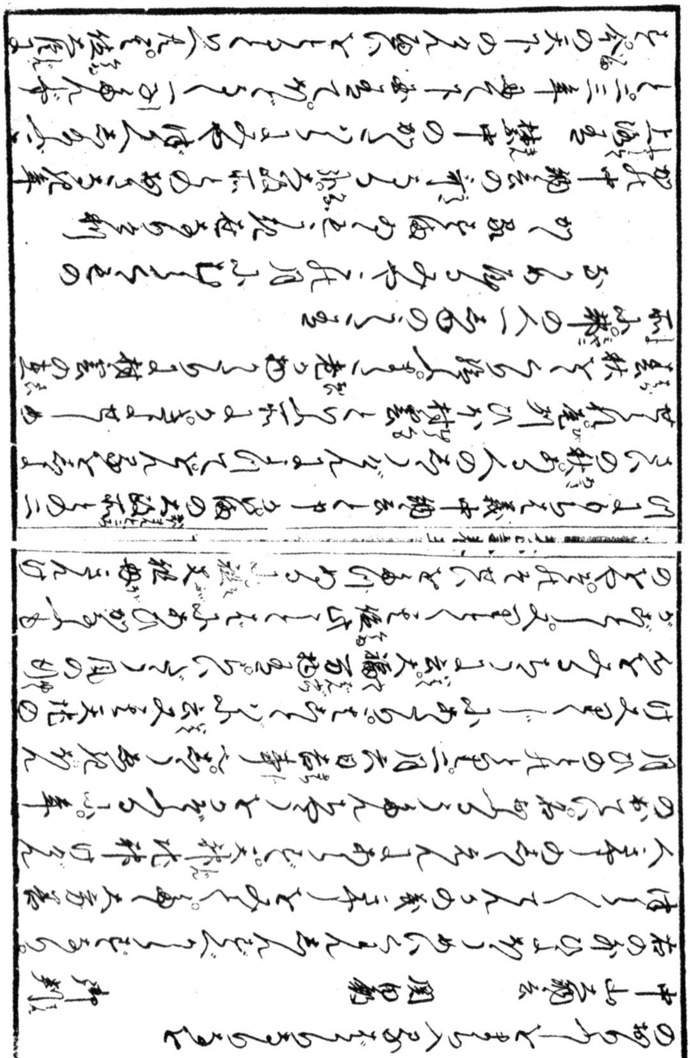

巻五10オモテ

巻五11ウラ

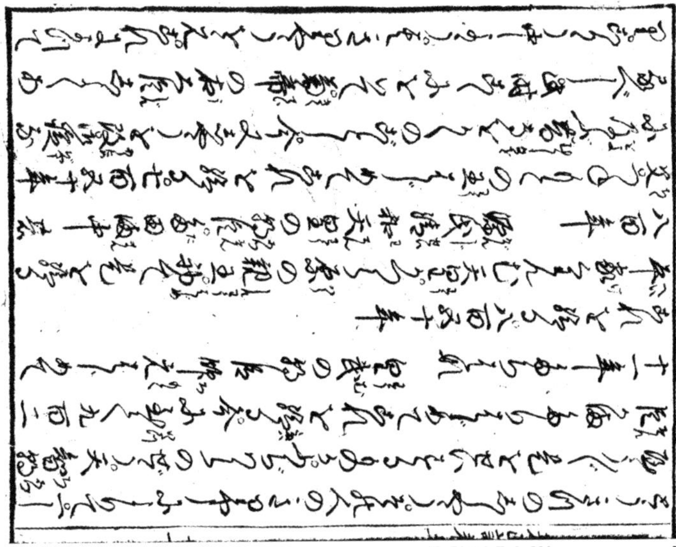

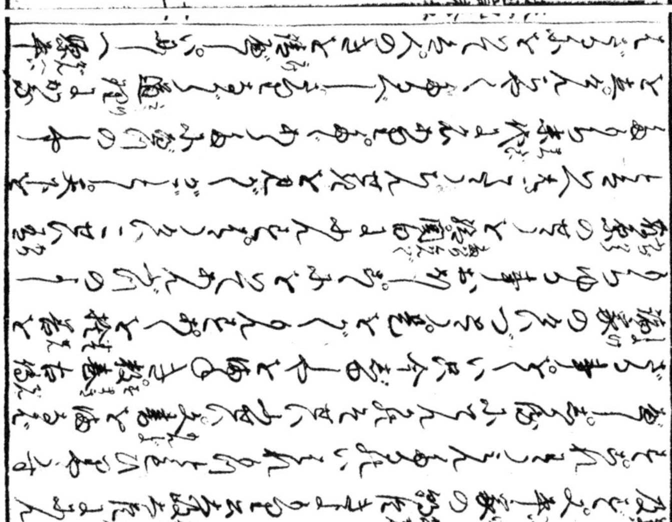

巻五11オモテ

巻五12ウラ

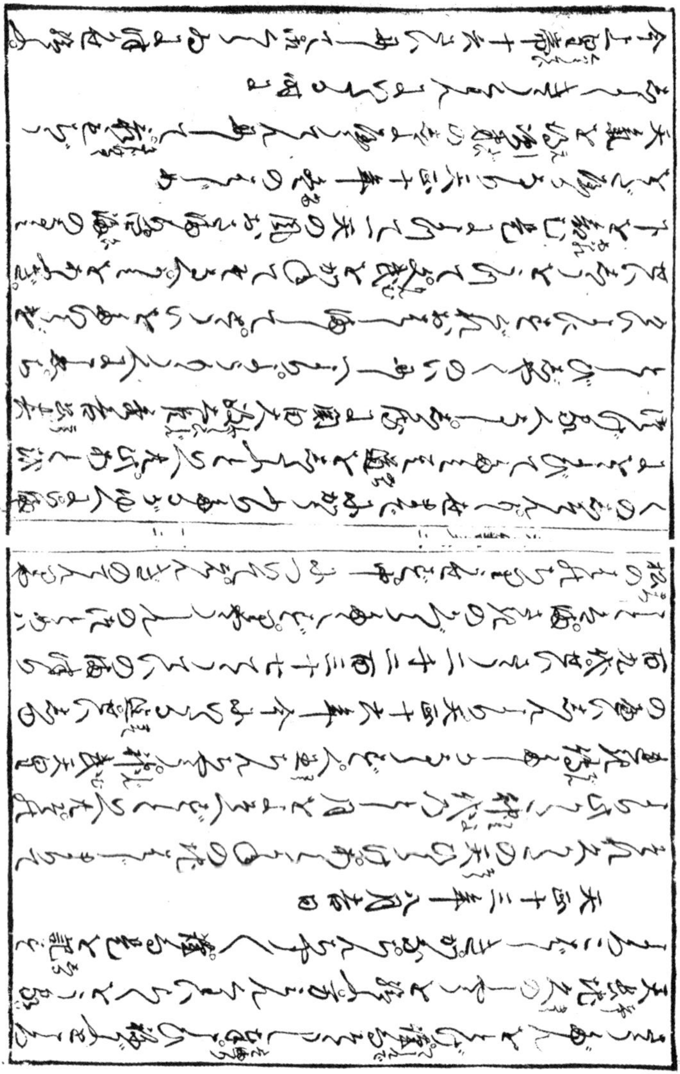

巻五12オモテ

巻五13ウラ

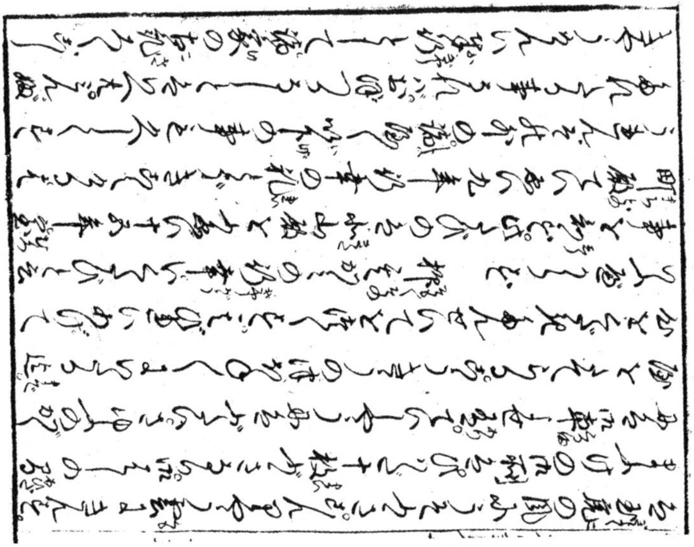

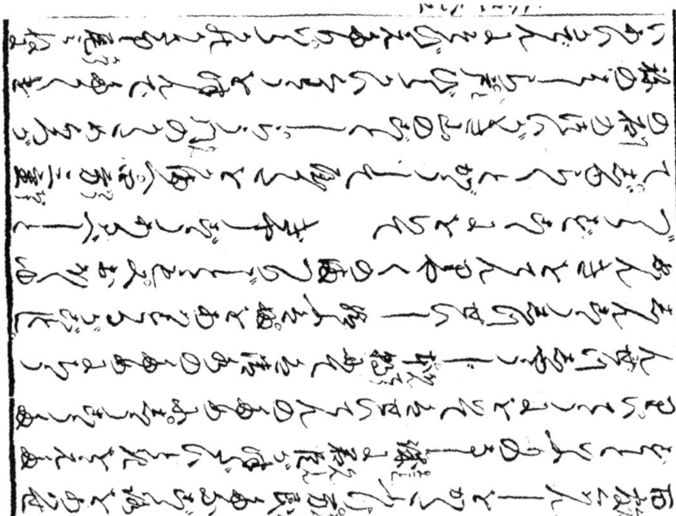

巻五13オモテ

巻五14ウラ

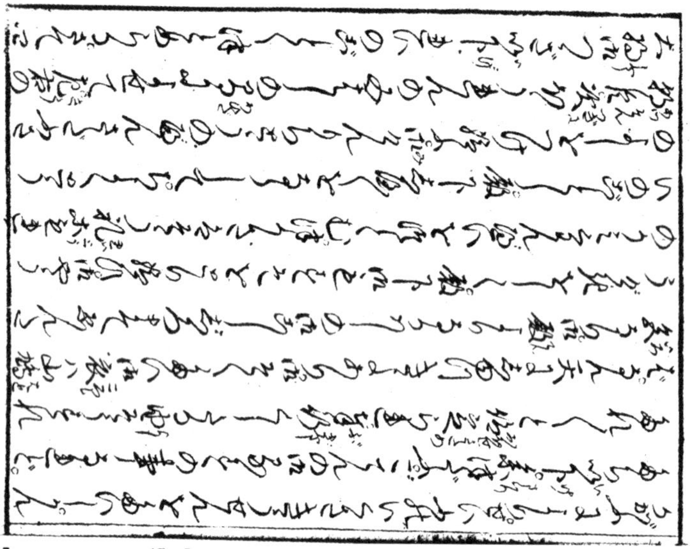

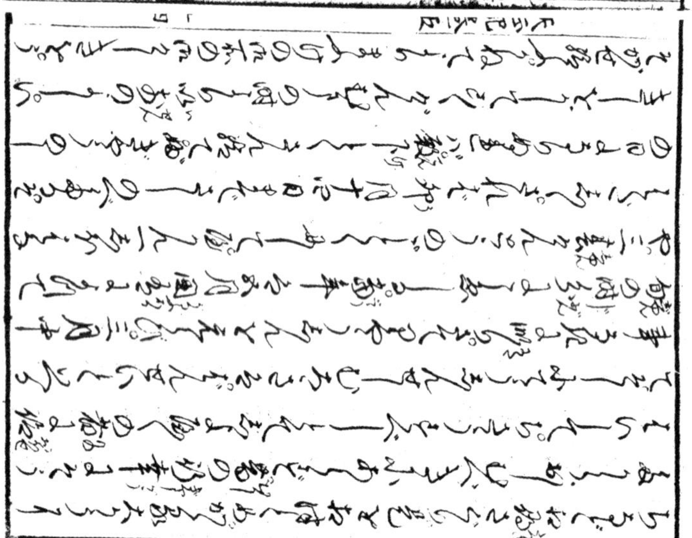

巻五14オモテ

巻五15ウラ

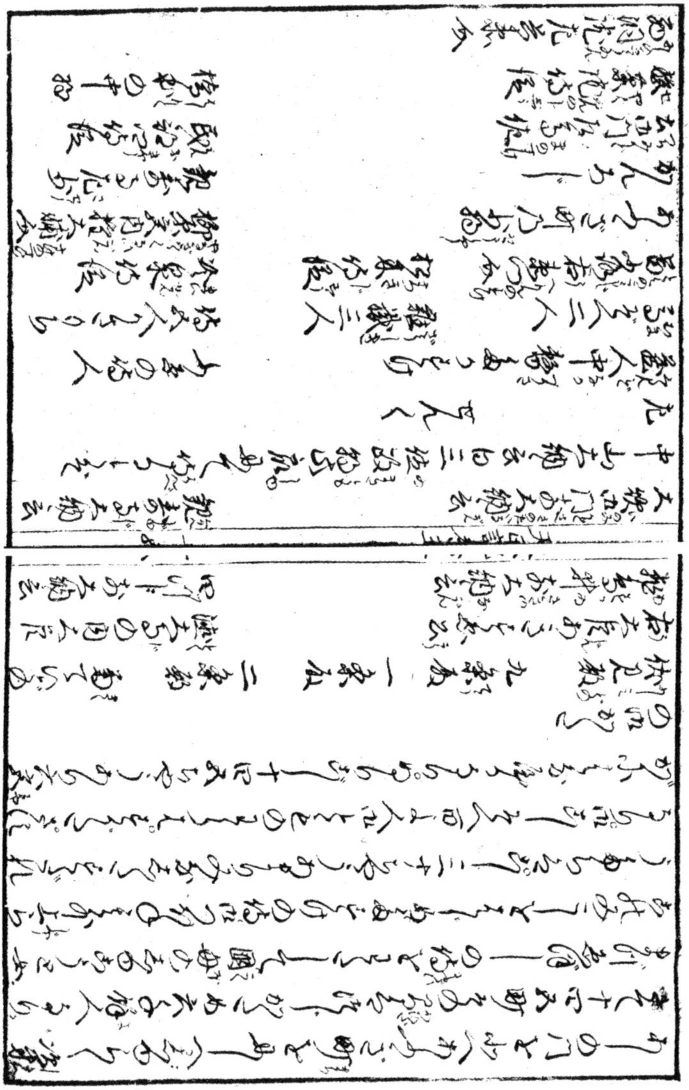

巻五15オモテ

巻五16ウラ

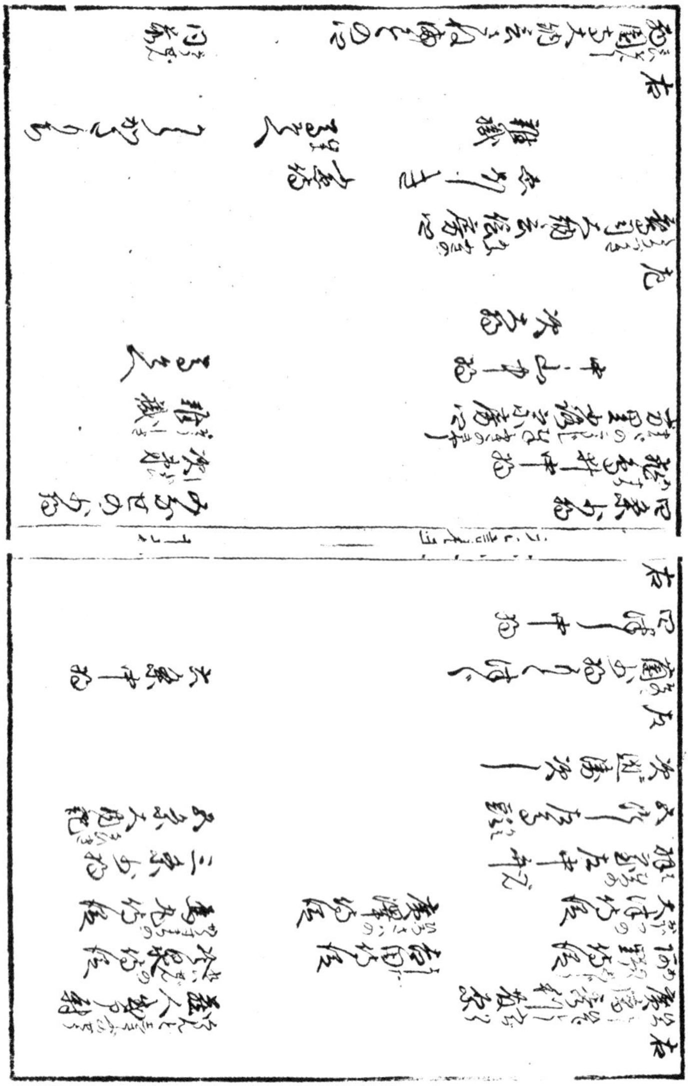

巻五16オモテ

巻五17ウラ

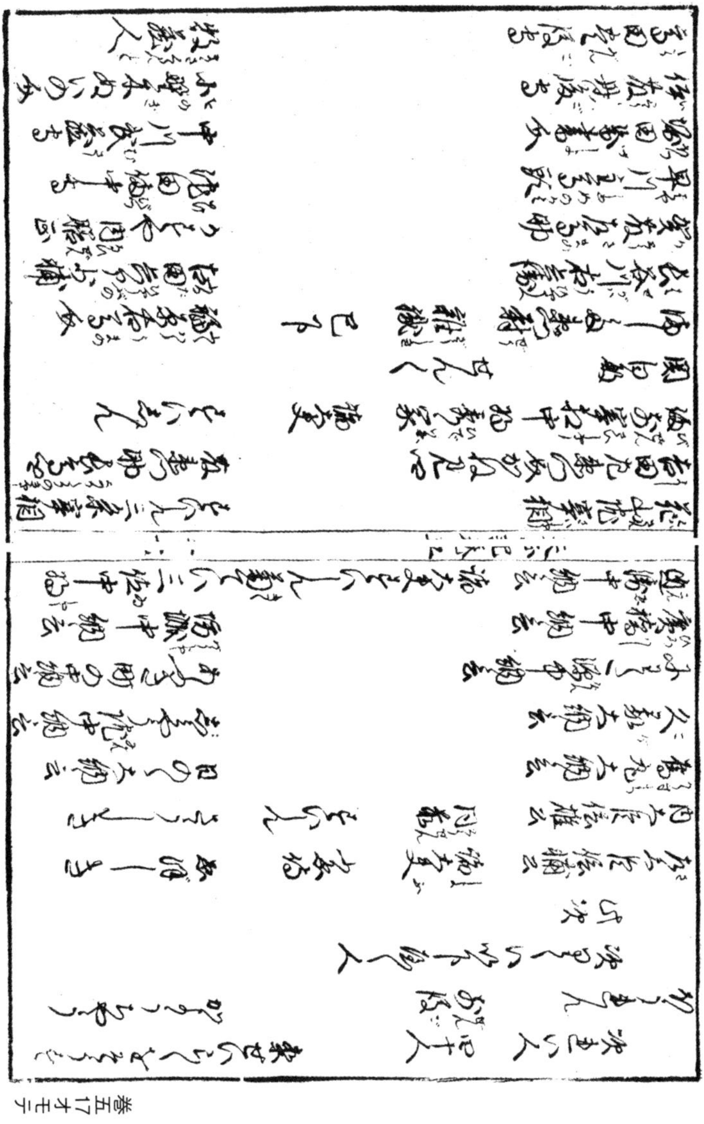

巻五17オモテ

巻五18ウラ

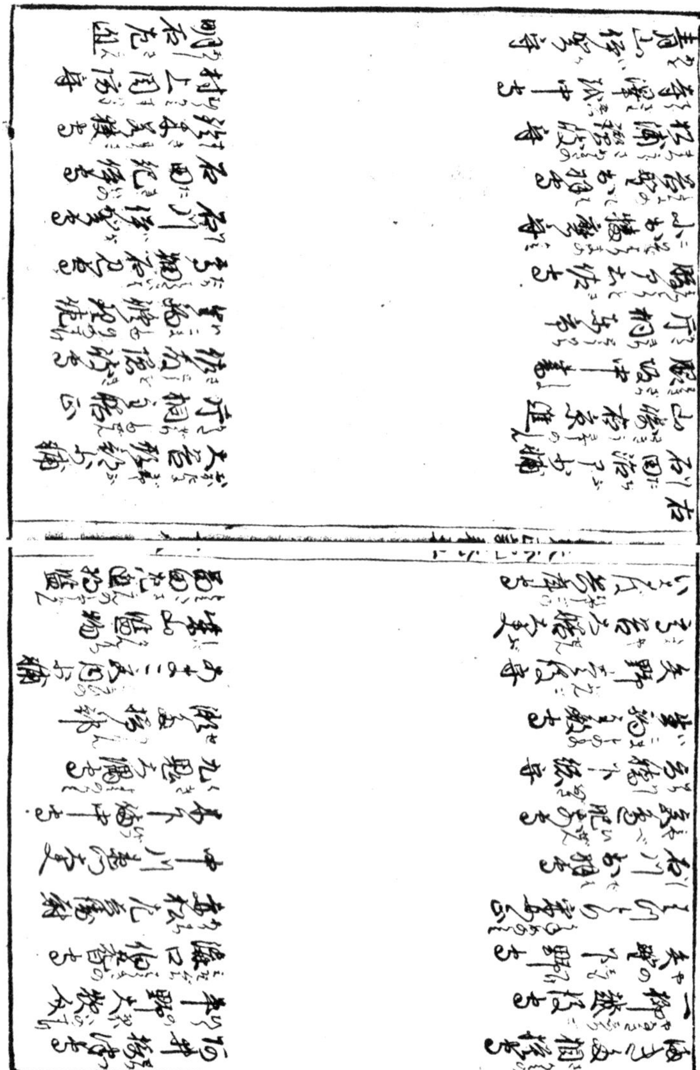

巻五18オモテ

巻五19ウラ

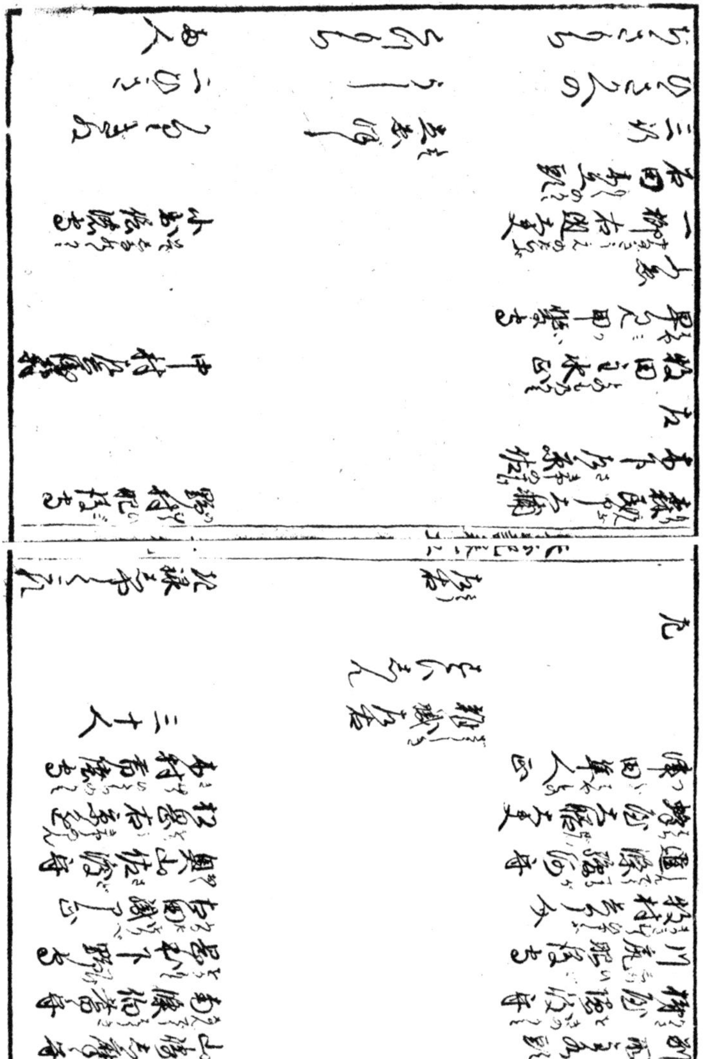

巻五19オモテ

巻五20ウラ

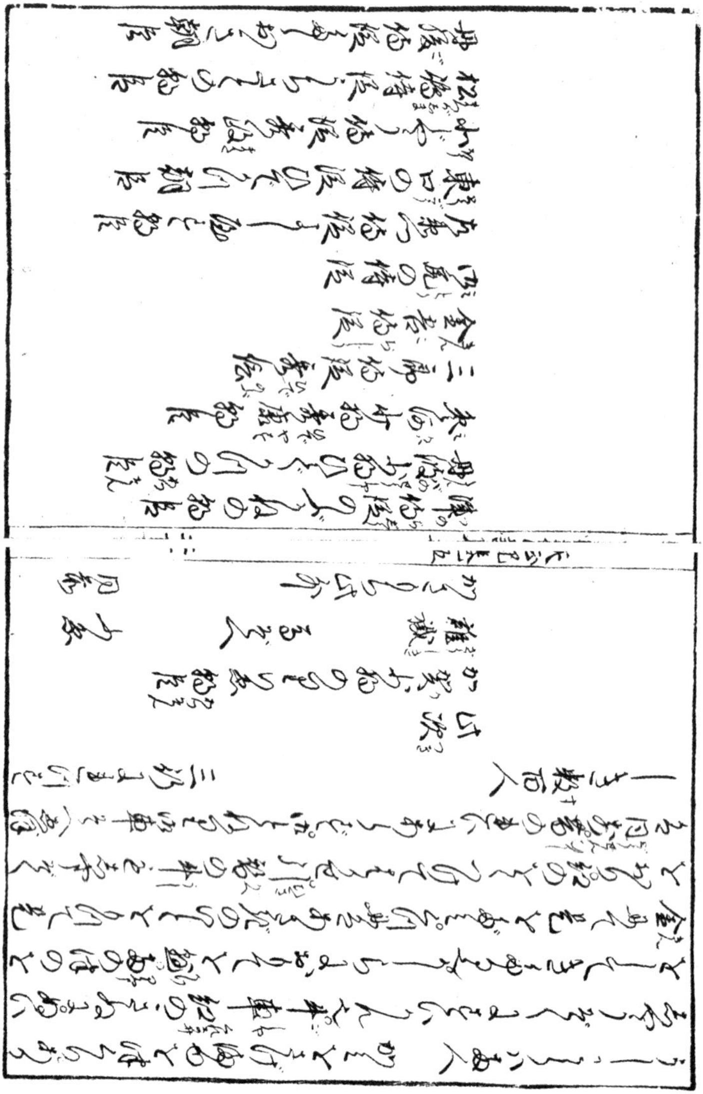

巻五20オモテ

巻五21ウラ

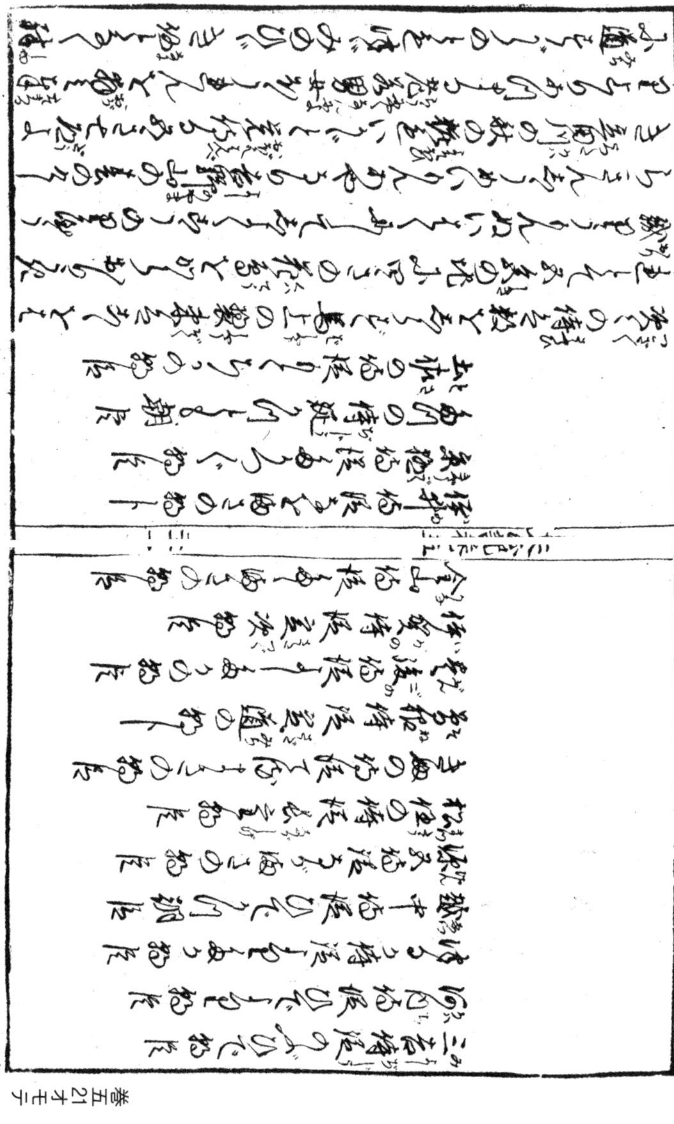

巻五21オモテ

巻五22ウラ

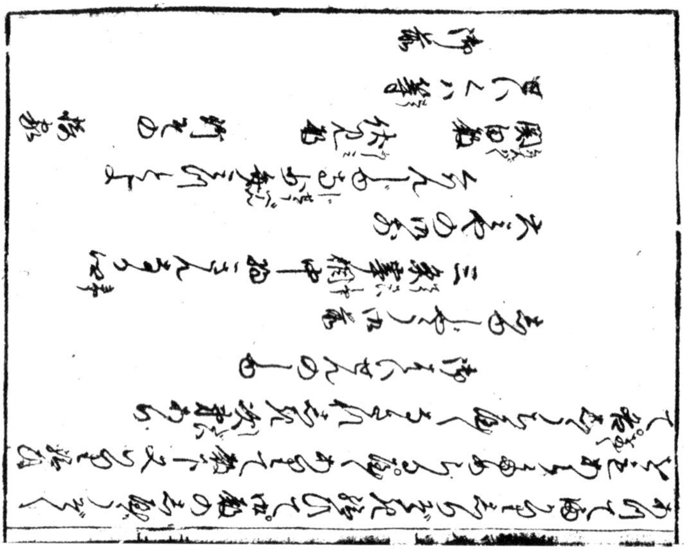

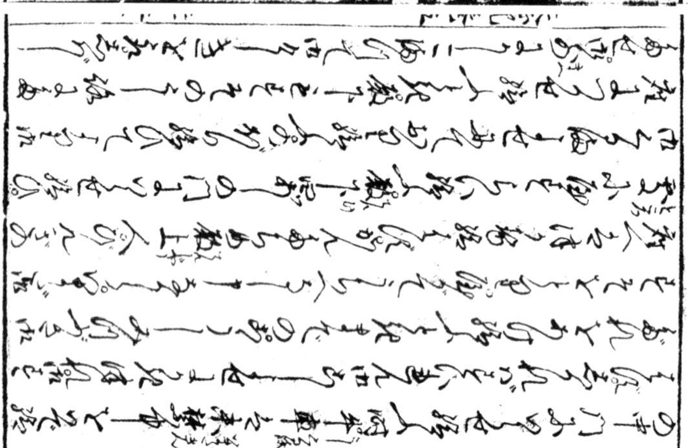

巻五22オモテ

巻五23ウラ

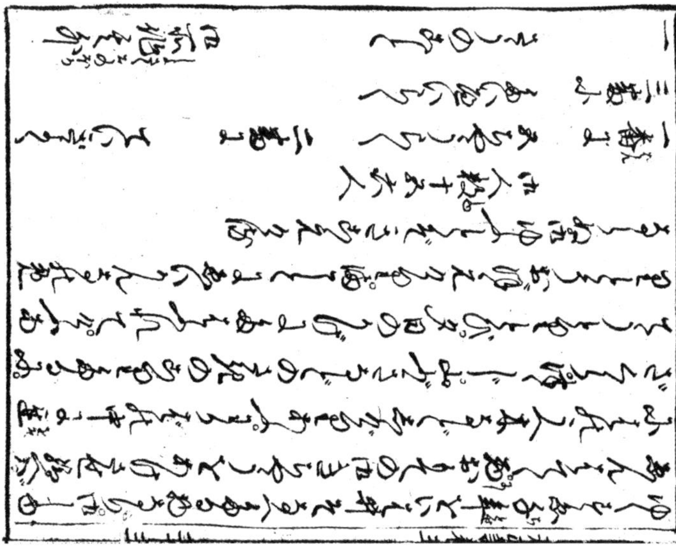

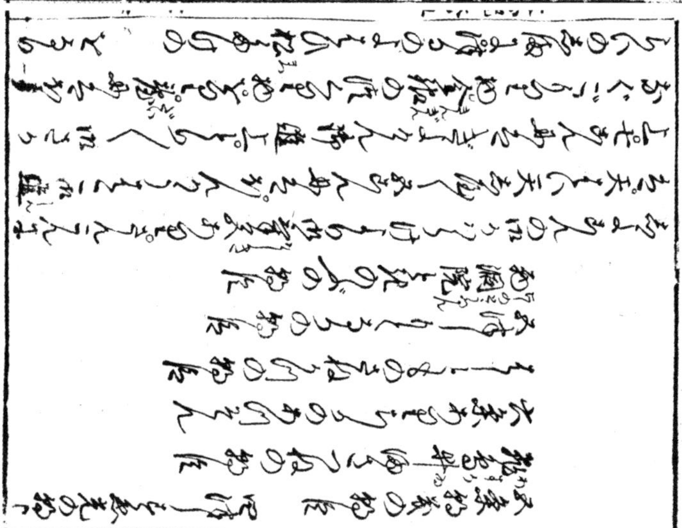

巻五23オモテ

巻五24ウラ

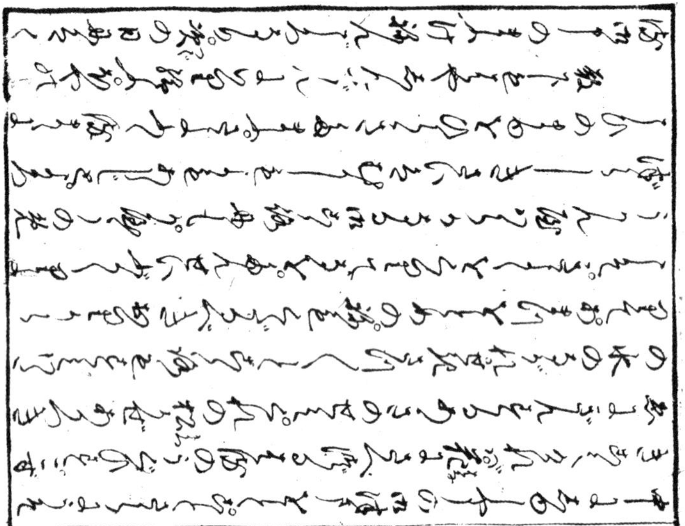

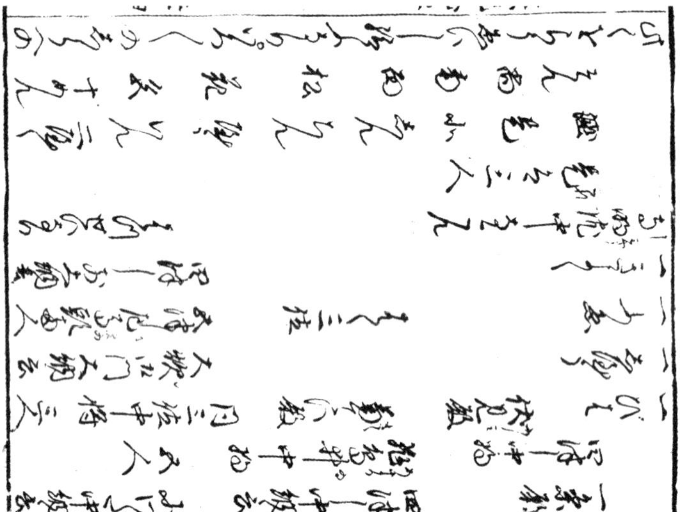

巻五24オモテ

巻五25ウラ

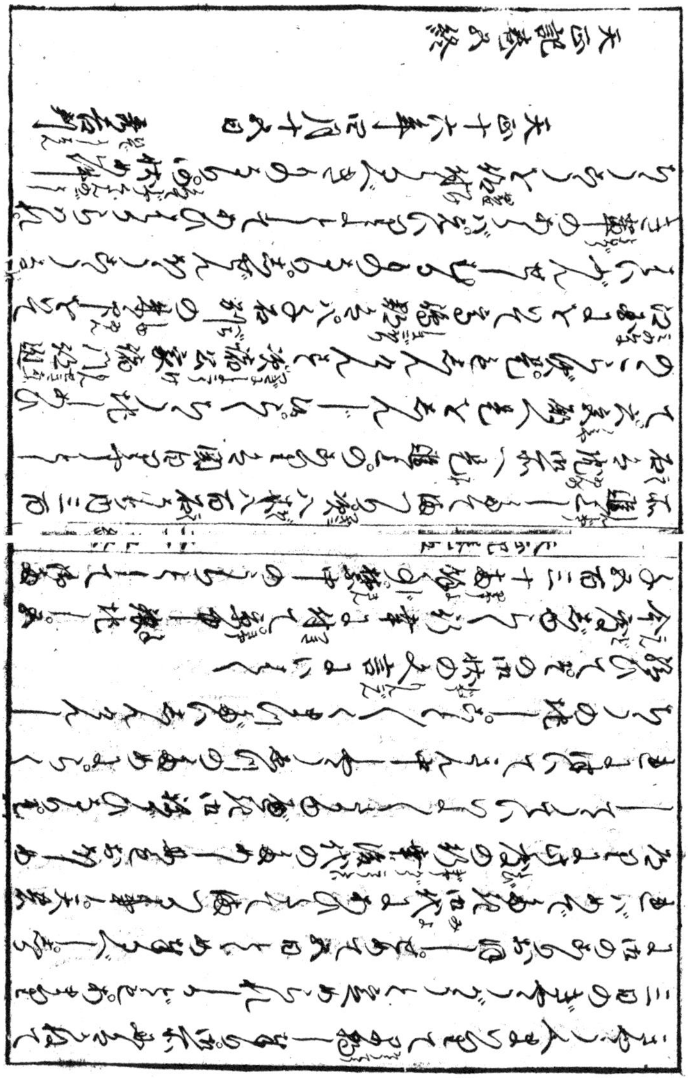

天正記巻五終

天正十六年正月十五日

巻五25オモテ

巻六01ウラ

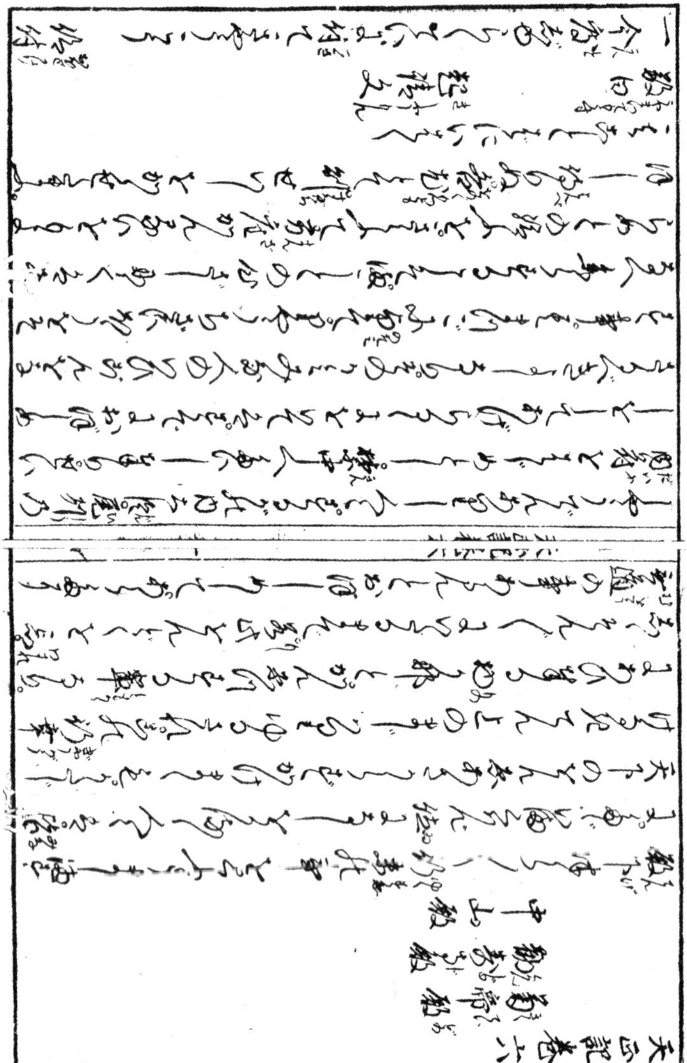

巻六01オモテ

巻六02ウラ

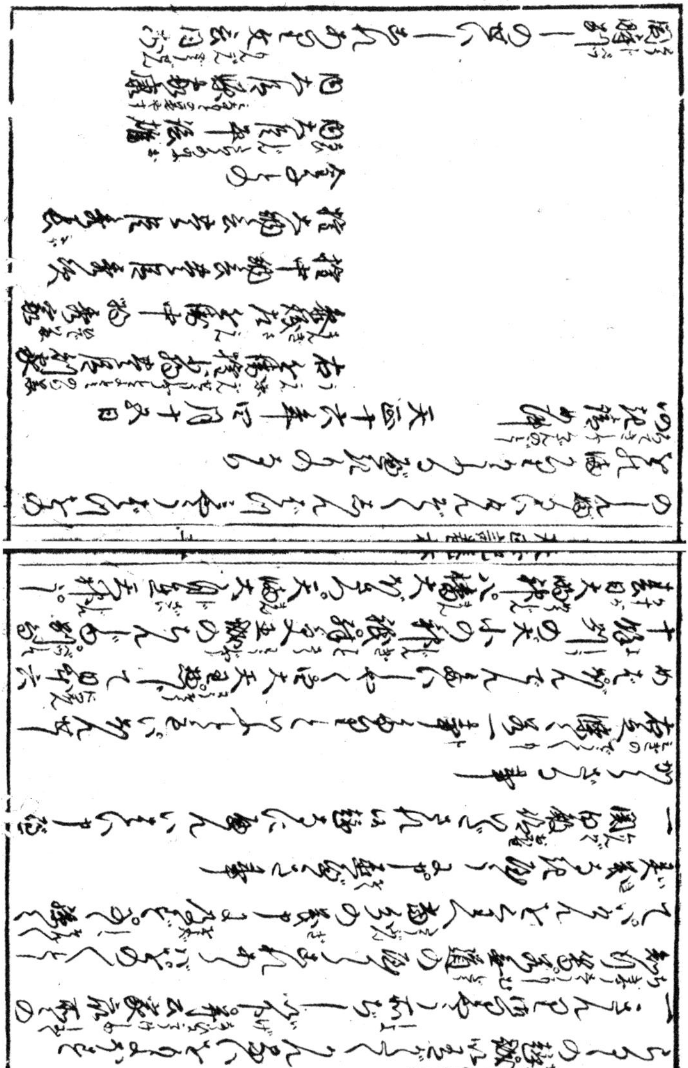

巻六02オモテ

巻六03ウラ

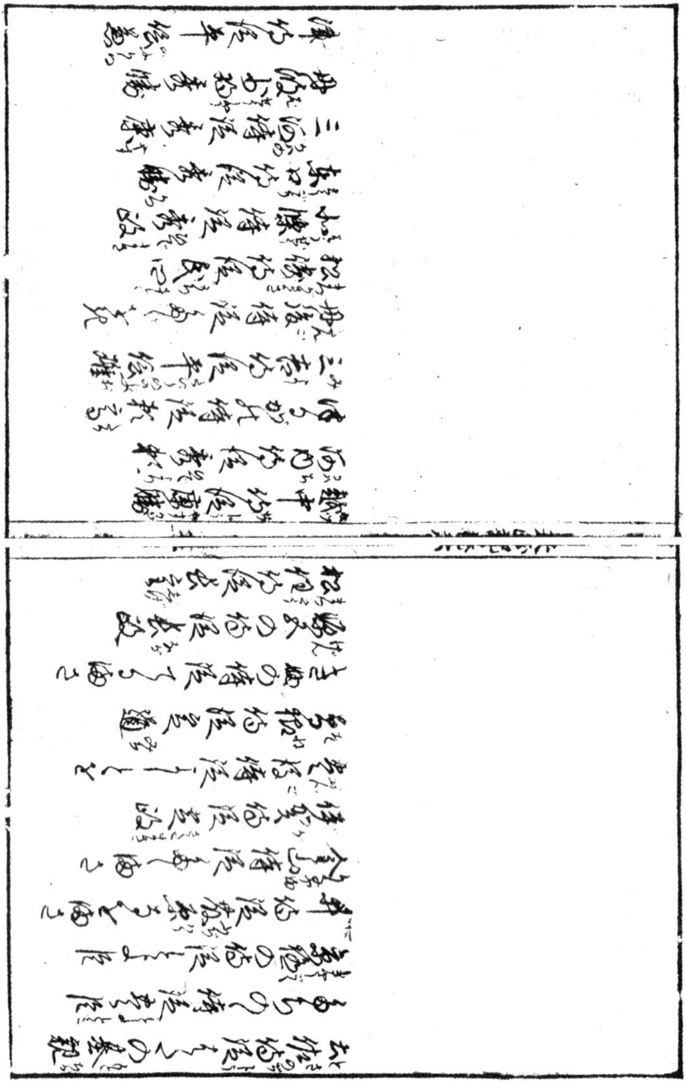

巻六03オモテ

巻六04ウラ

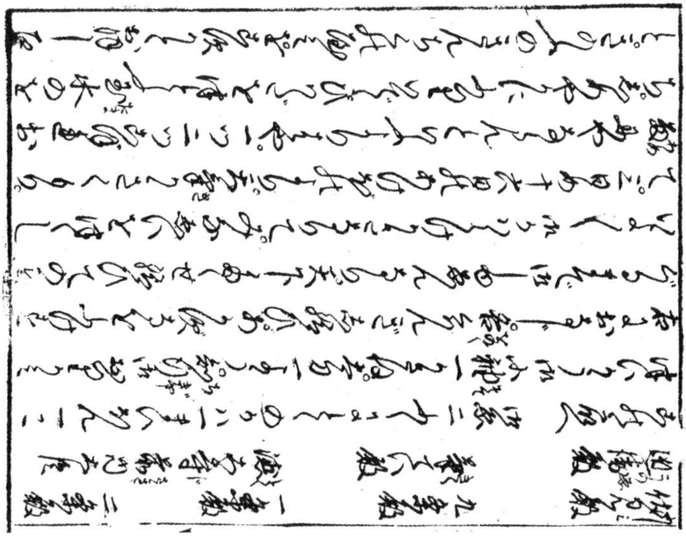

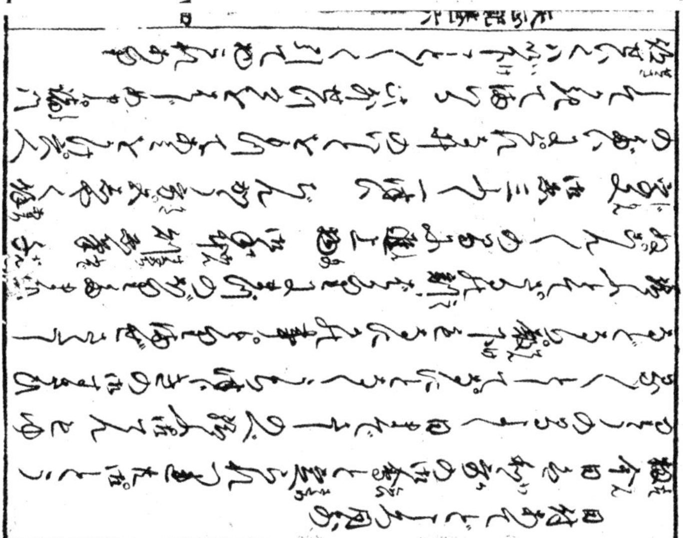

巻六04オモテ

巻六05ウラ

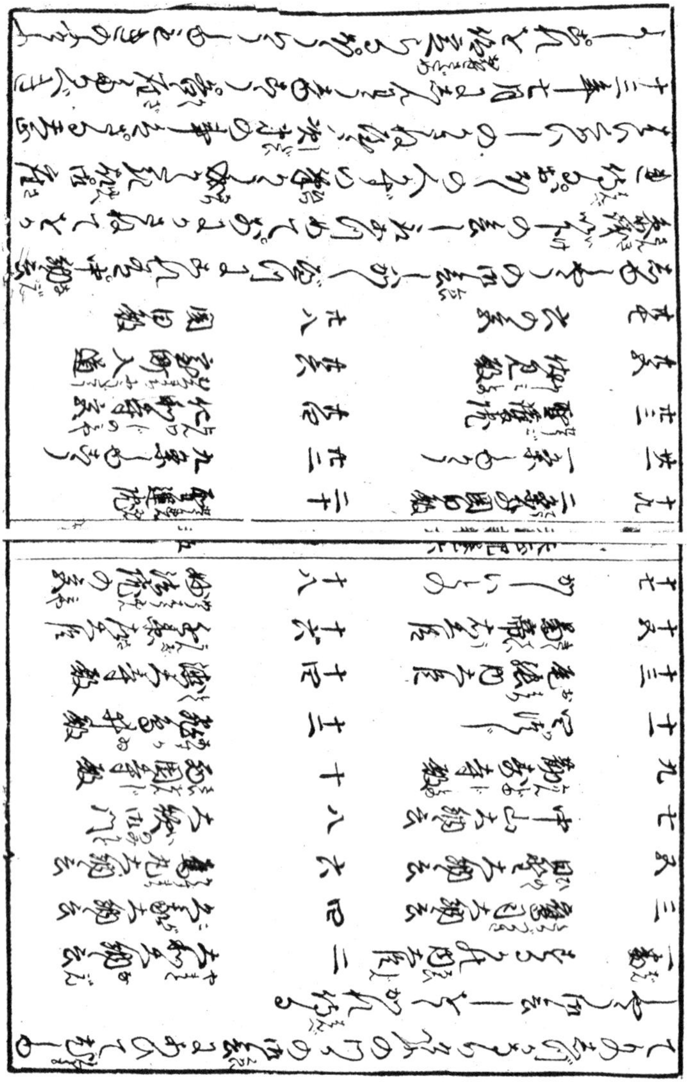

巻六05オモテ

巻六06ウラ

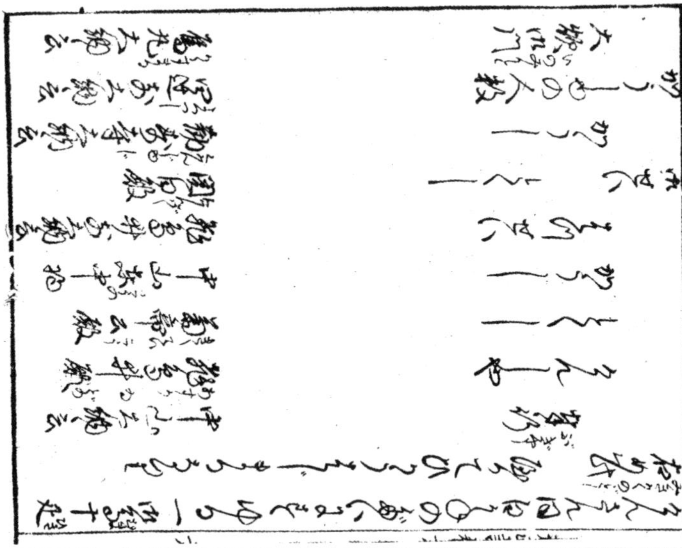

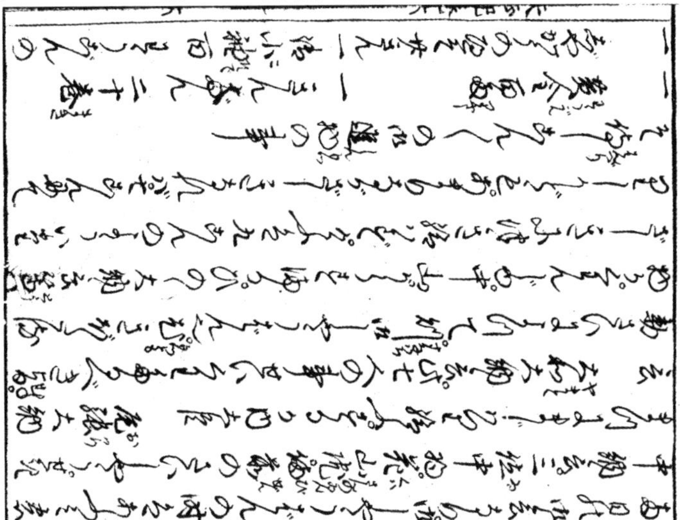

巻六06オモテ

巻六丁ウラ

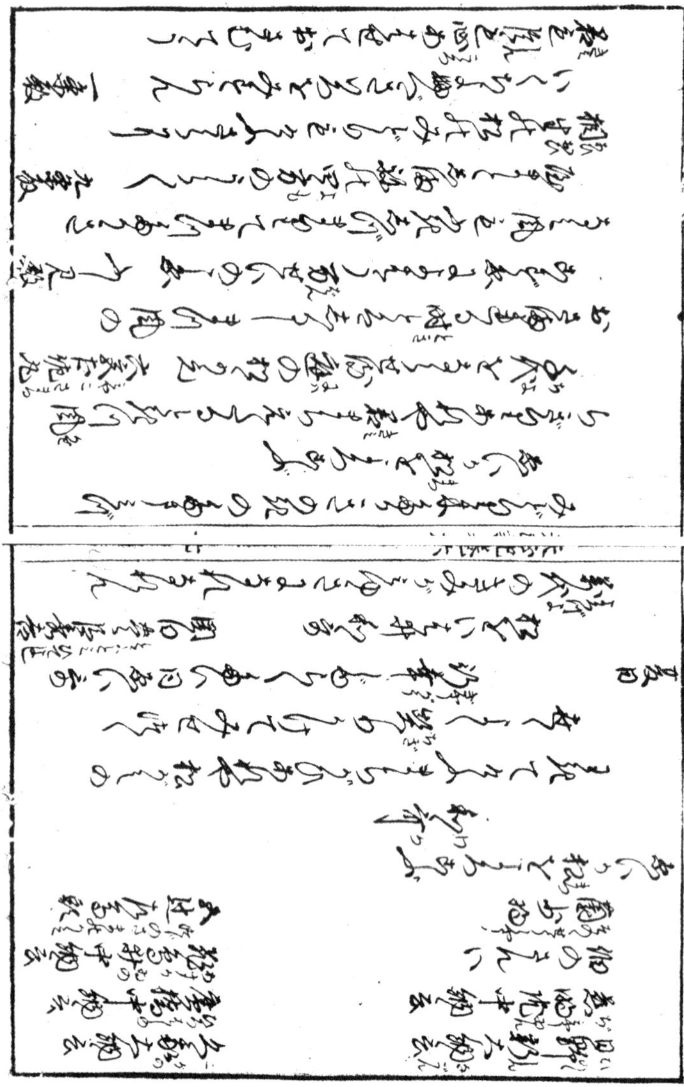

巻六丁オモテ

巻六08ウラ

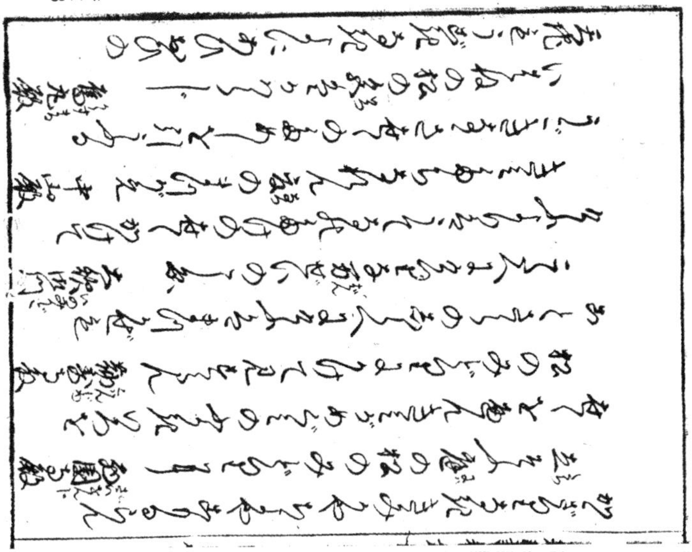

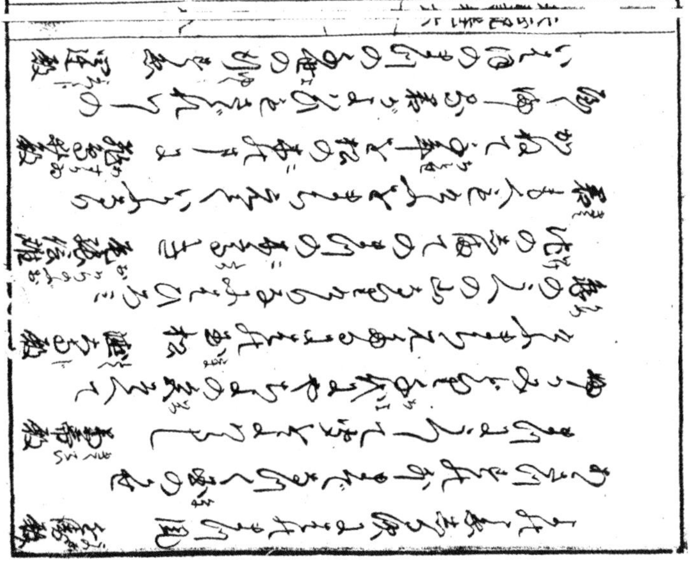

巻六08オモテ

巻六09ウラ

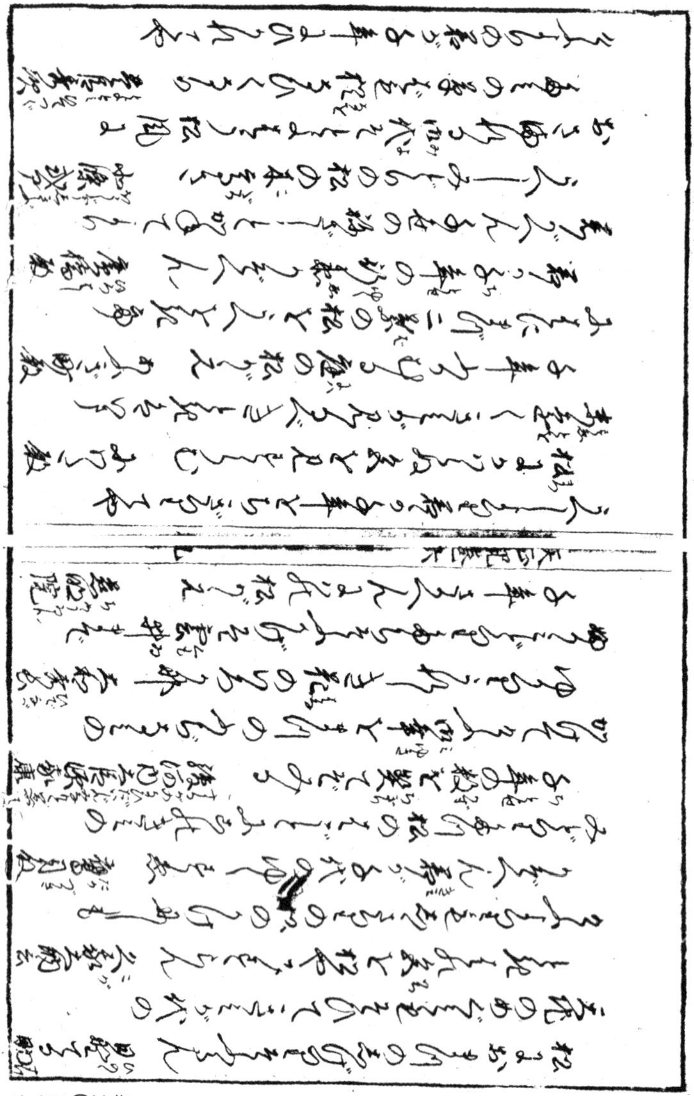

巻六09オモテ

巻六10ウラ

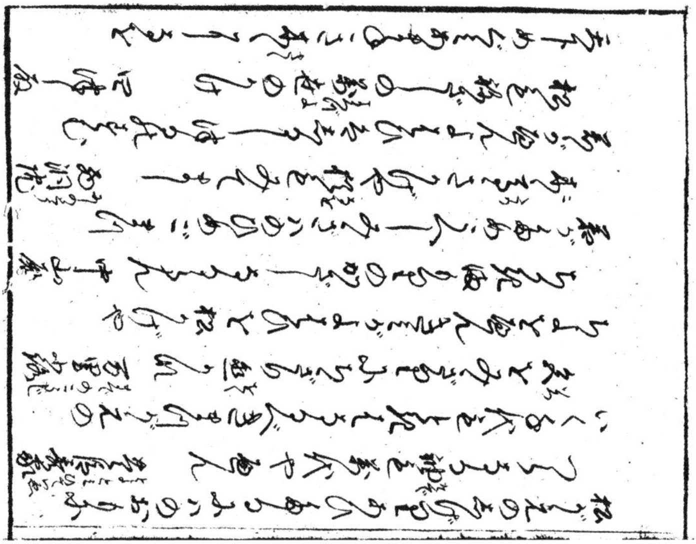

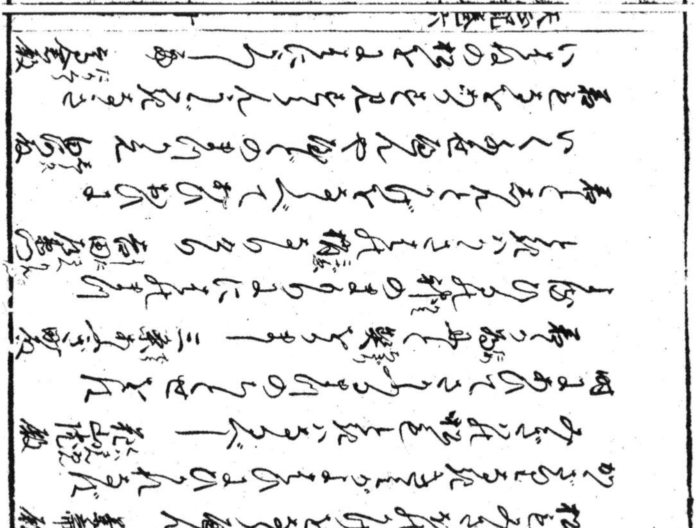

巻六10オモテ

巻六11ウラ

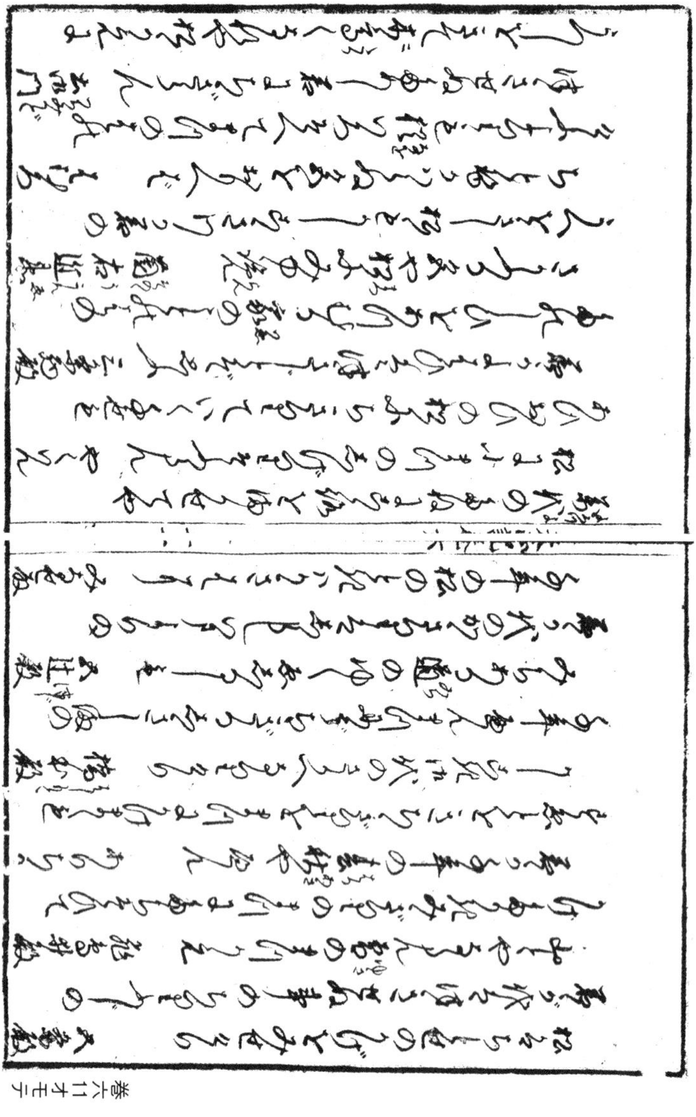

巻六11オモテ

巻六12ウラ

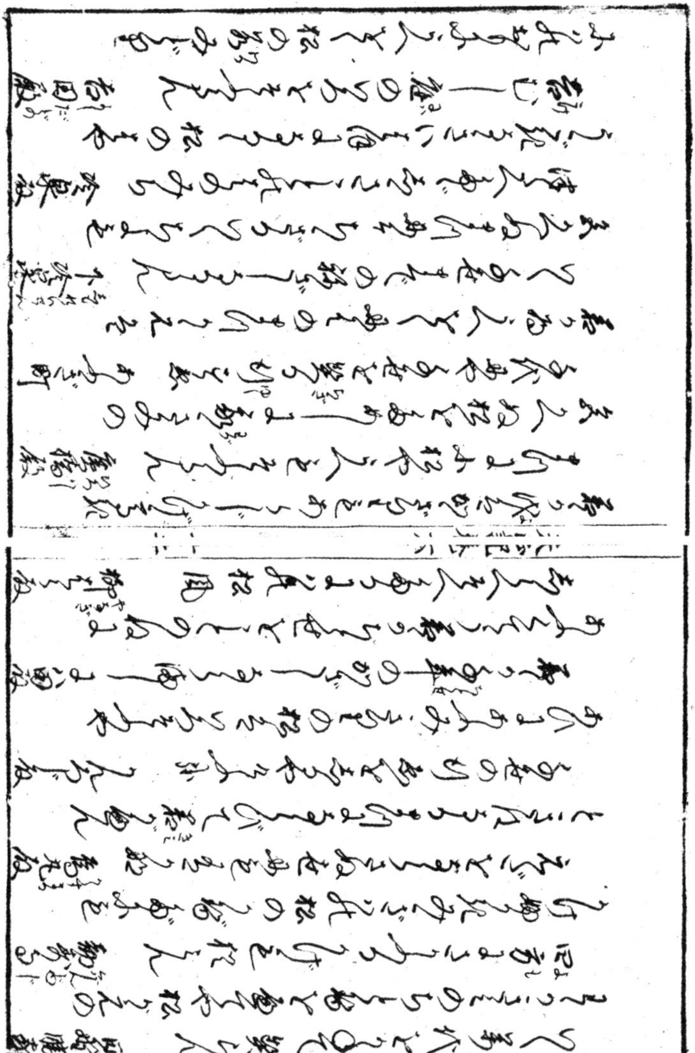

巻六12オモテ

巻六13ウラ

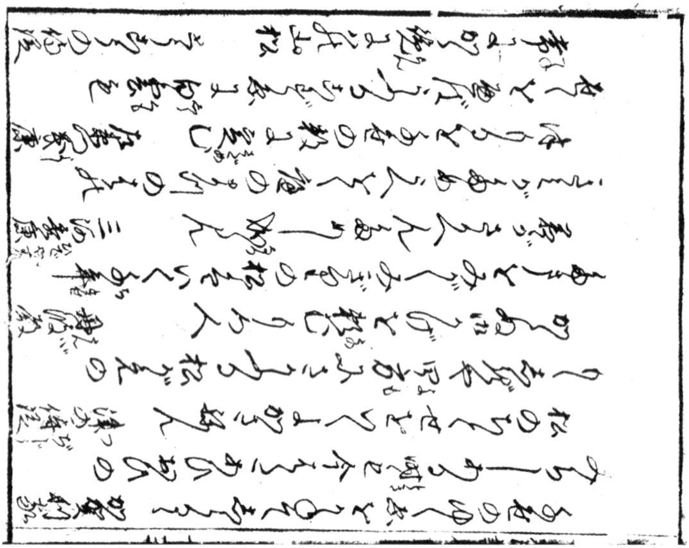

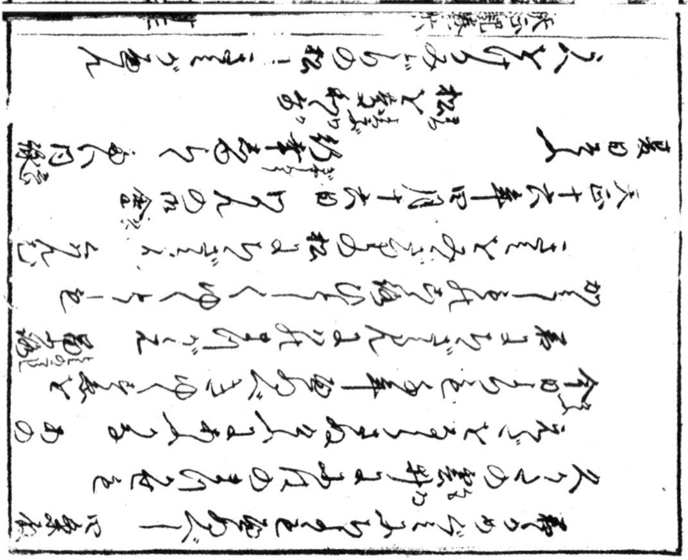

巻六13オモテ

巻六14ウラ

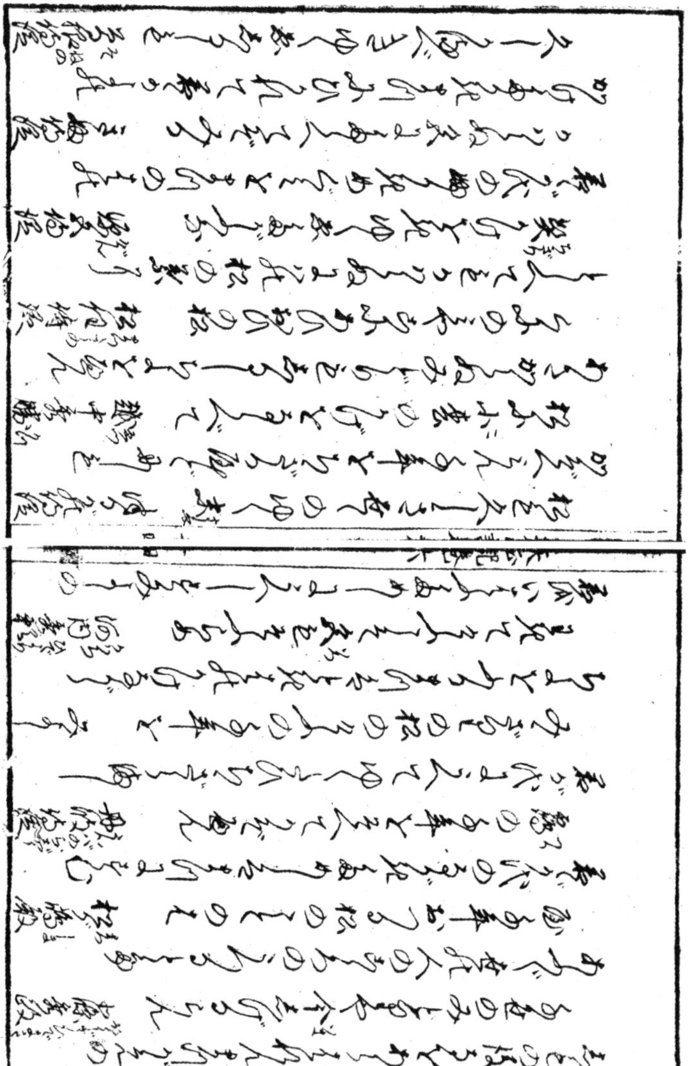

巻六14オモテ

巻六15ウラ

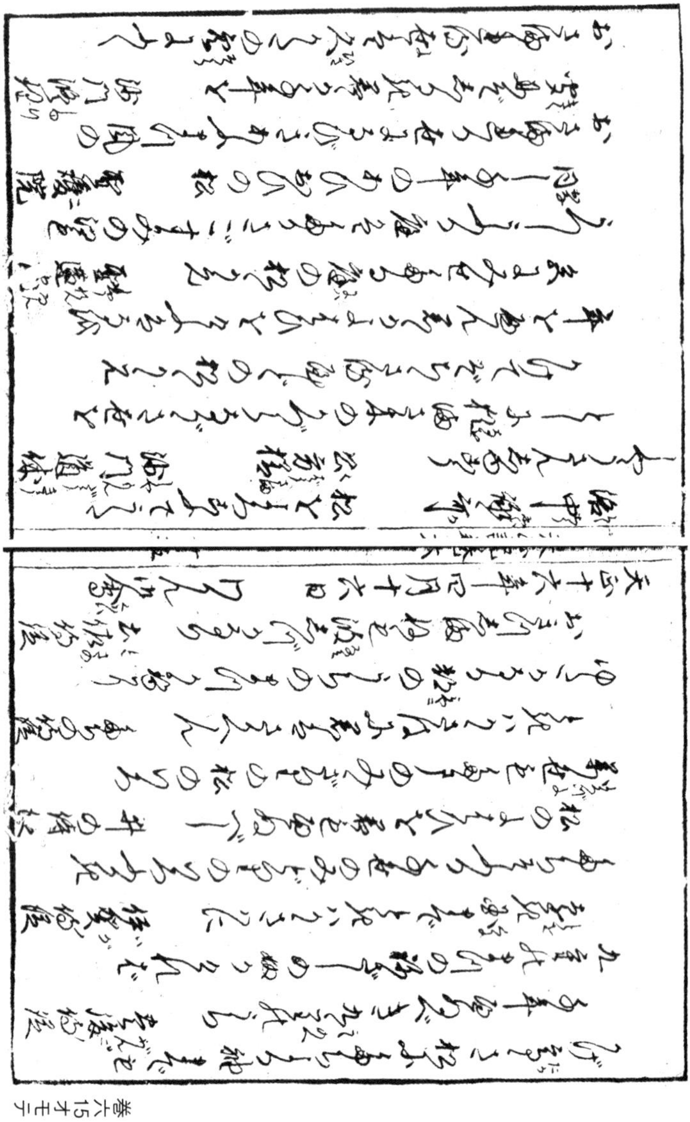

巻六15オモテ

巻六16ウラ

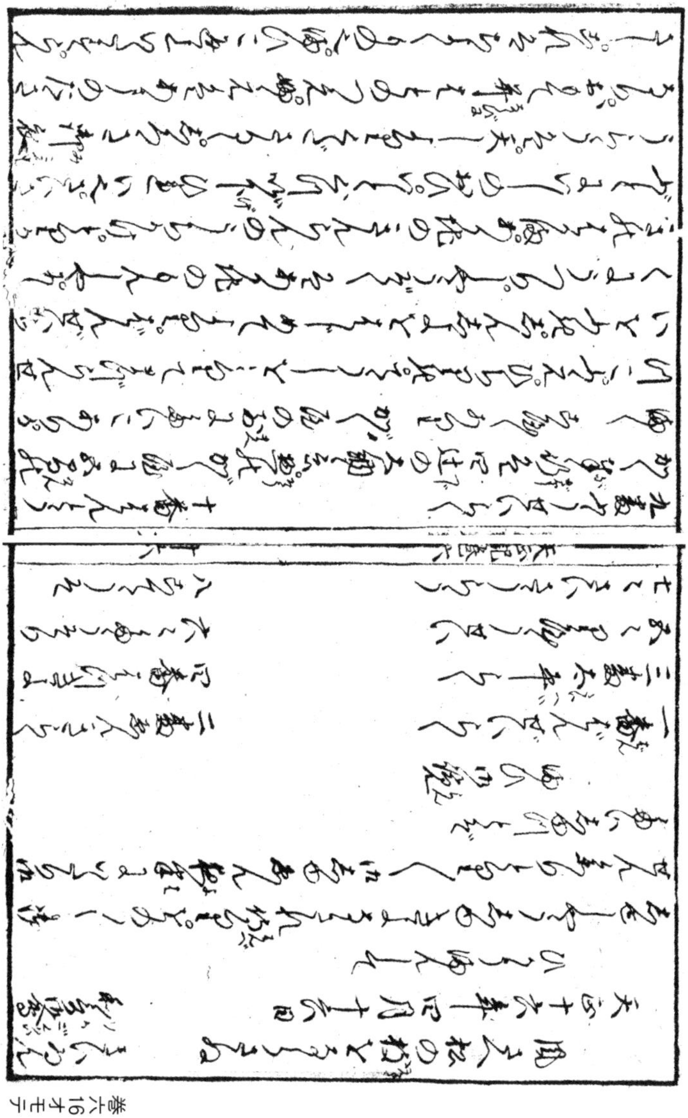

巻六16オモテ

巻六17ウラ

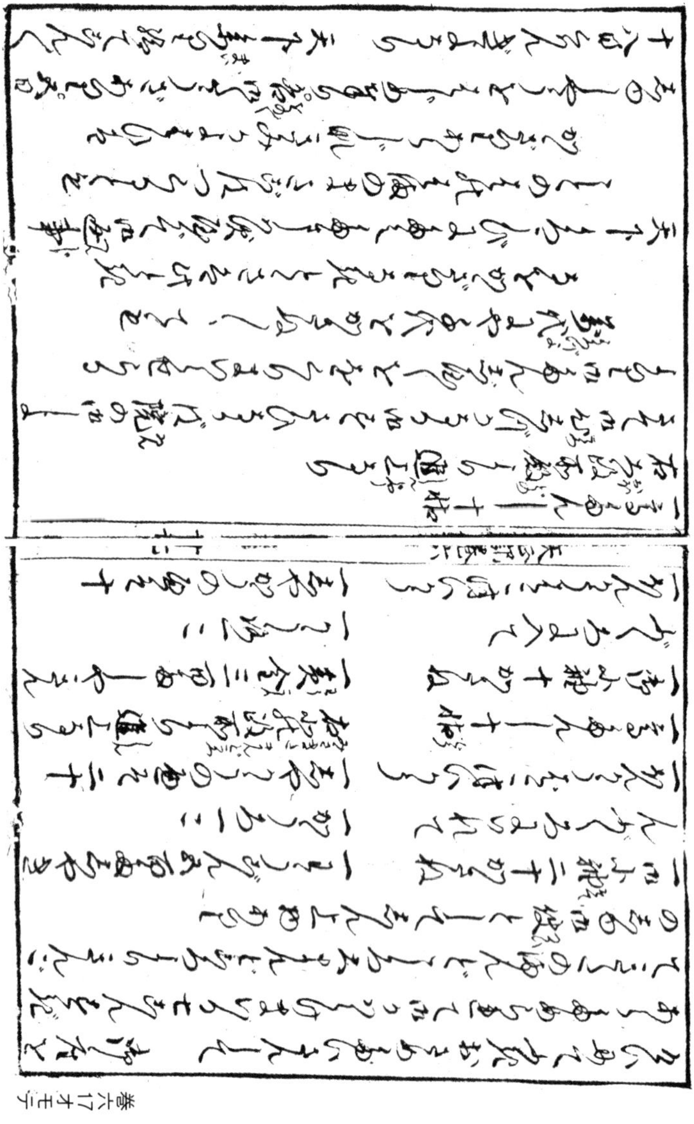

巻六17オモテ

巻六18ウラ

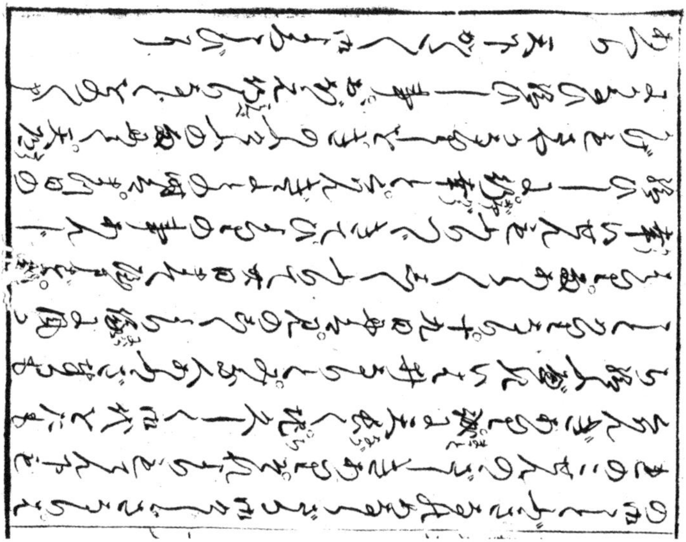

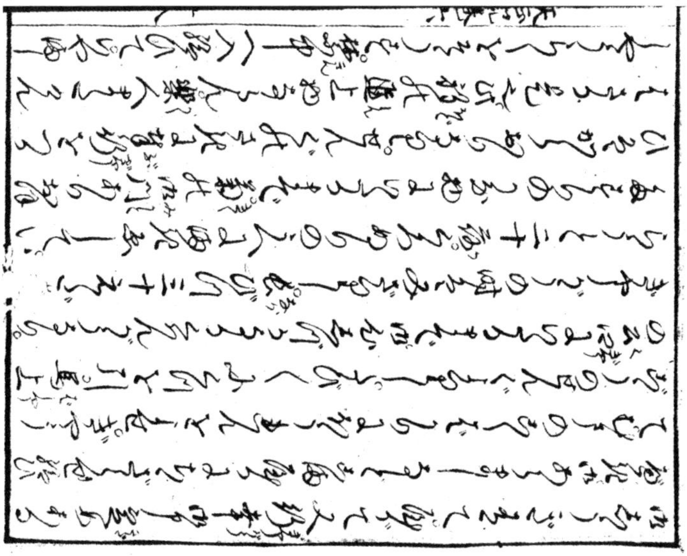

巻六18オモテ

巻六19ウラ

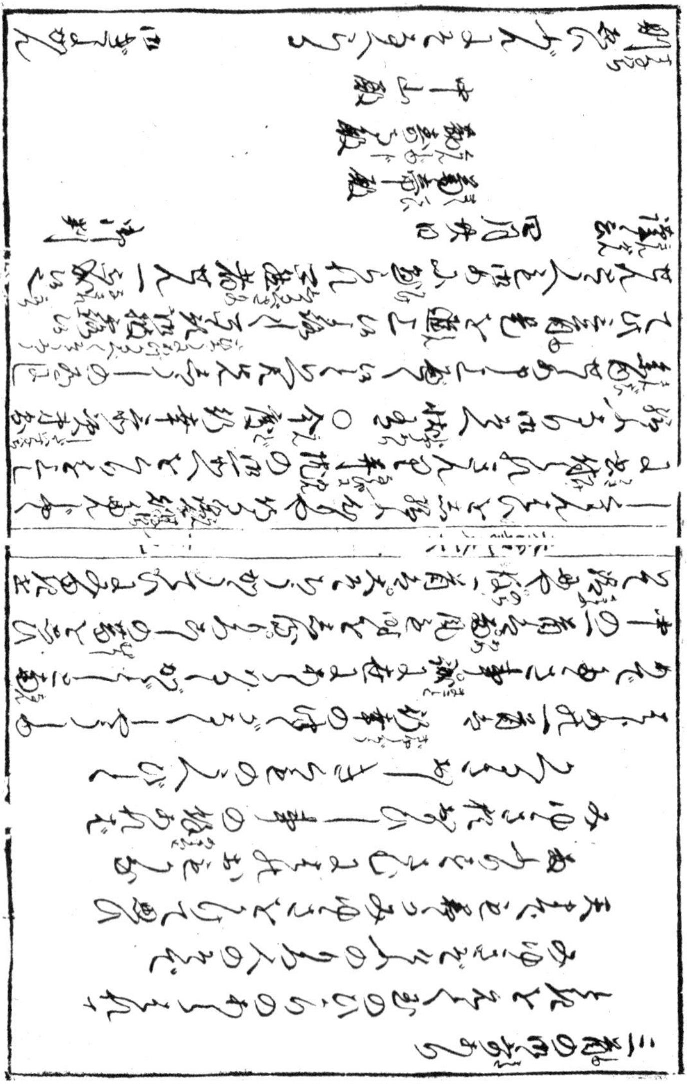

巻六19オモテ

巻六20ウラ

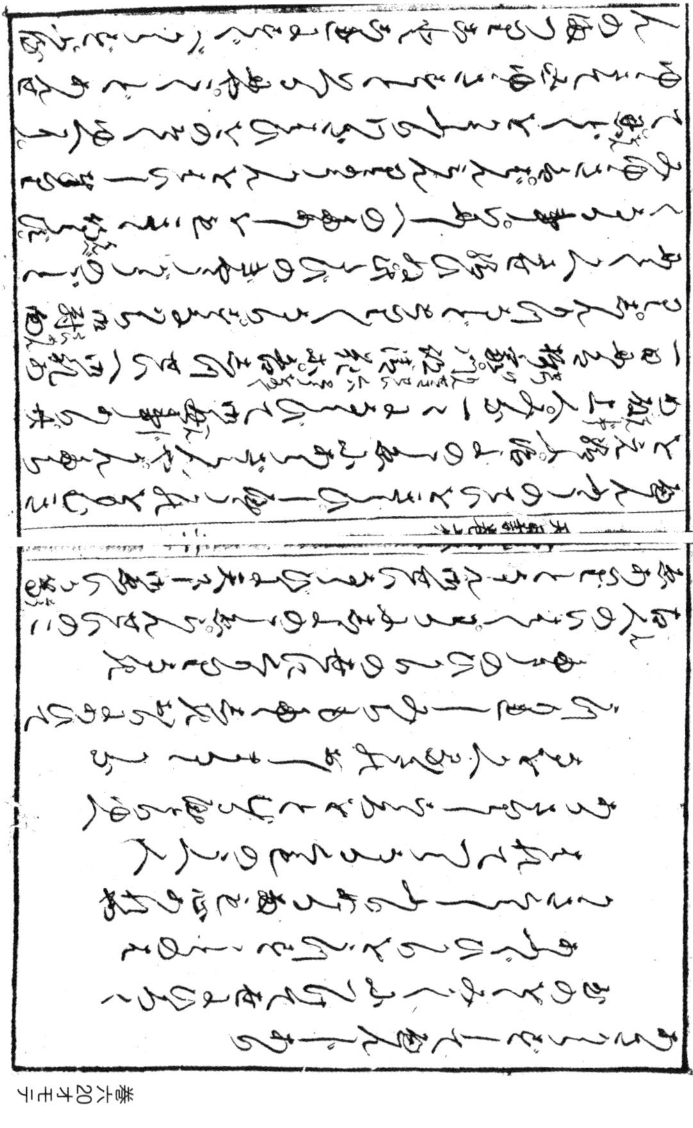

巻六20オモテ

巻六21ウラ

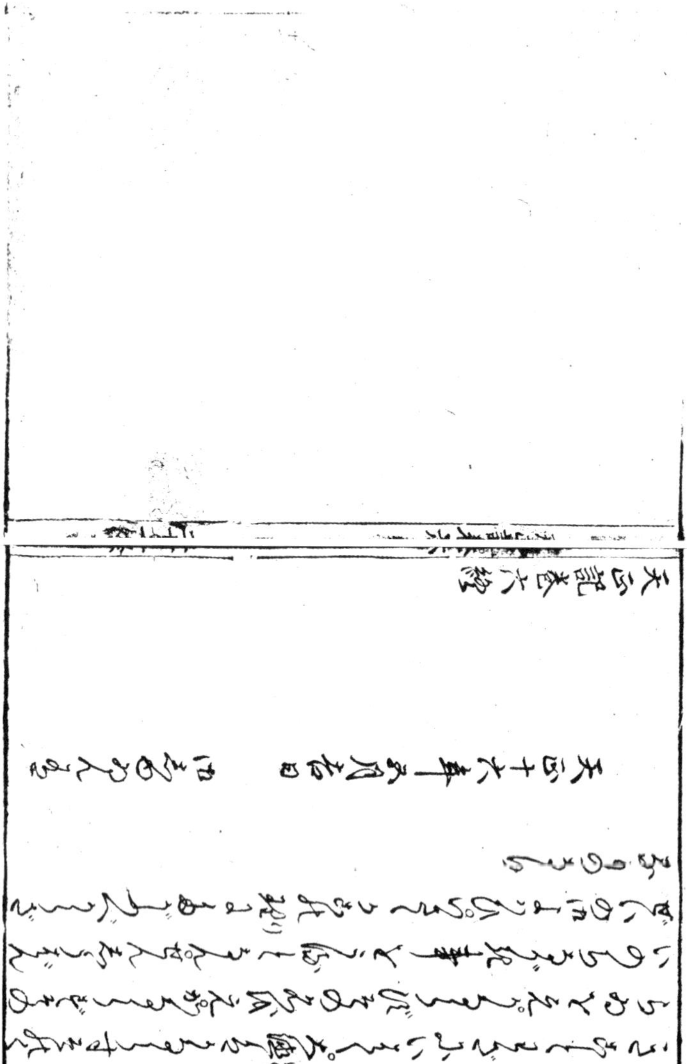

巻六21オモテ

巻七八九表紙

巻七01ウラ

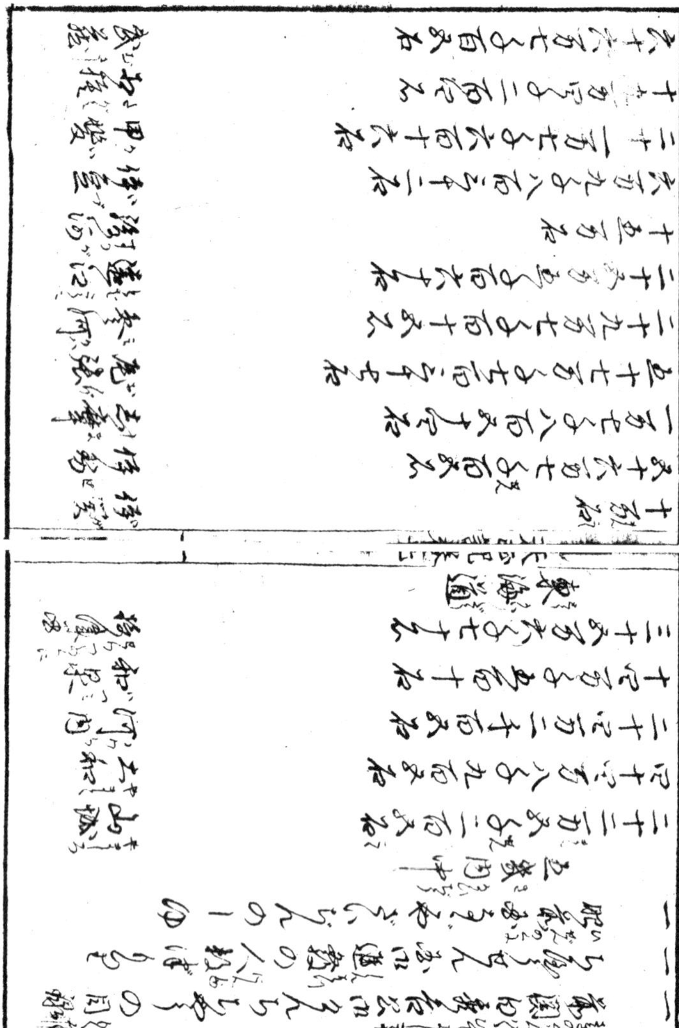

巻七01オモテ

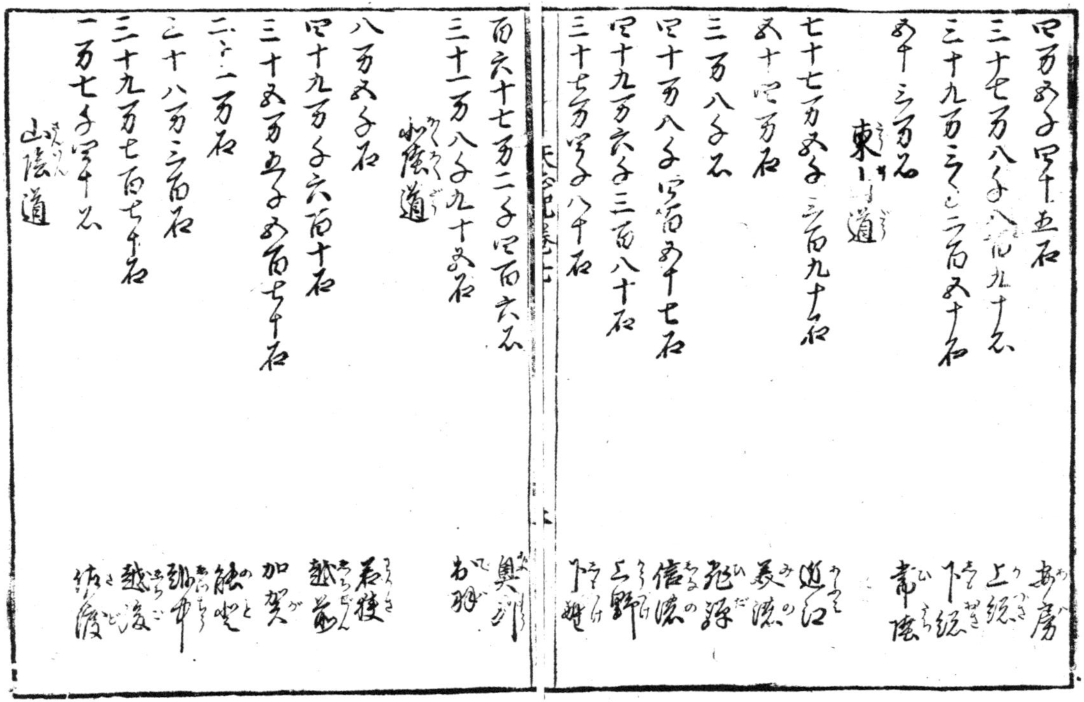
四万五千四十五石　安房
三十七万八千八百九十石　上総
三十九万三千二百五十石　下総
五十三万石　常陸
東山道
七十七万五千三百九十石　近江
五十四万石　美濃
三万八千石　飛騨
四十万八千四百五十七石　信濃
四十九万六千三百八十石　上野
三十七万四千八十石　下野
天正記巻七
百六十七万二千四百六石　陸奥
三十一万八千九十五石　出羽
北陸道
八万五千石　若狭
四十九万千六百十石　越前
三十五万五千五百七十石　加賀
二十二万石　能登
二十八万三百石　越中
三十九万七百七十石　越後
一万七千四十石　佐渡
山陰道

巻七02オモテ

巻七02ウラ

巻七03ウラ

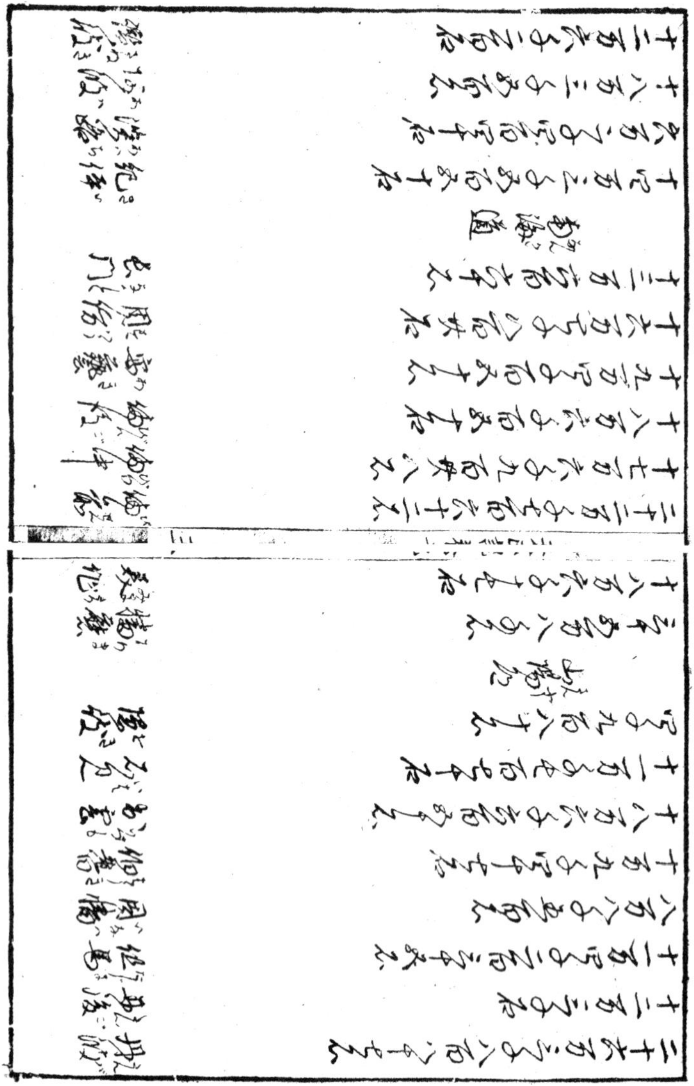

巻七03オモテ

巻七04ウラ

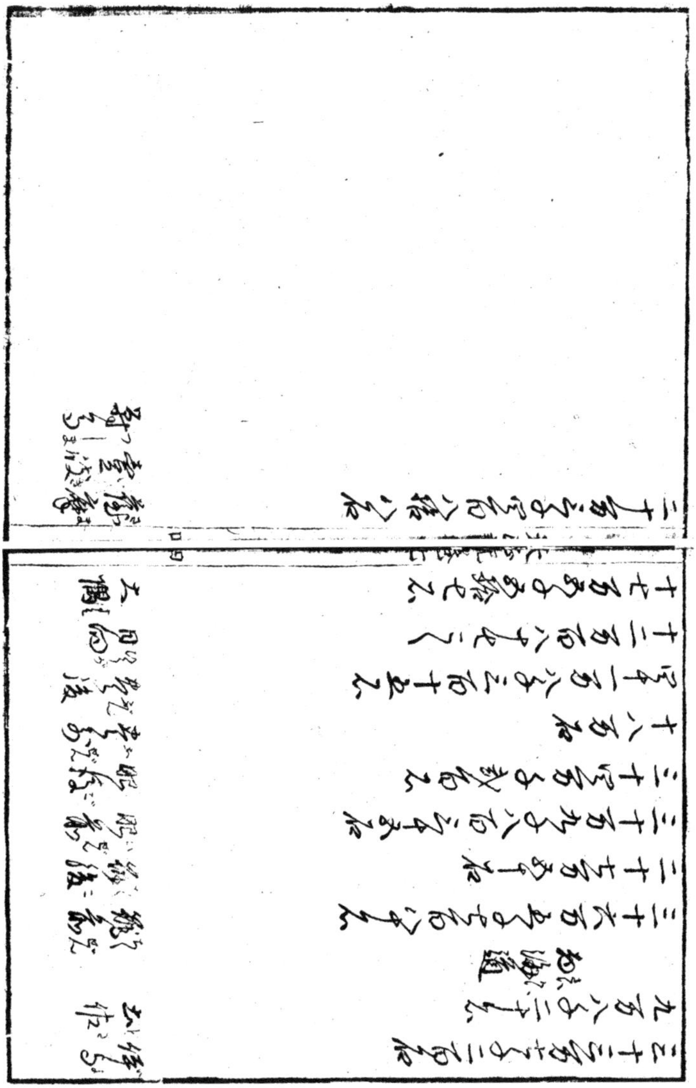

巻七04オモテ

巻七05オモテ

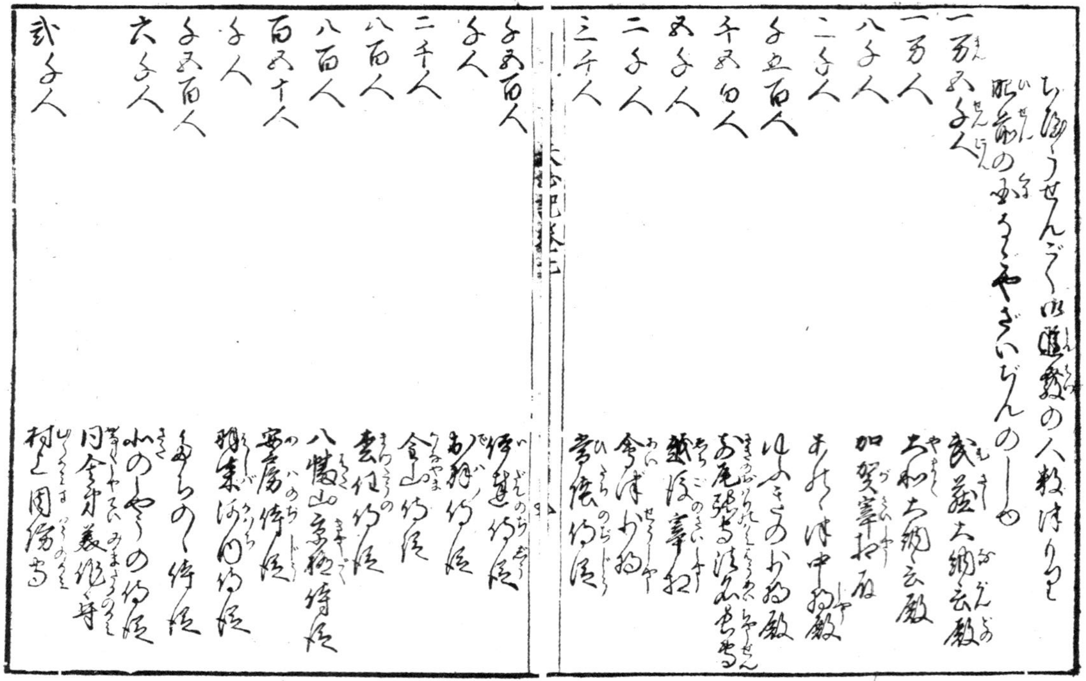

巻七05ウラ

巻七06ウラ

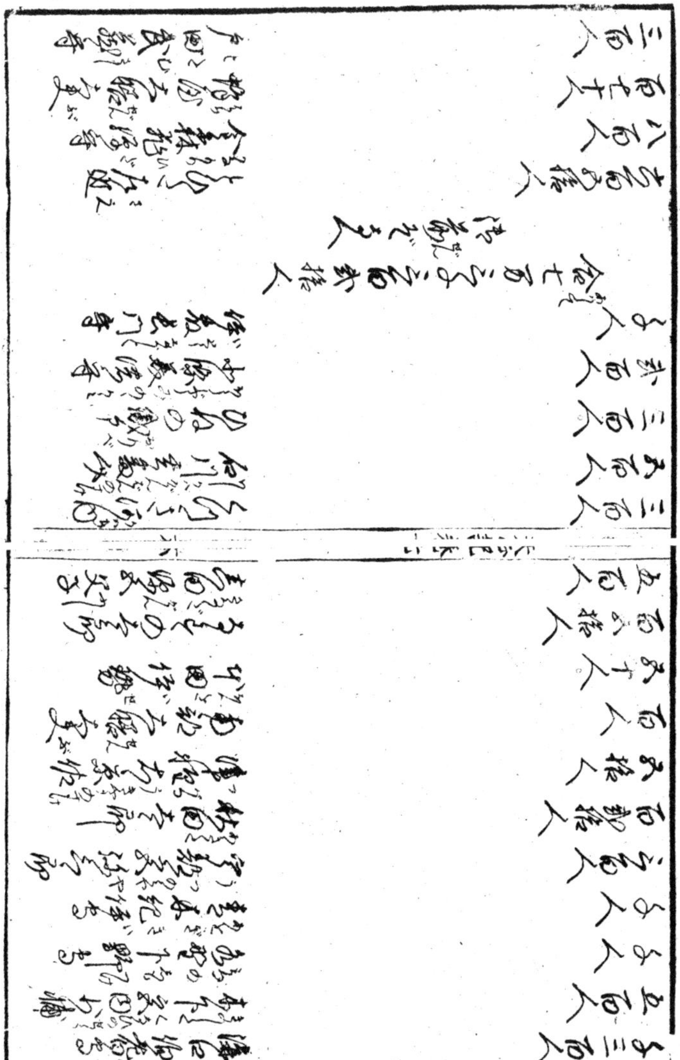

巻七06オモテ

巻七07ウラ

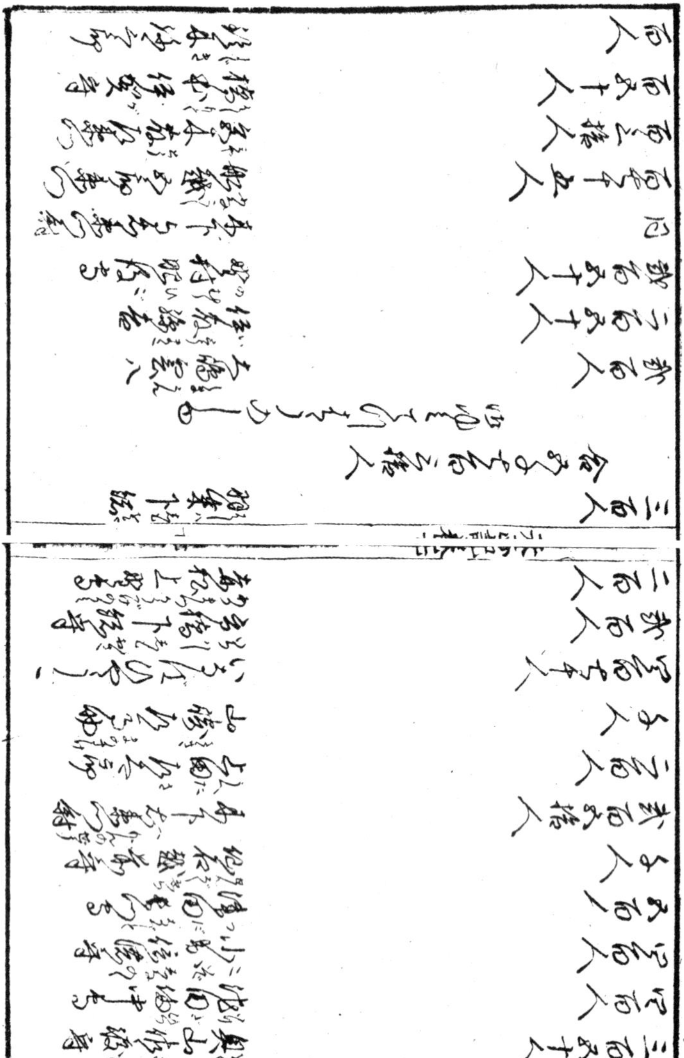

巻七07オモテ

巻七08ウラ

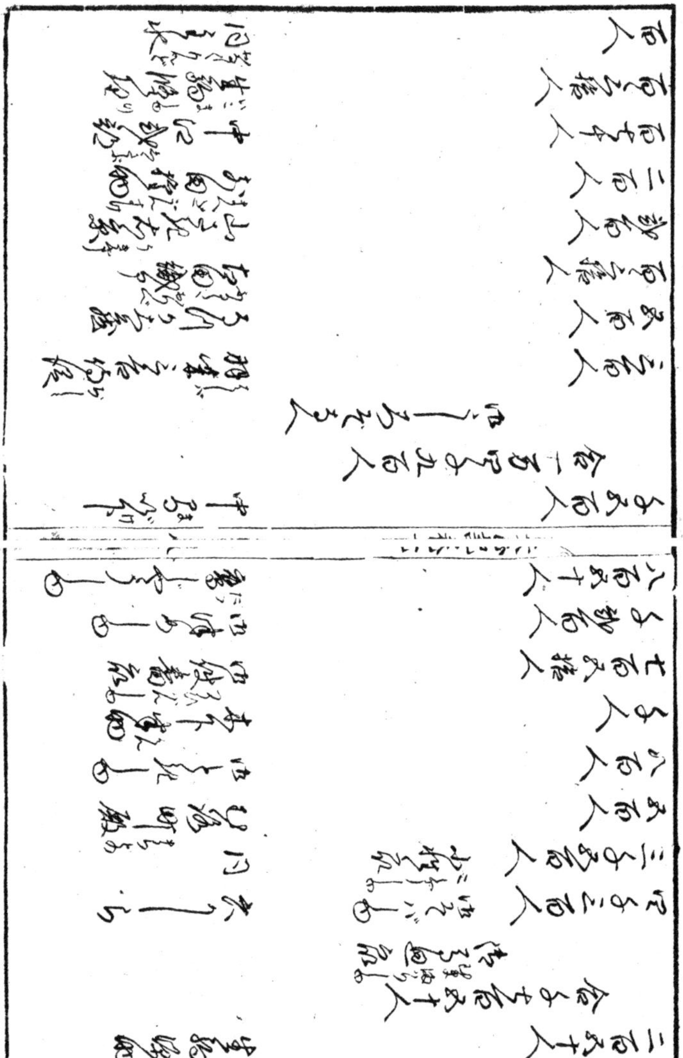

巻七08オモテ

巻七09ウラ

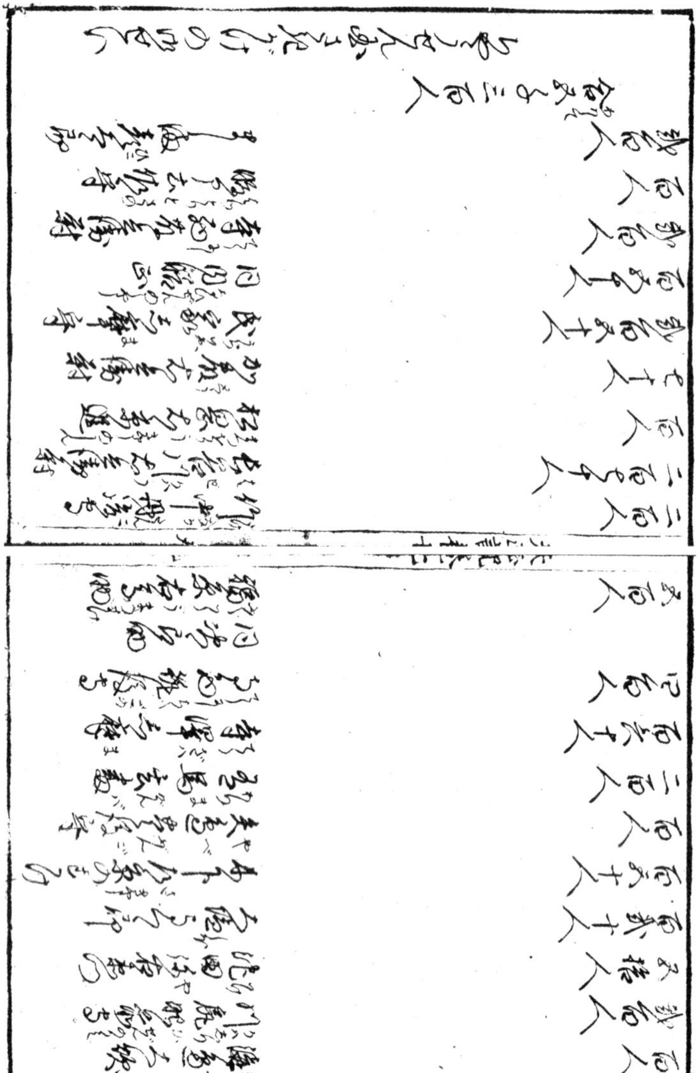

巻七09オモテ

巻七10ウラ

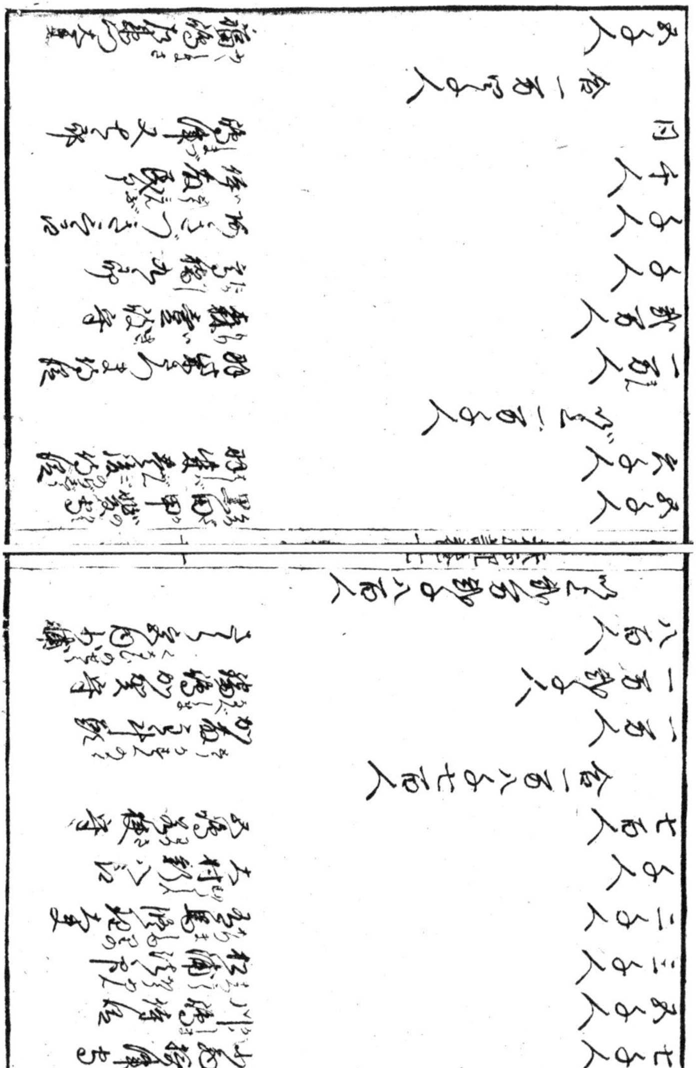

巻七10オモテ

巻七11ウラ

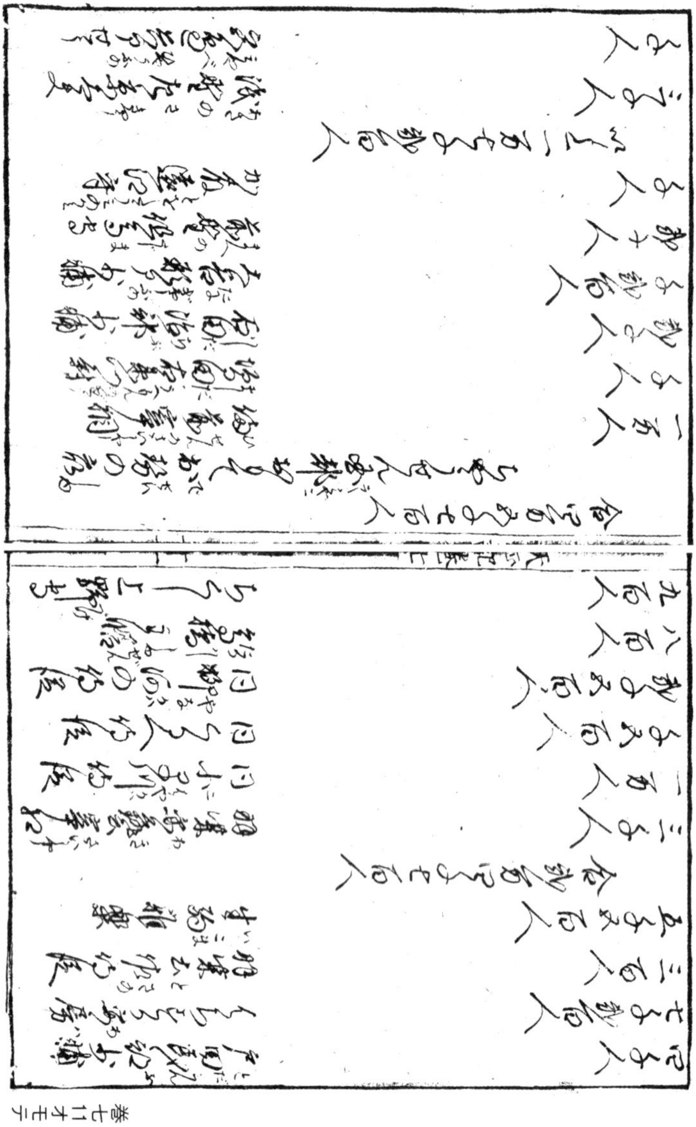

巻七11オモテ

巻七12ウラ

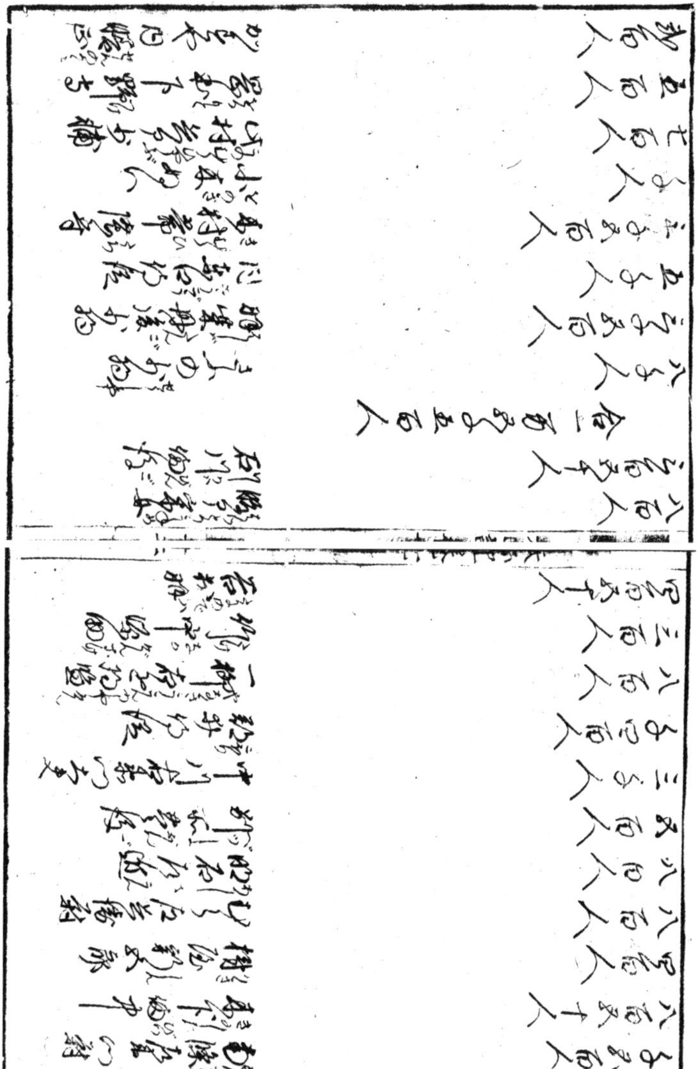

巻七12オモテ

巻七13ウラ

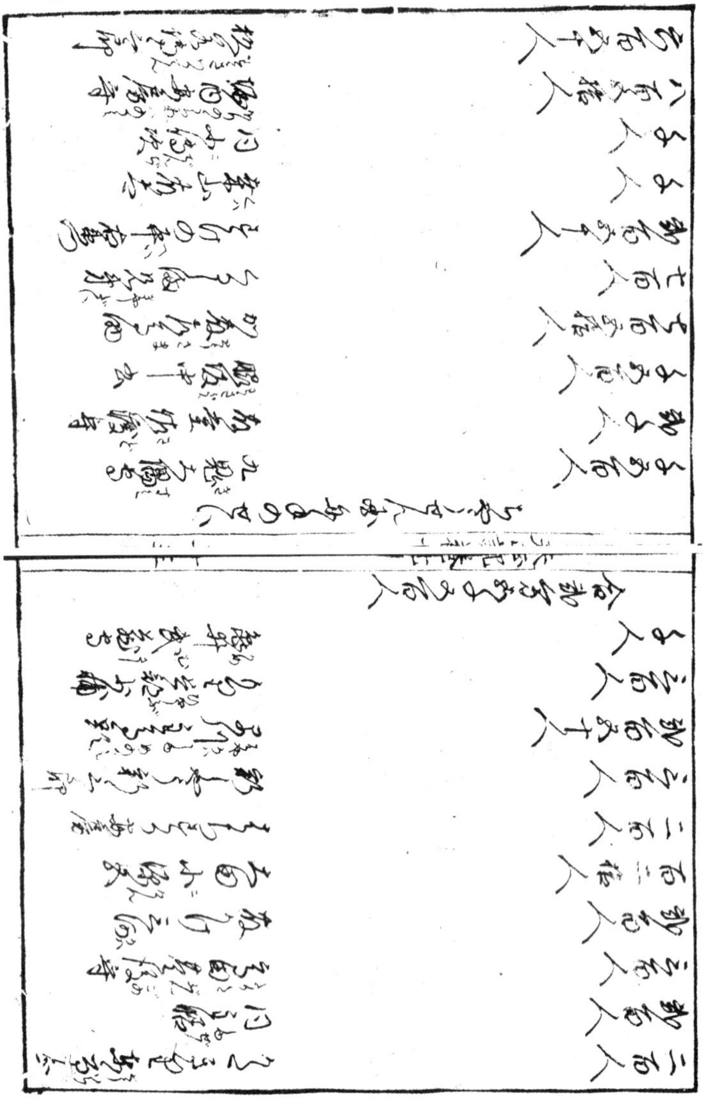

巻七13オモテ

巻七14ウラ

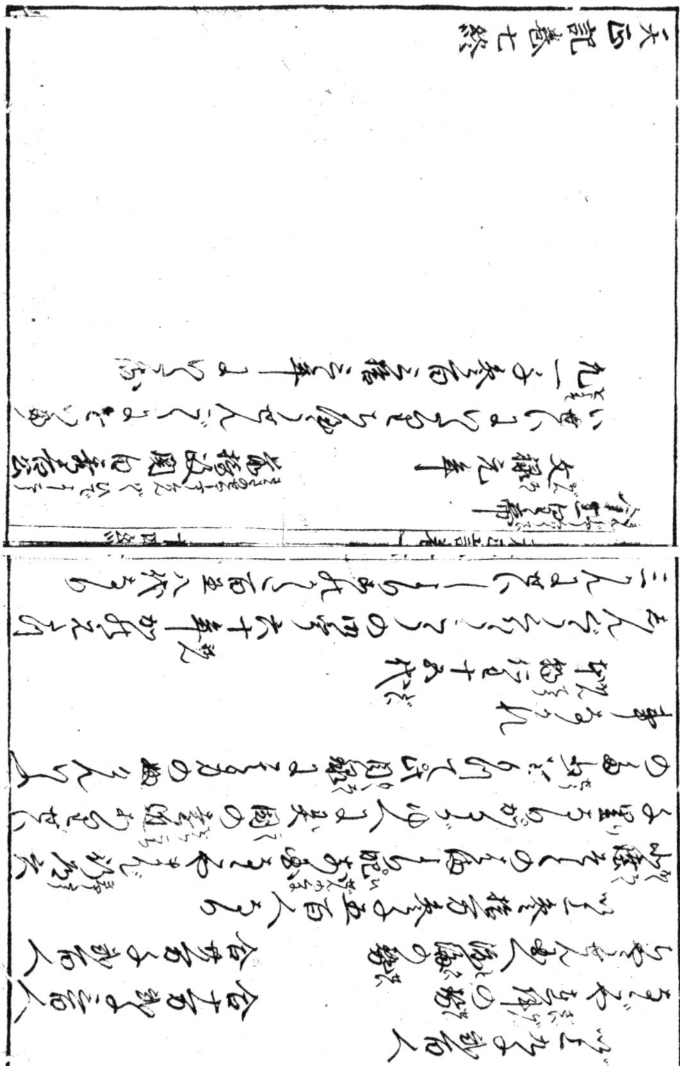

巻七14オモテ

巻八01ウラ

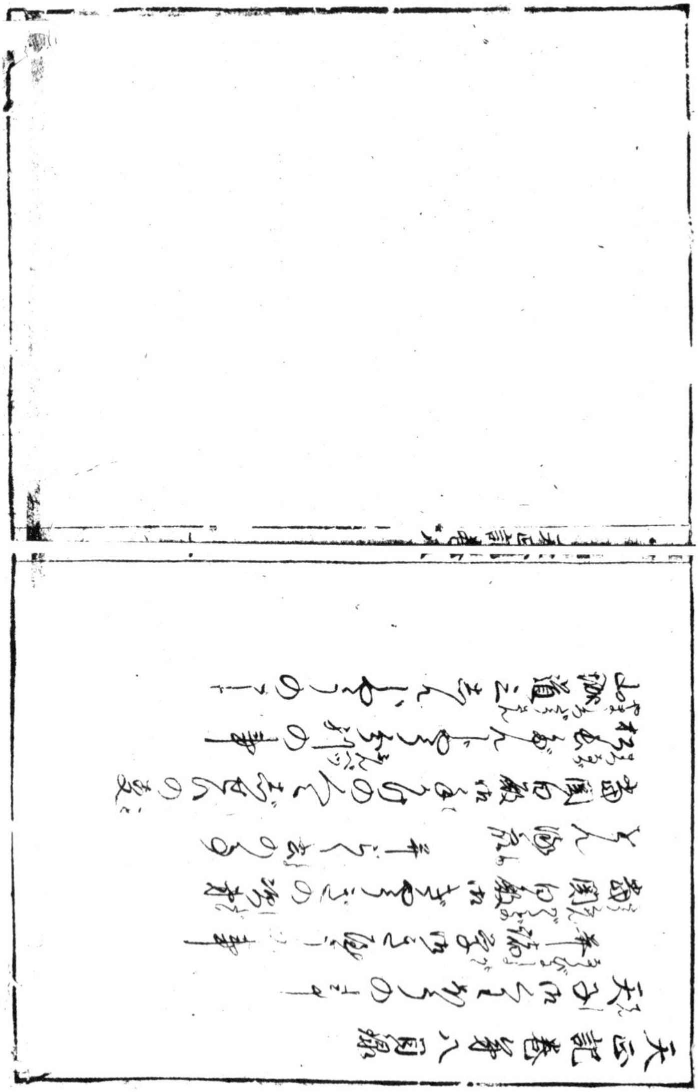

天正記巻第八目録

巻八01オモテ

巻八02ウラ

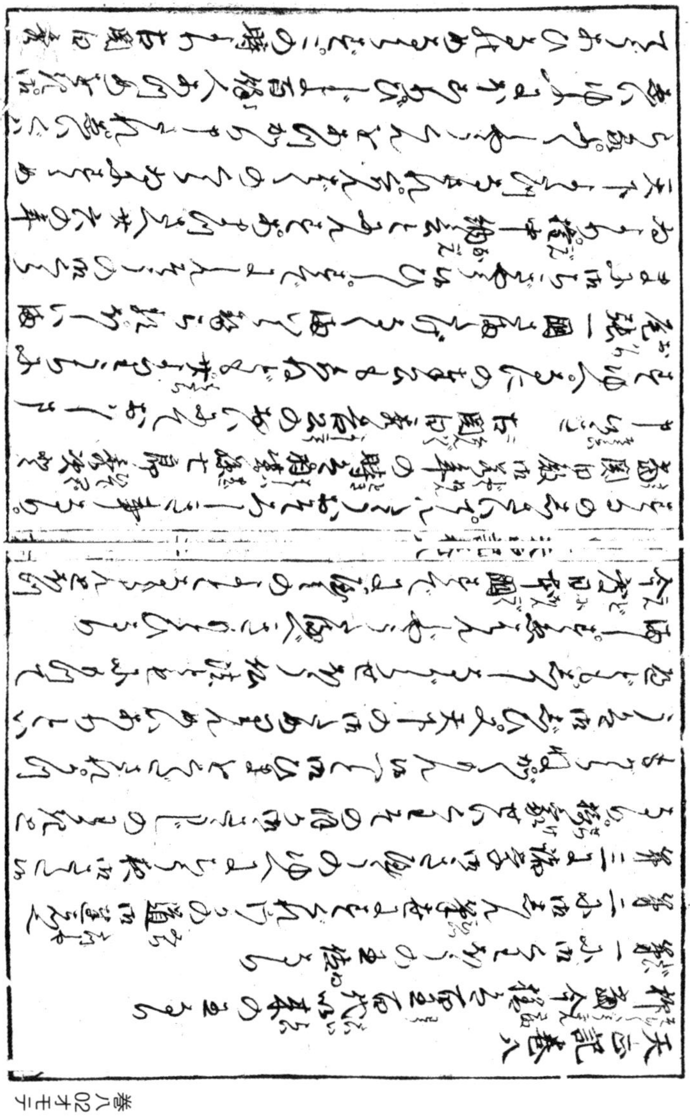
天正記　巻八

巻八02オモテ

巻八03ウラ

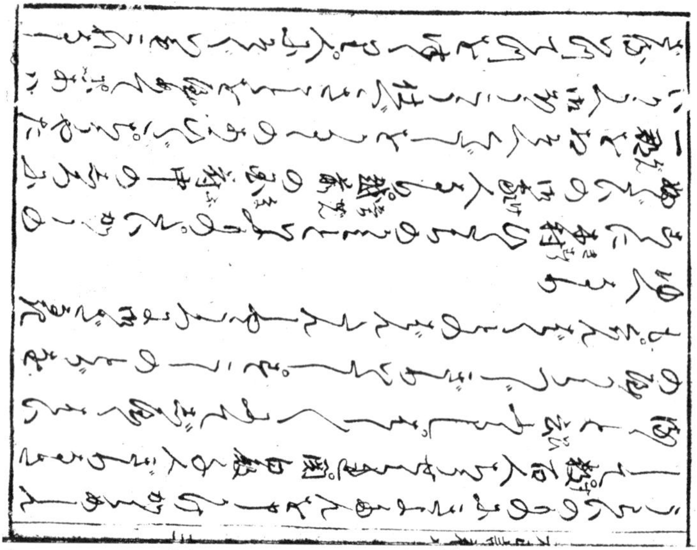

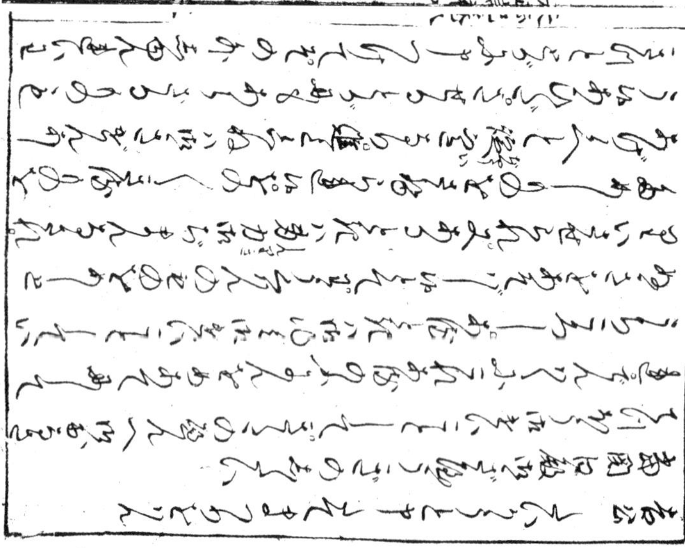

巻八03オモテ

巻八04ウラ

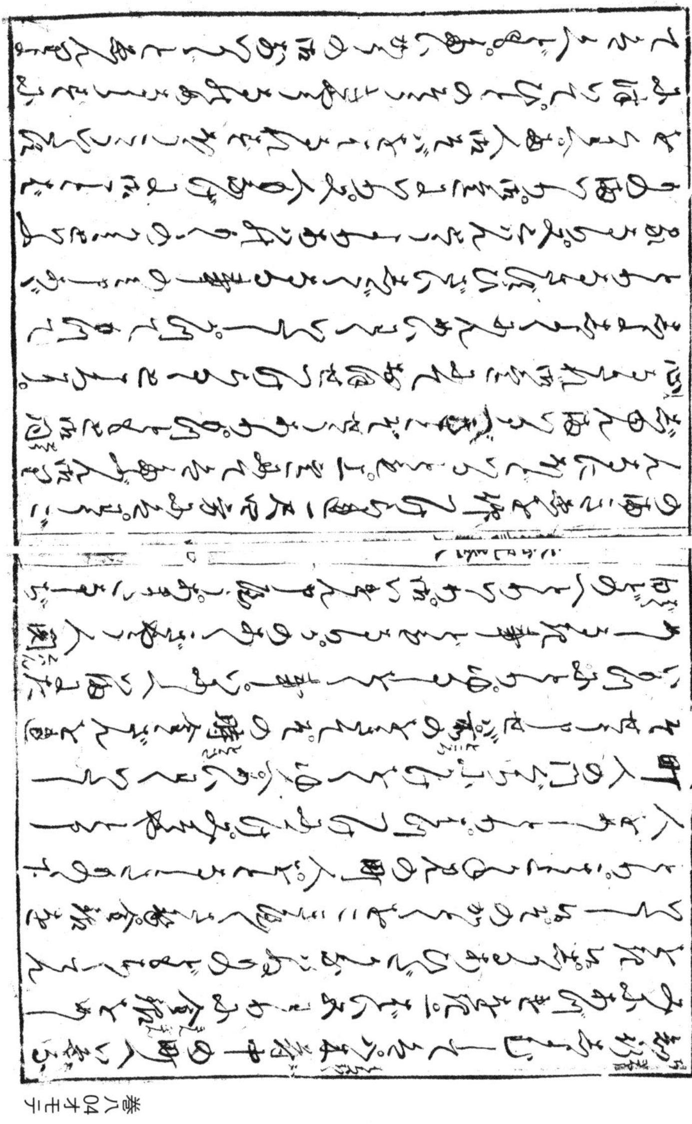

巻八04オモテ

巻八05ウラ

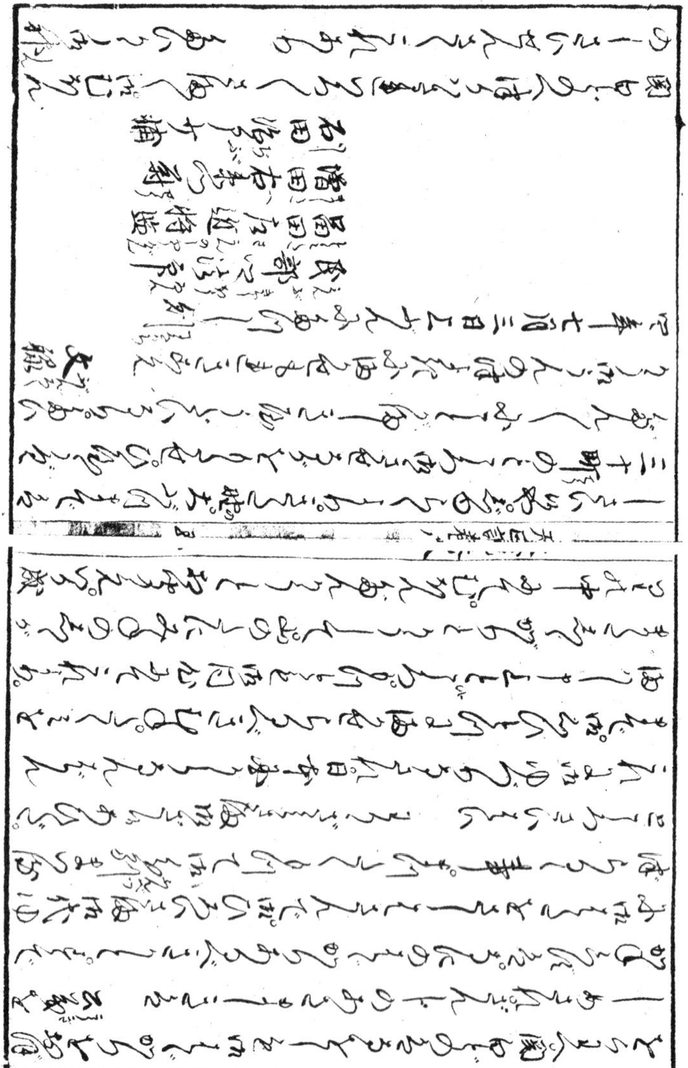

巻八05オモテ

巻八06ウラ

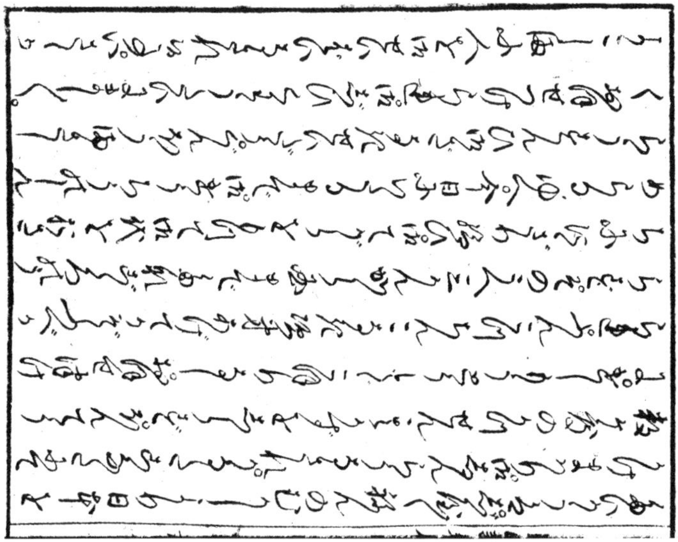

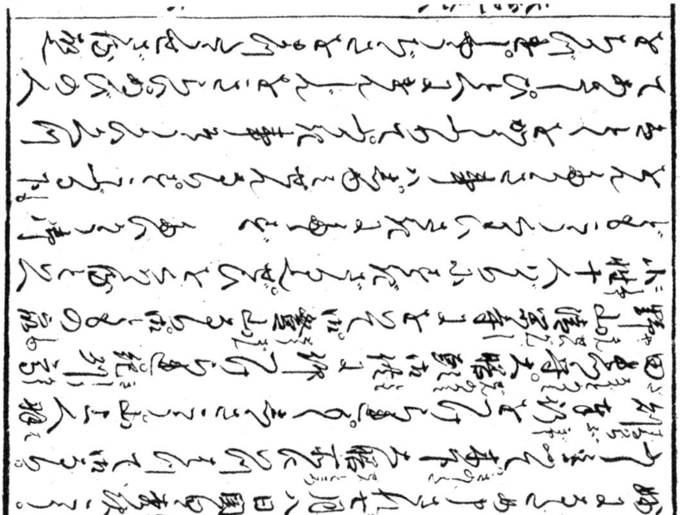

巻八06オモテ

巻八 07ウラ

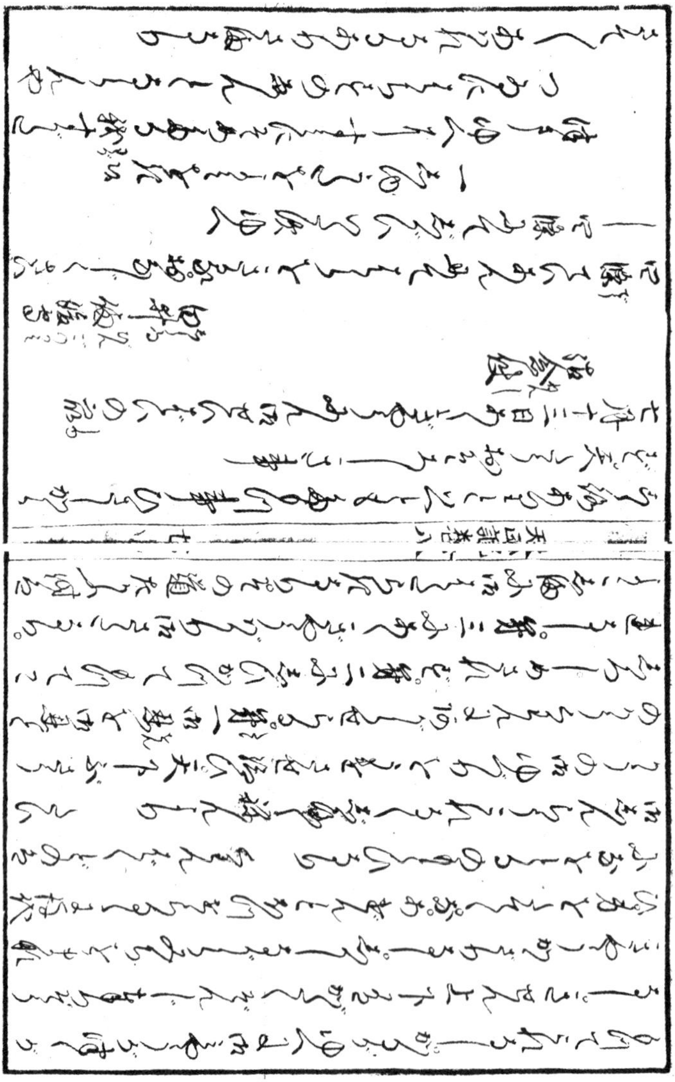

巻八 07オモテ

巻八08ウラ

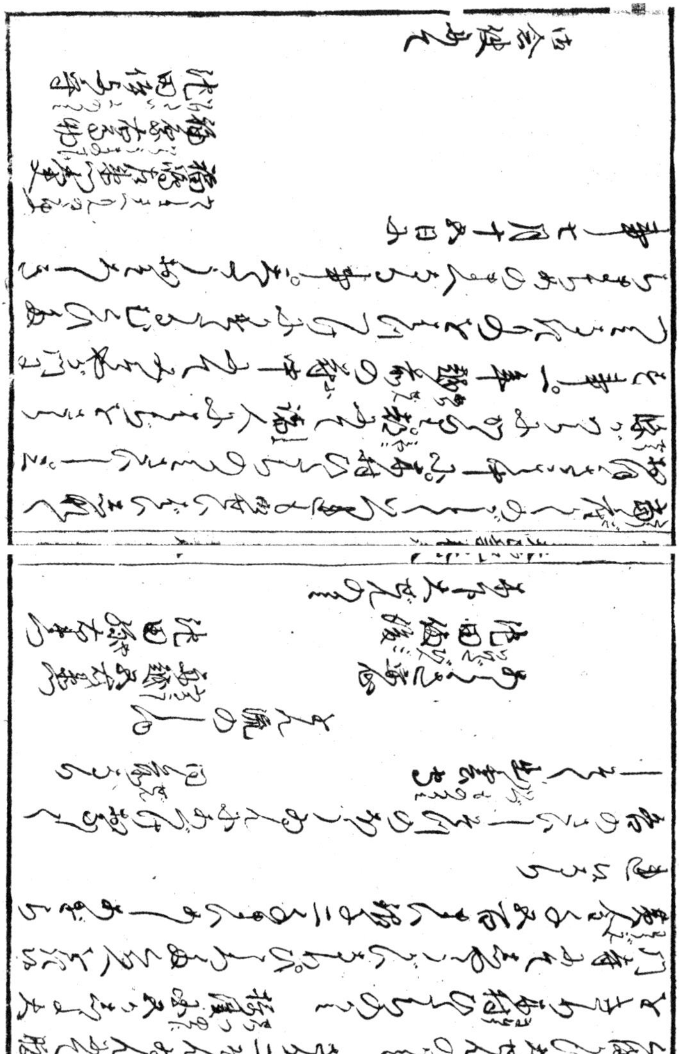

巻八08オモテ

巻八09ウラ

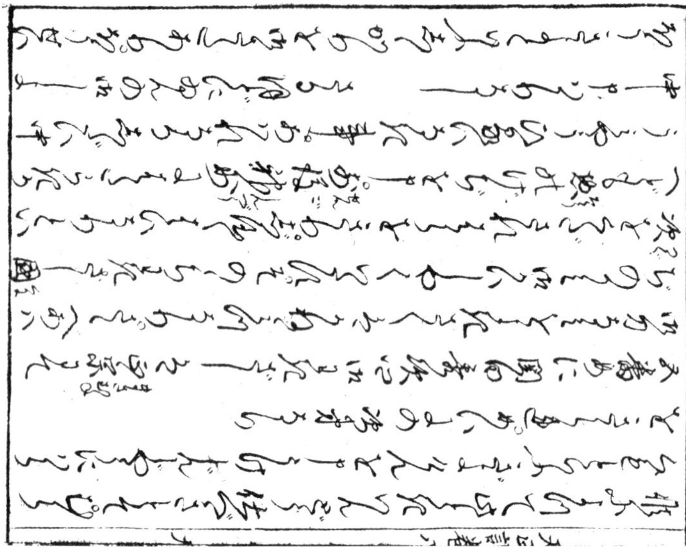

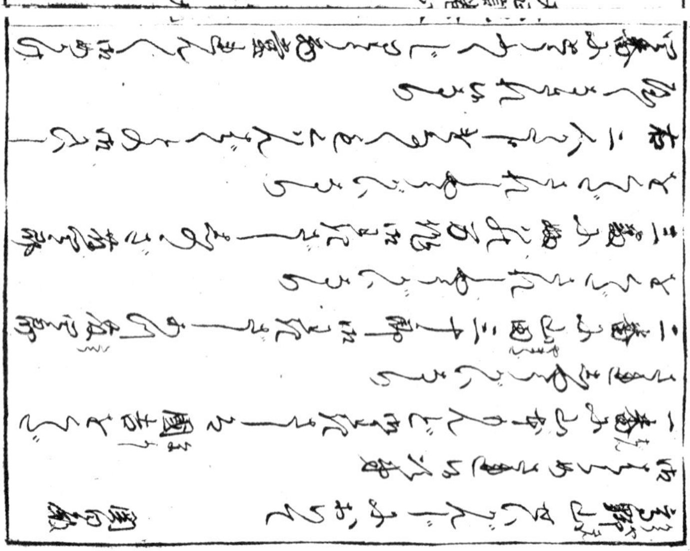

巻八09オモテ

巻八10ウラ

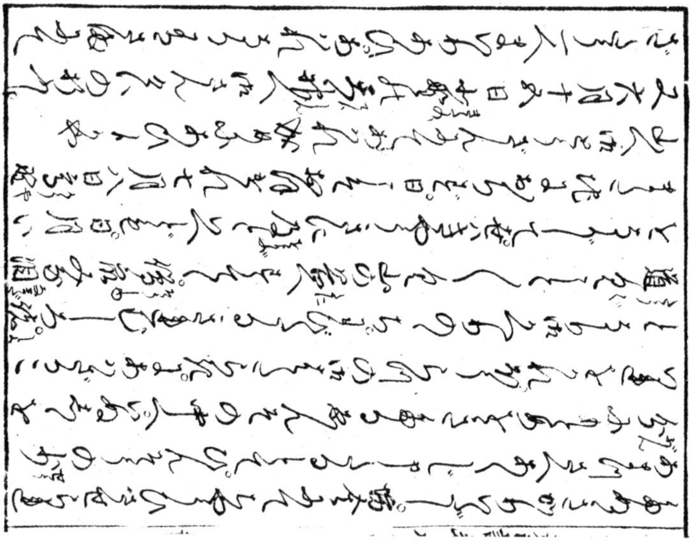

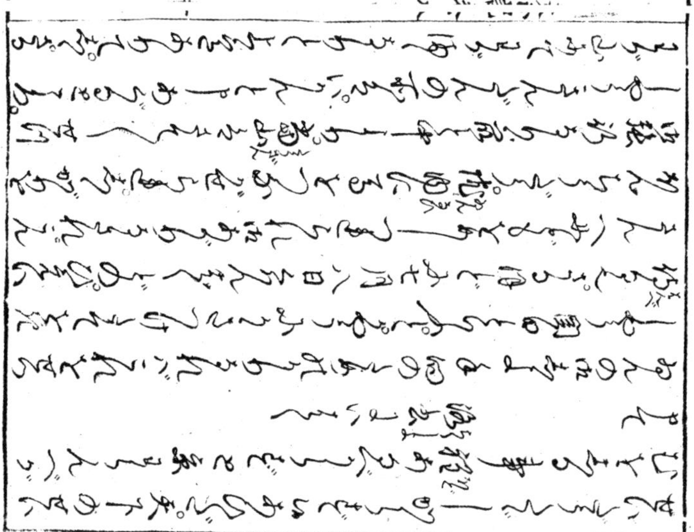

巻八10オモテ

巻八11ウラ

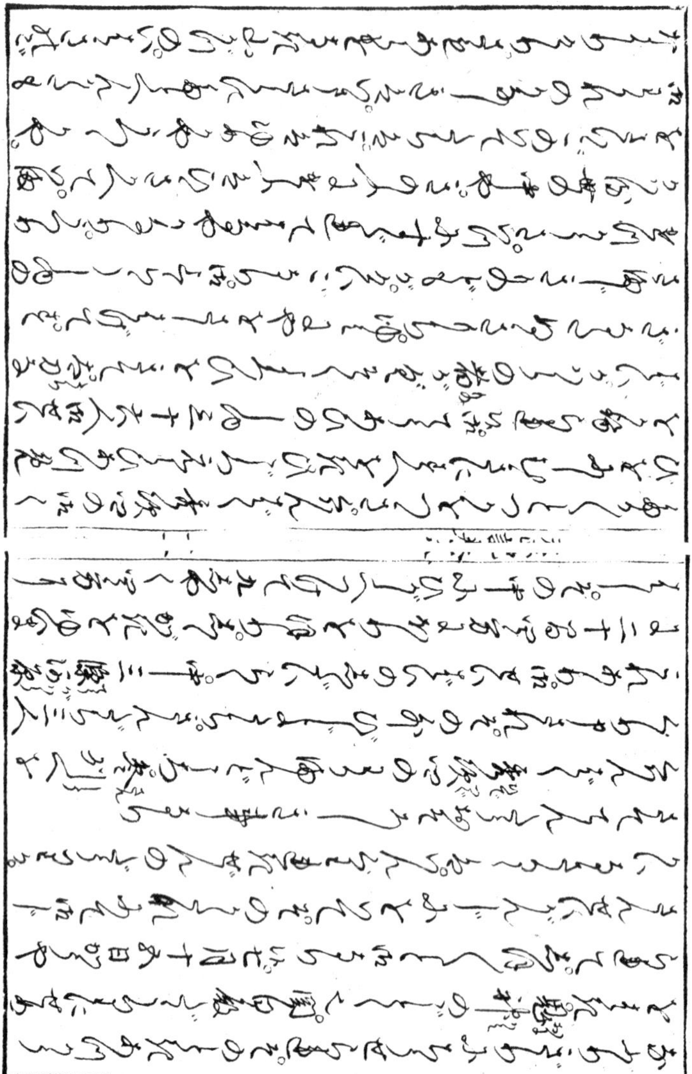

巻八11オモテ

巻八12ウラ

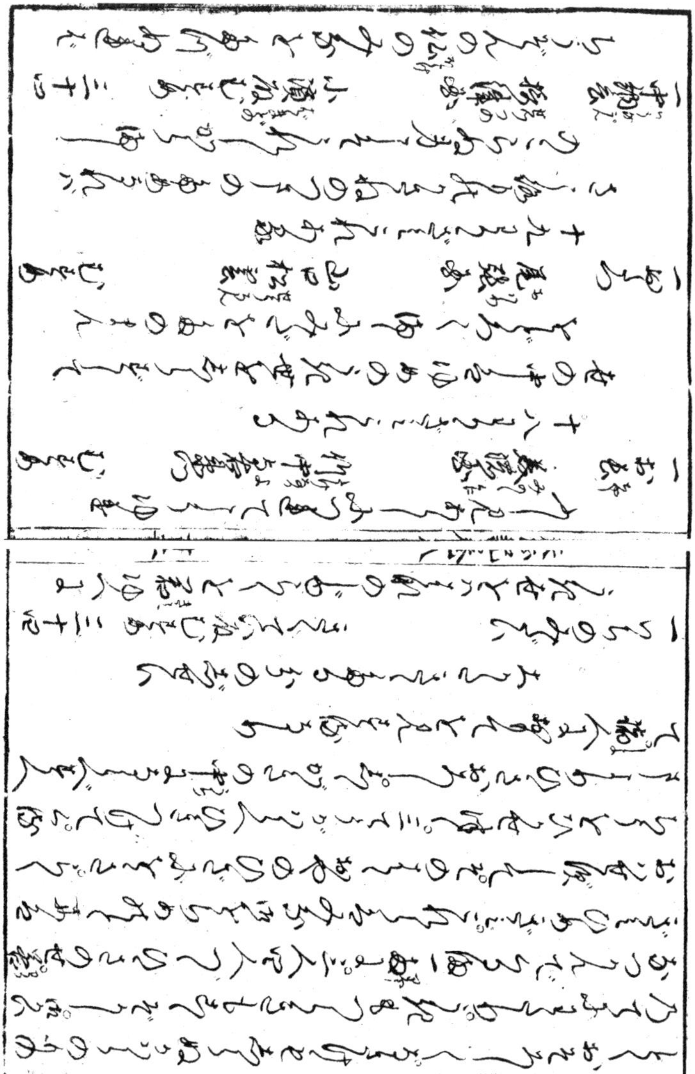

巻八12オモテ

巻八13ウラ

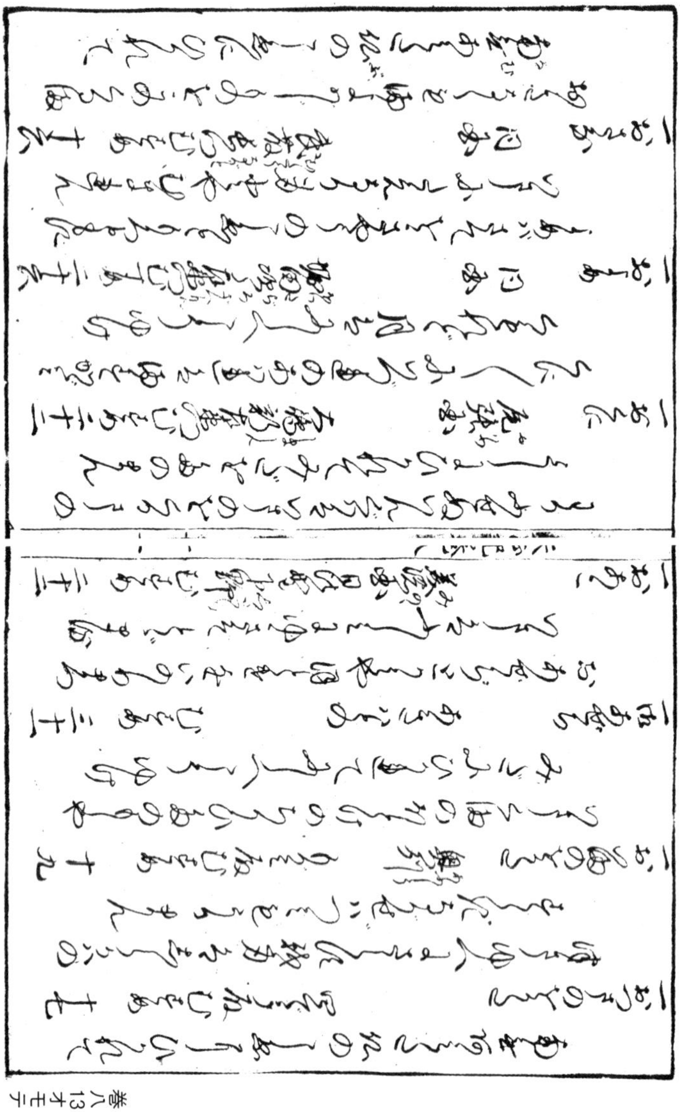

巻八13オモテ

巻八14ウラ

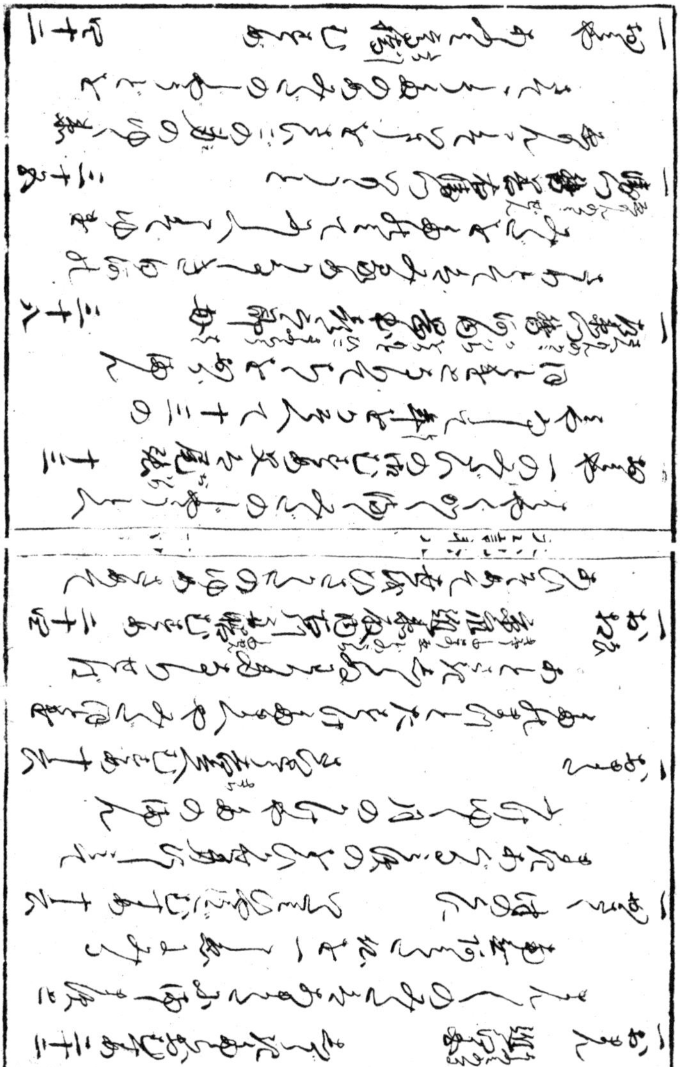

巻八14オモテ

巻八15ウラ

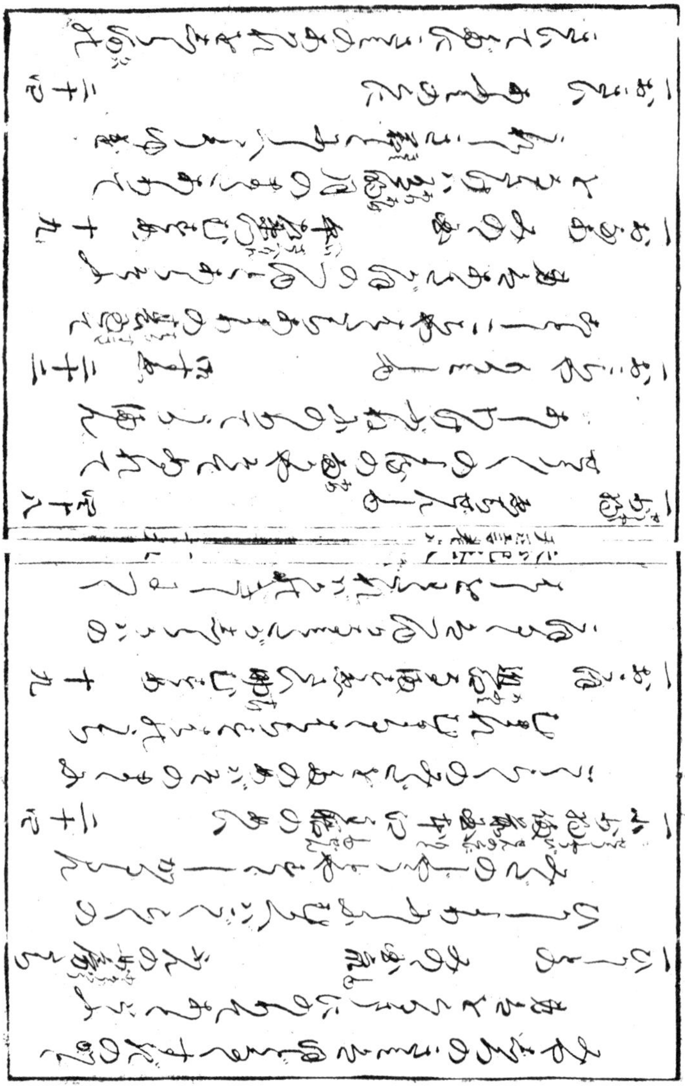

巻八15オモテ

巻八16ウラ

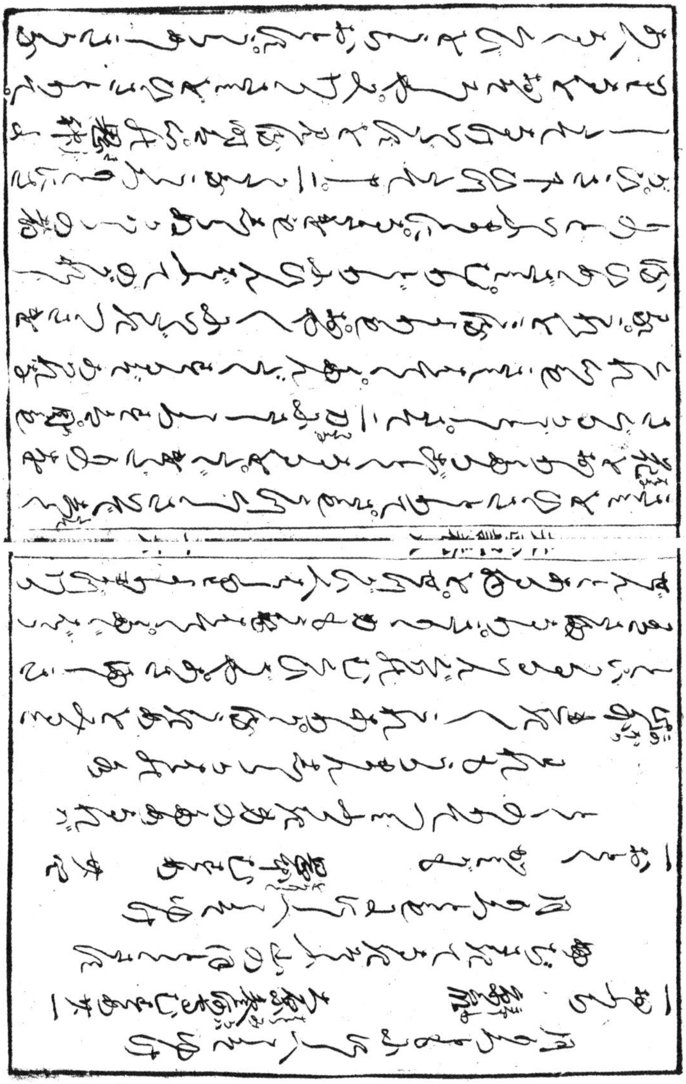

巻八16オモテ

巻八17ウラ

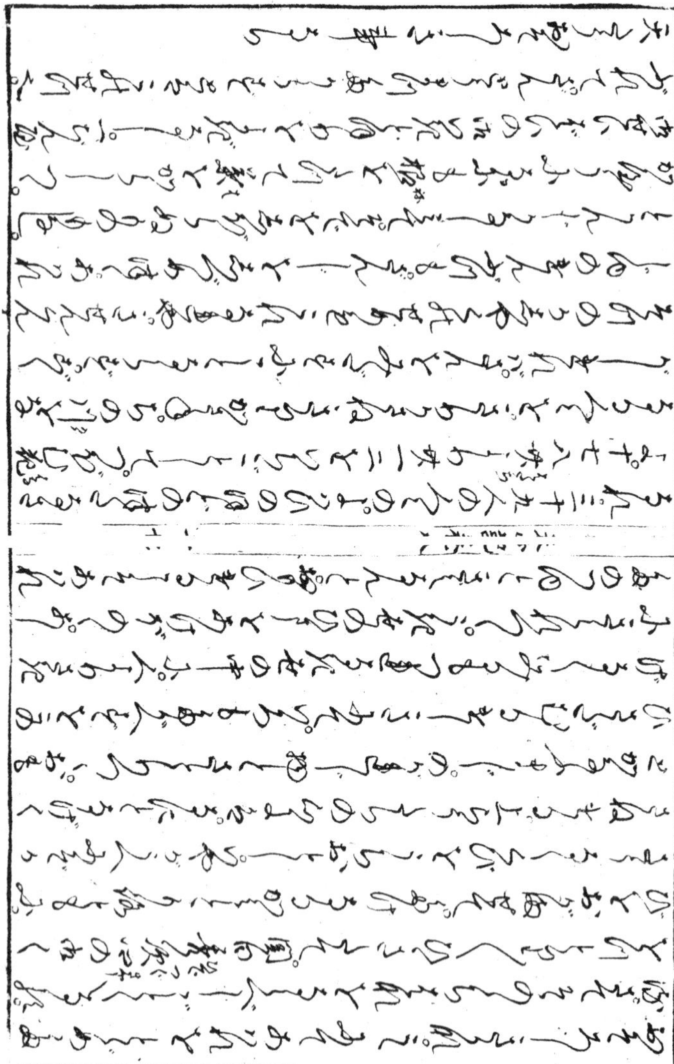

巻八17オモテ

巻八18ウラ

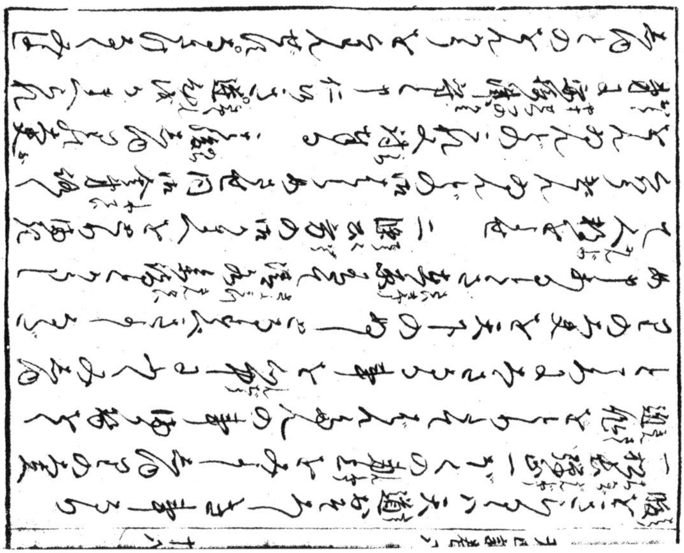

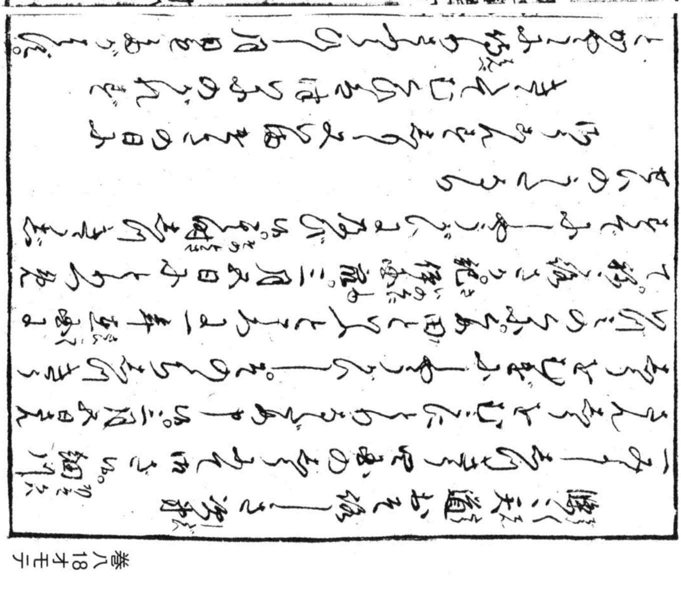

巻八18オモテ

巻八19ウラ

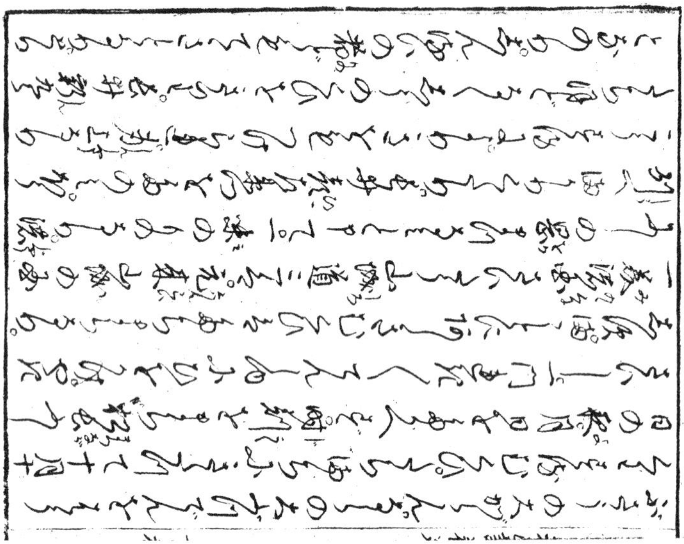

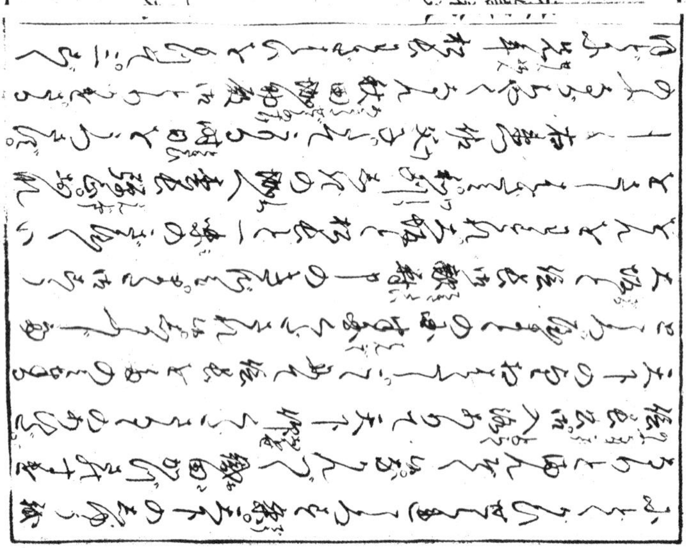

巻八19オモテ

巻八20ウラ

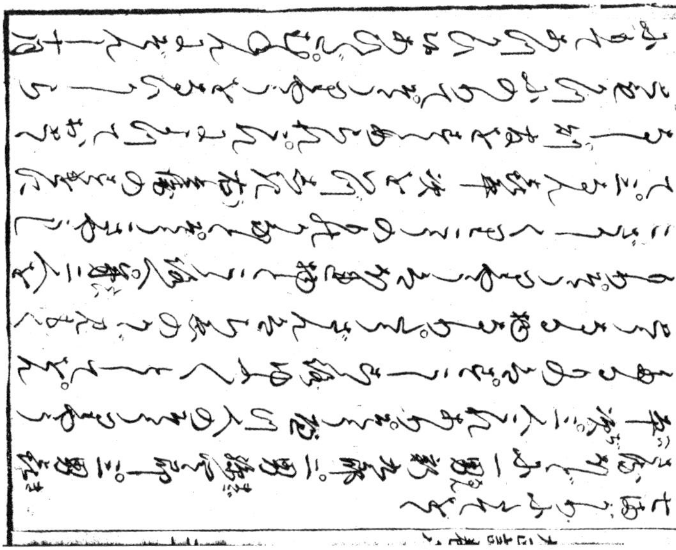

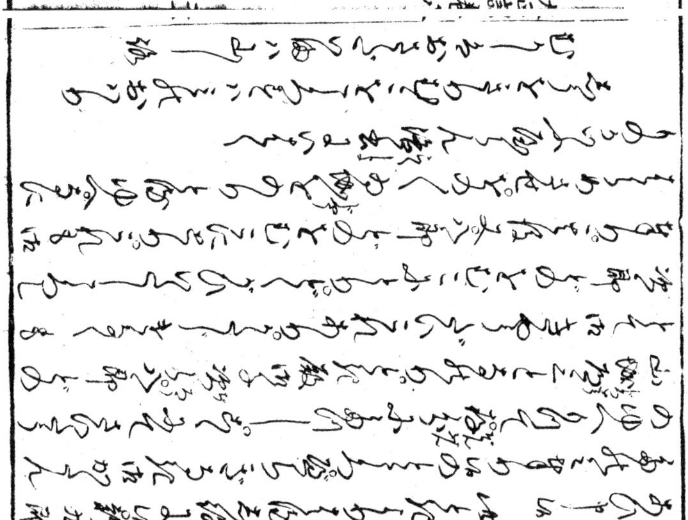

巻八20オモテ

巻八21ウラ

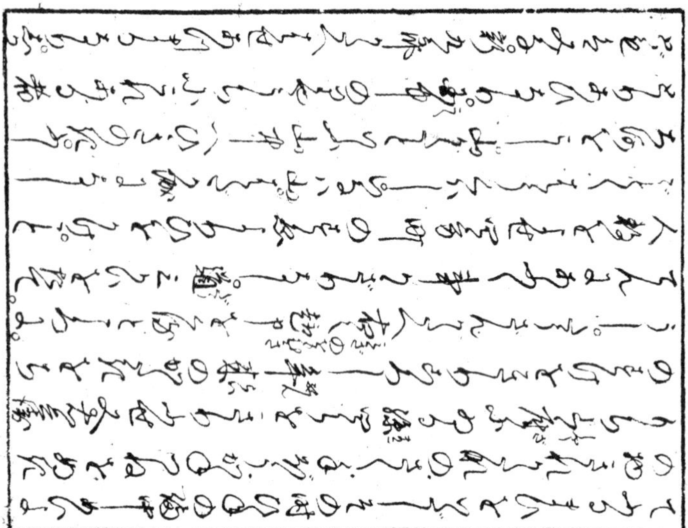

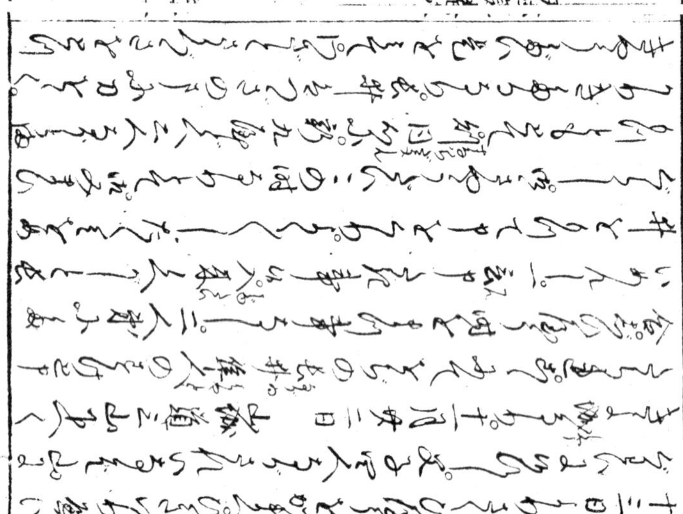

巻八21オモテ

巻八22ウラ

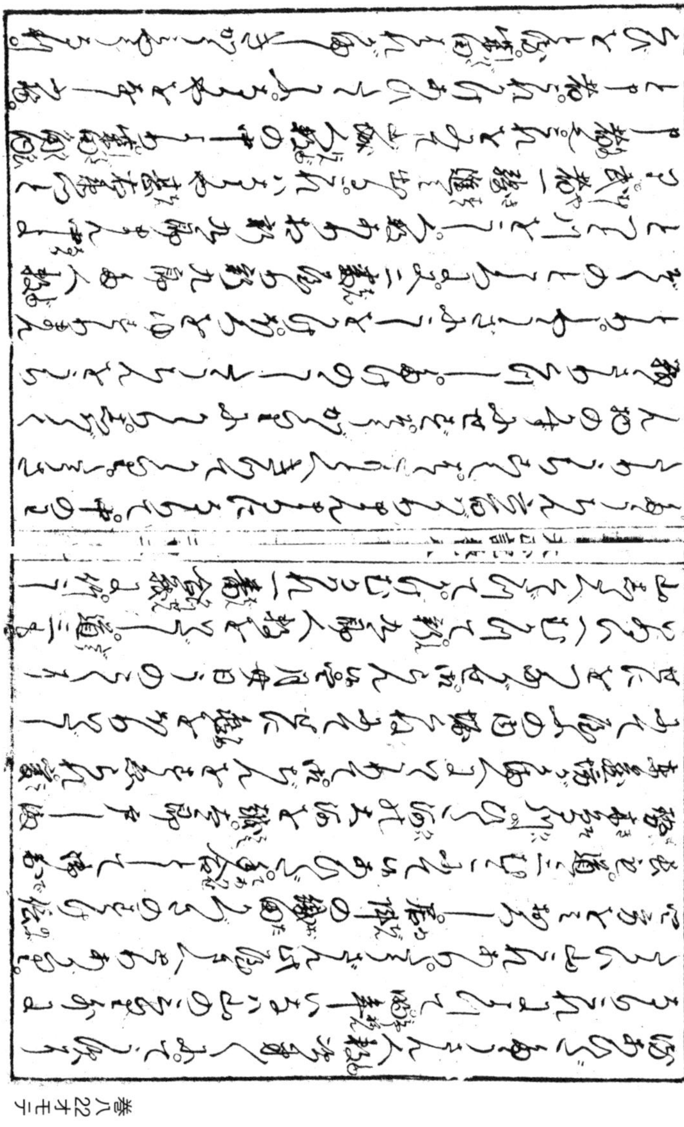

巻八22オモテ

巻八23ウラ

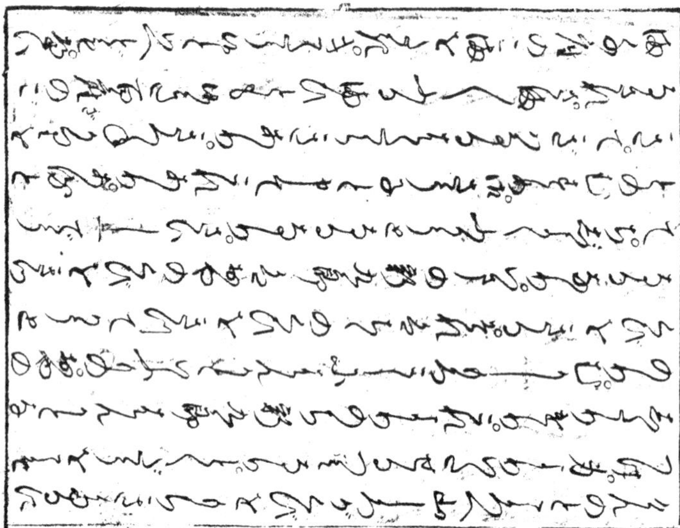

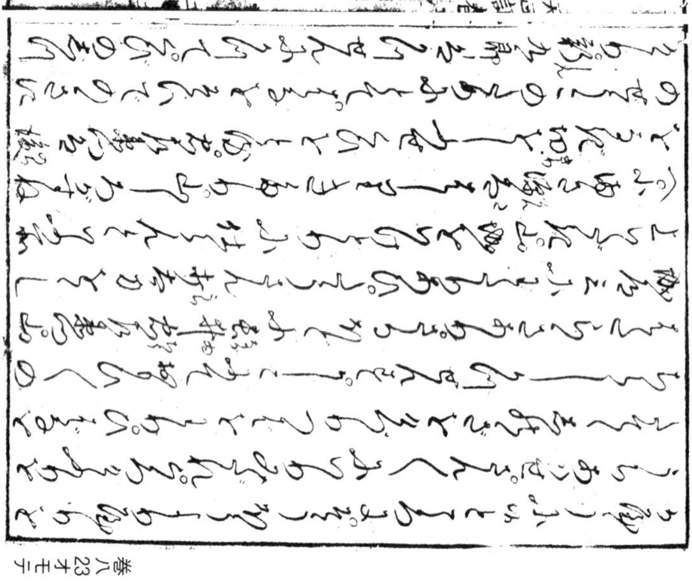

巻八23オモテ

巻八24ウラ

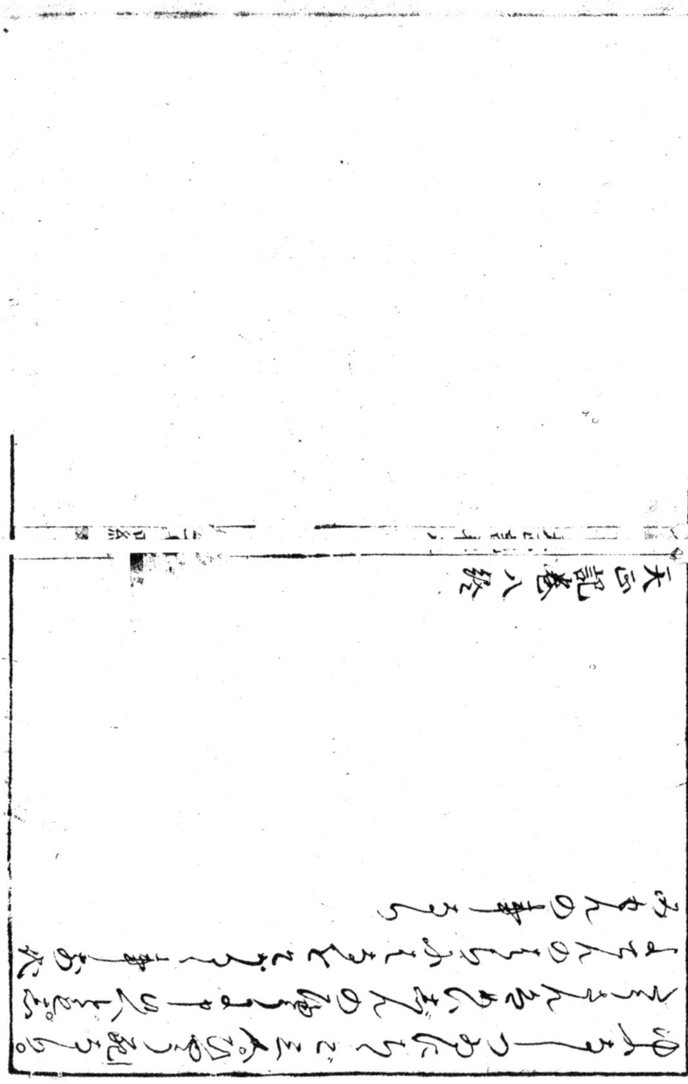

天正記巻八終

巻八24オモテ

巻九01ウラ

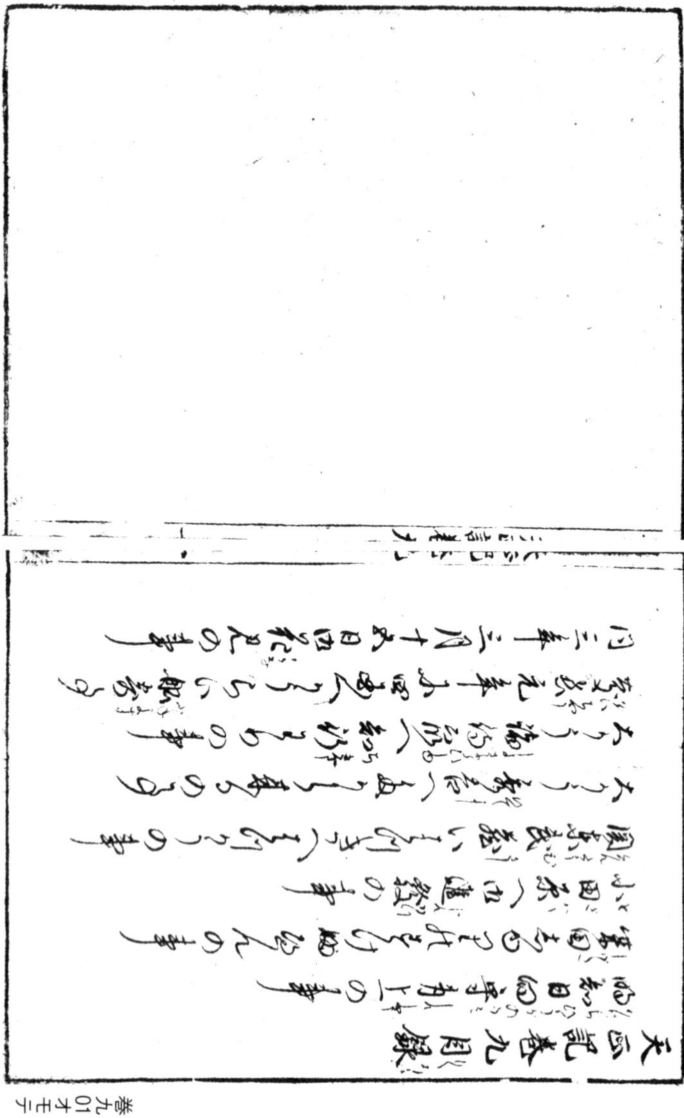

巻九01オモテ

巻九02ウラ

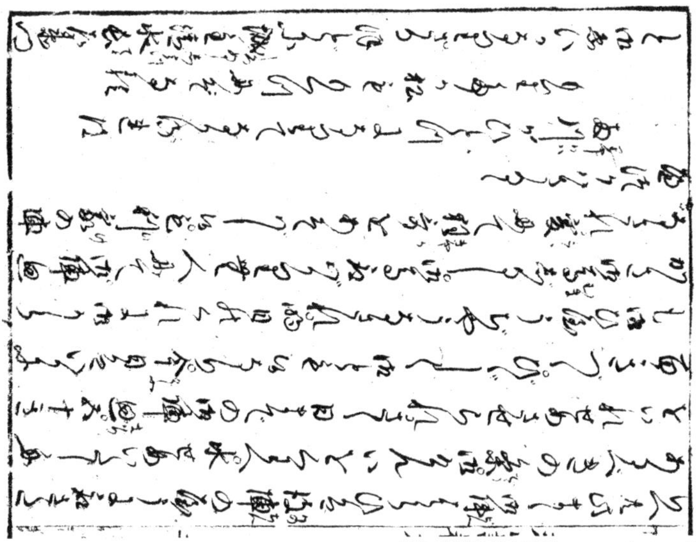

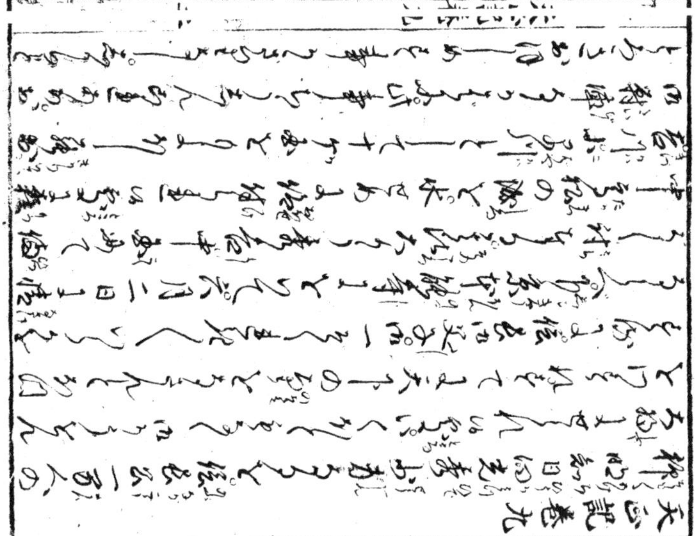

巻九02オモテ

巻九03ウラ

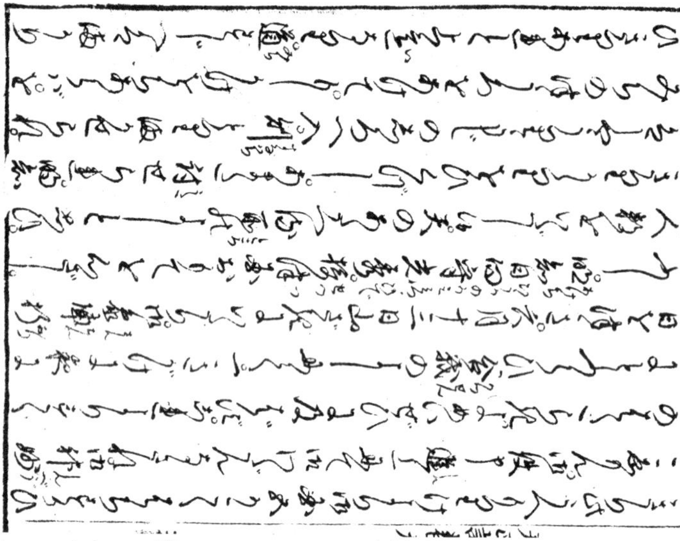

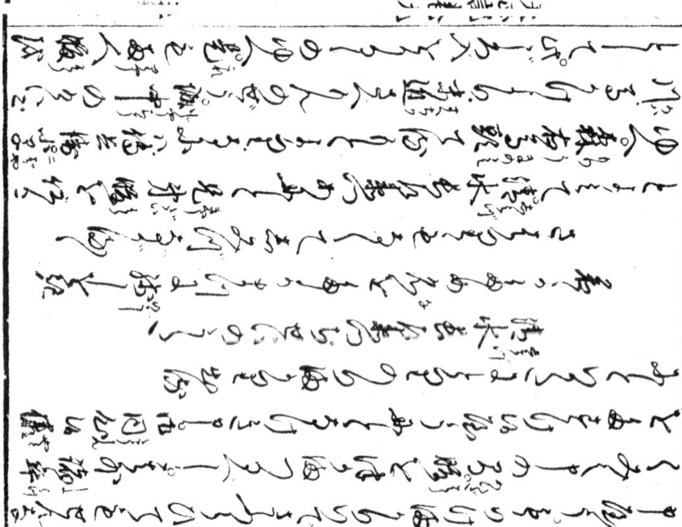

巻九03オモテ

巻九04ウラ

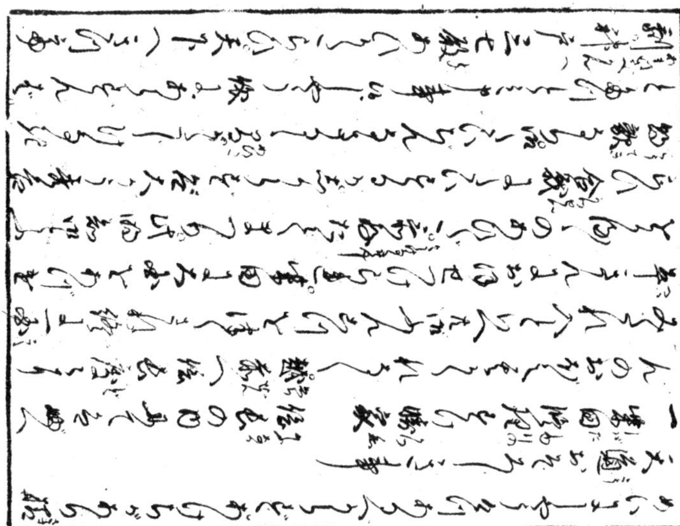

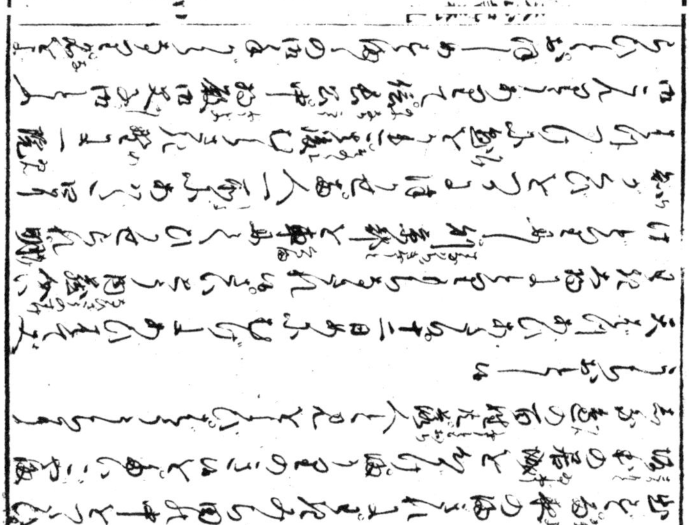

巻九04オモテ

巻九05ウラ

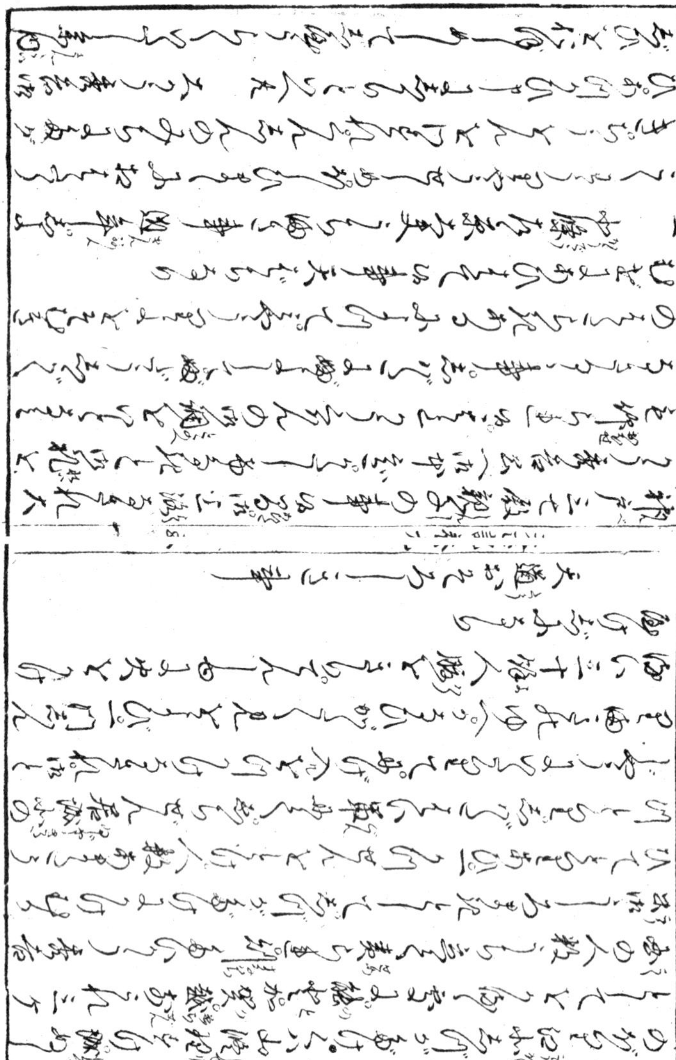

巻九05オモテ

巻九06ウラ

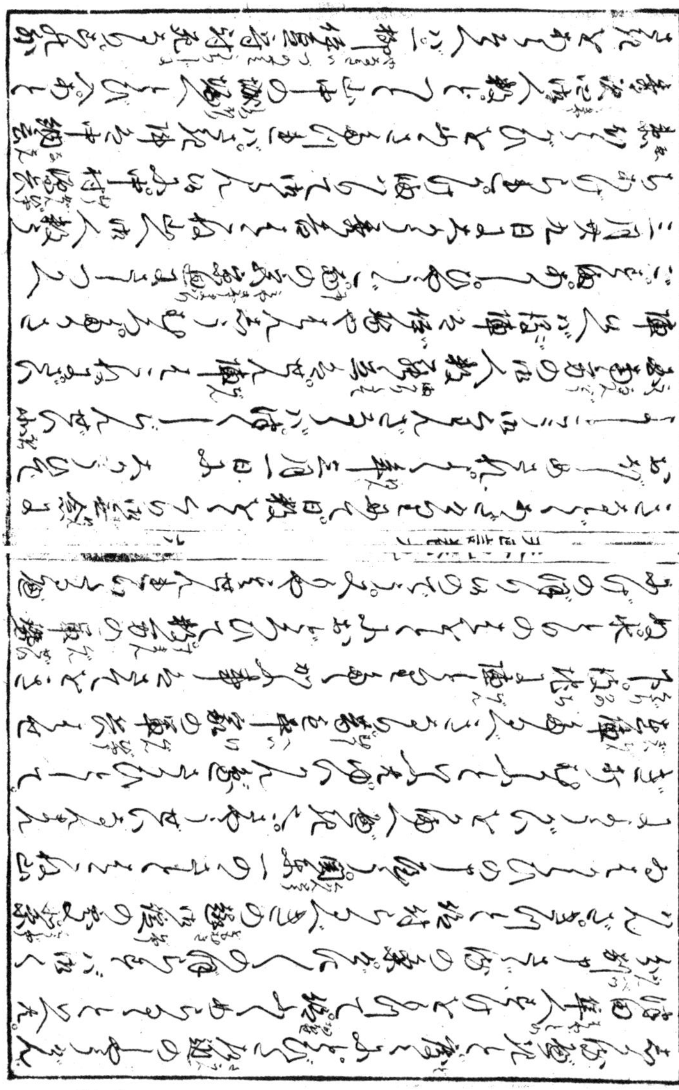

巻九06オモテ

巻九07ウラ

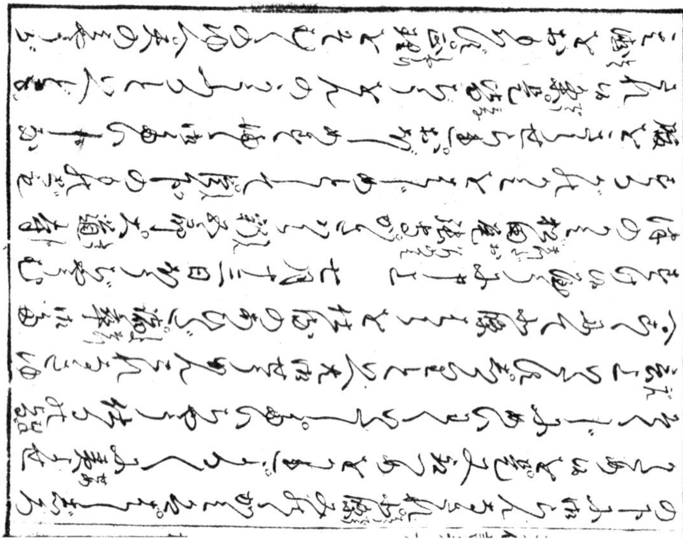

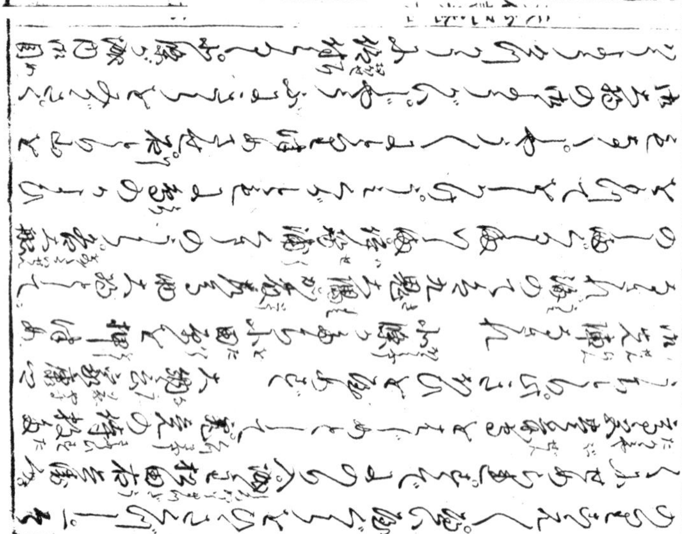

巻九07オモテ

巻九08ウラ

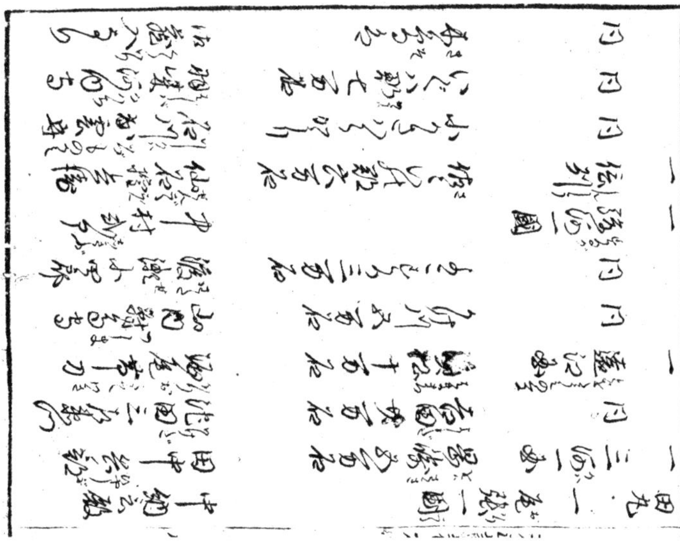

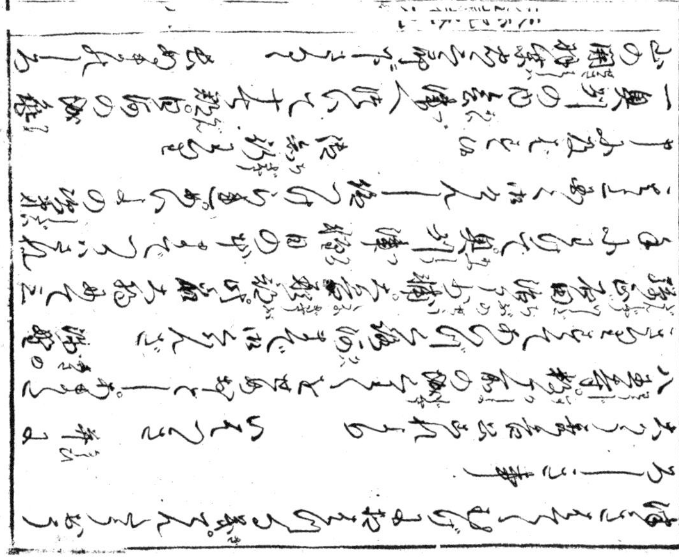

巻九08オモテ

巻九09ウラ

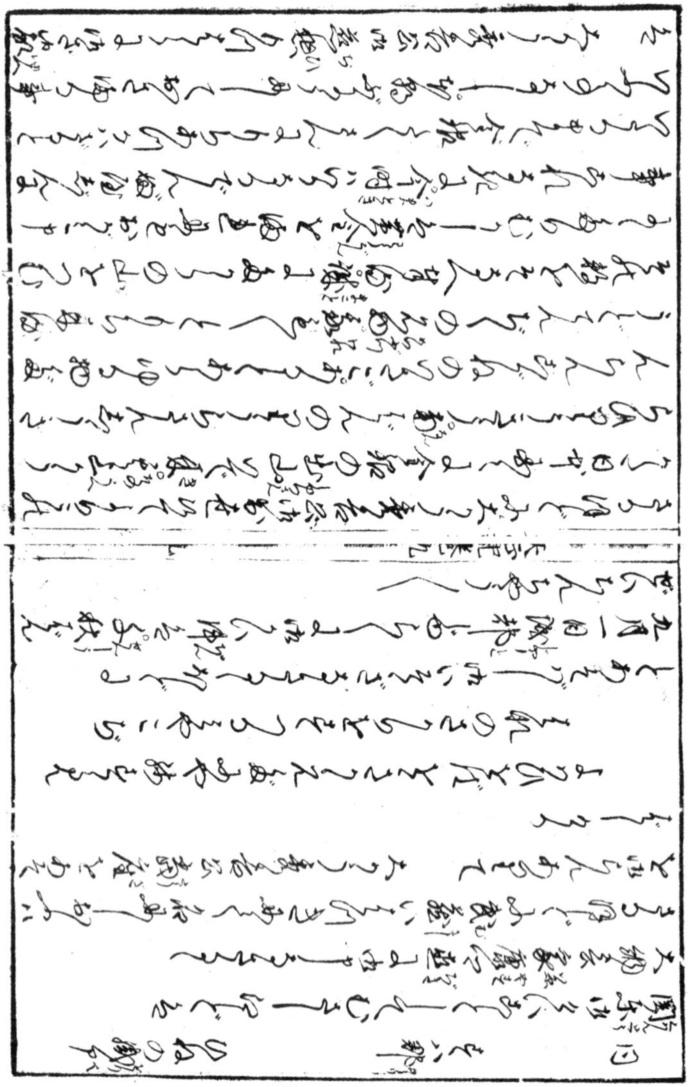

巻九09オモテ

巻九10ウラ

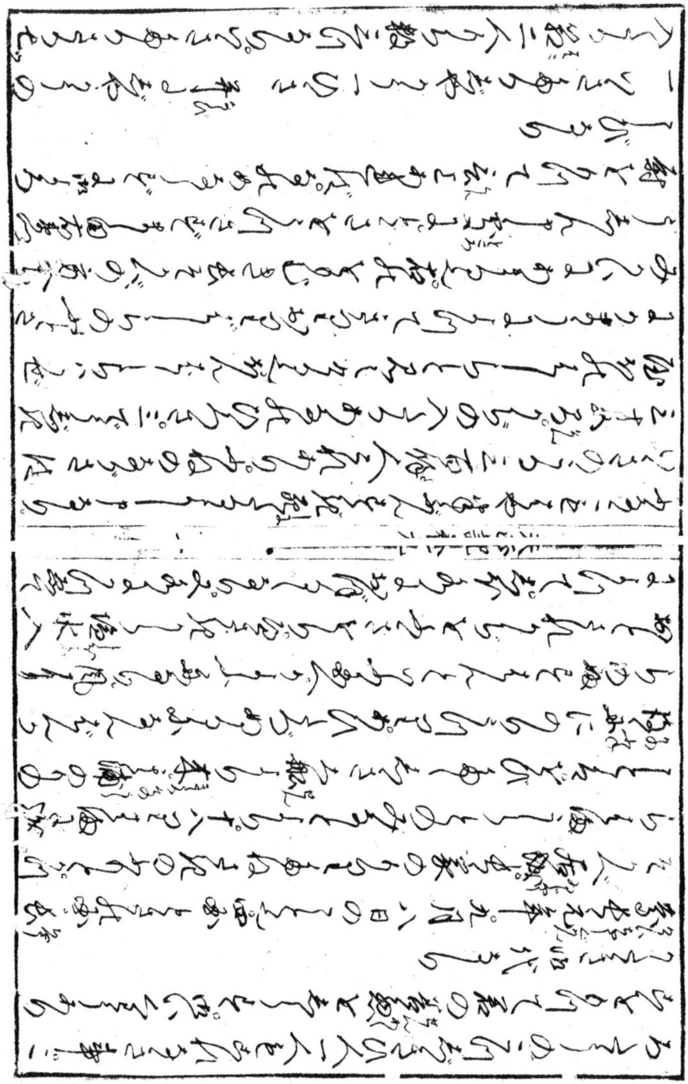

巻九10オモテ

巻九 11ウラ

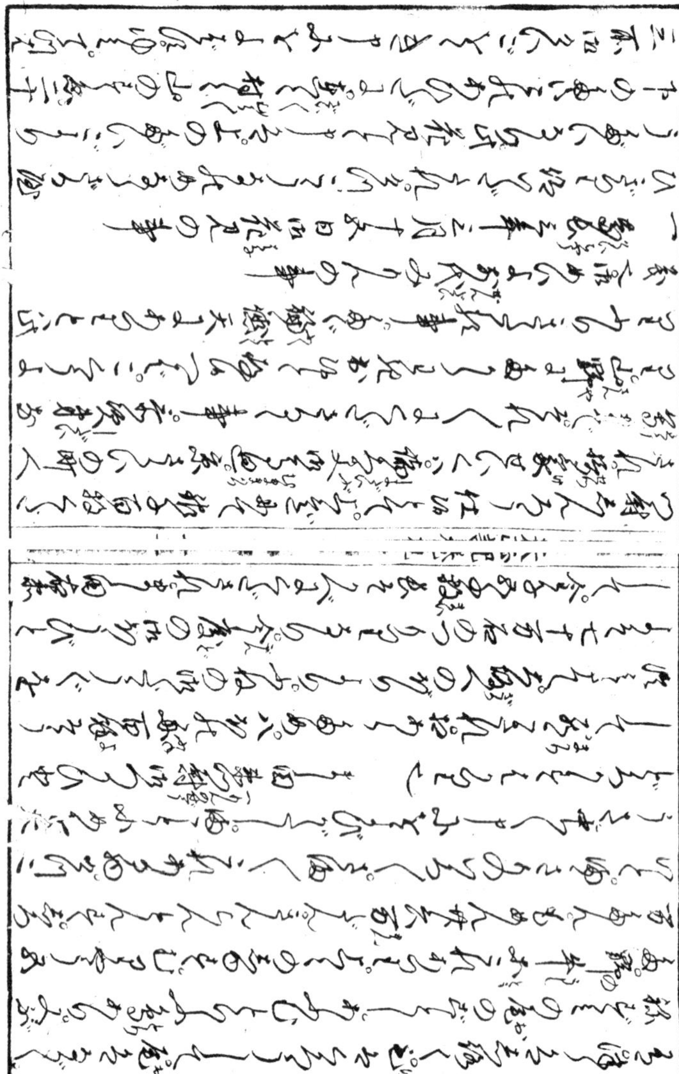

巻九 11オモテ

巻九12ウ

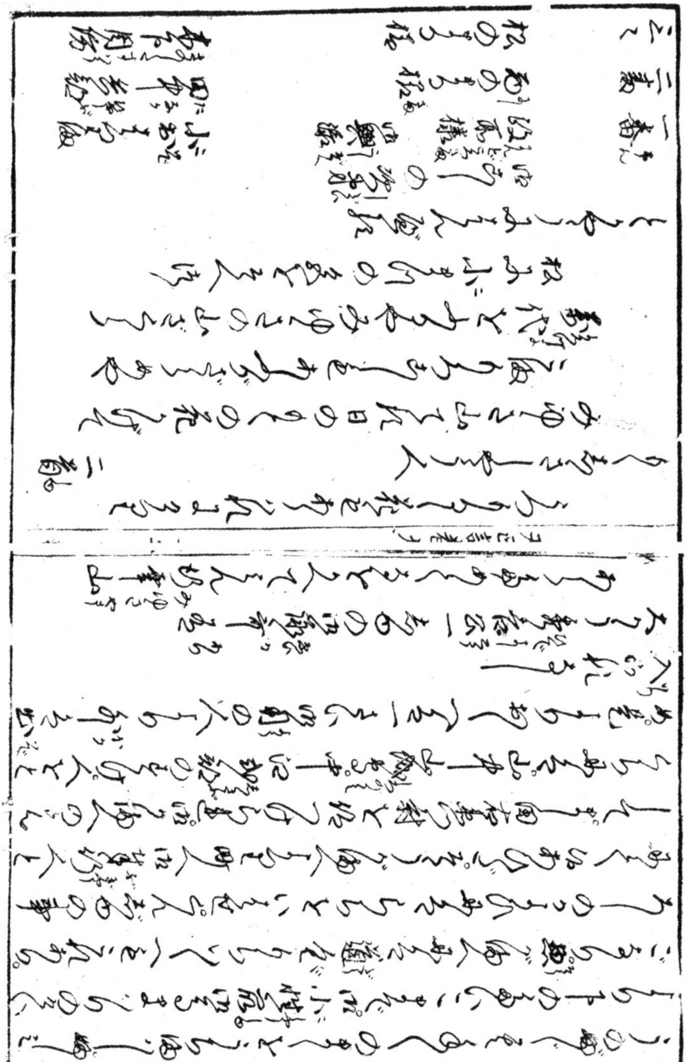

巻九12オ

巻九13ウラ

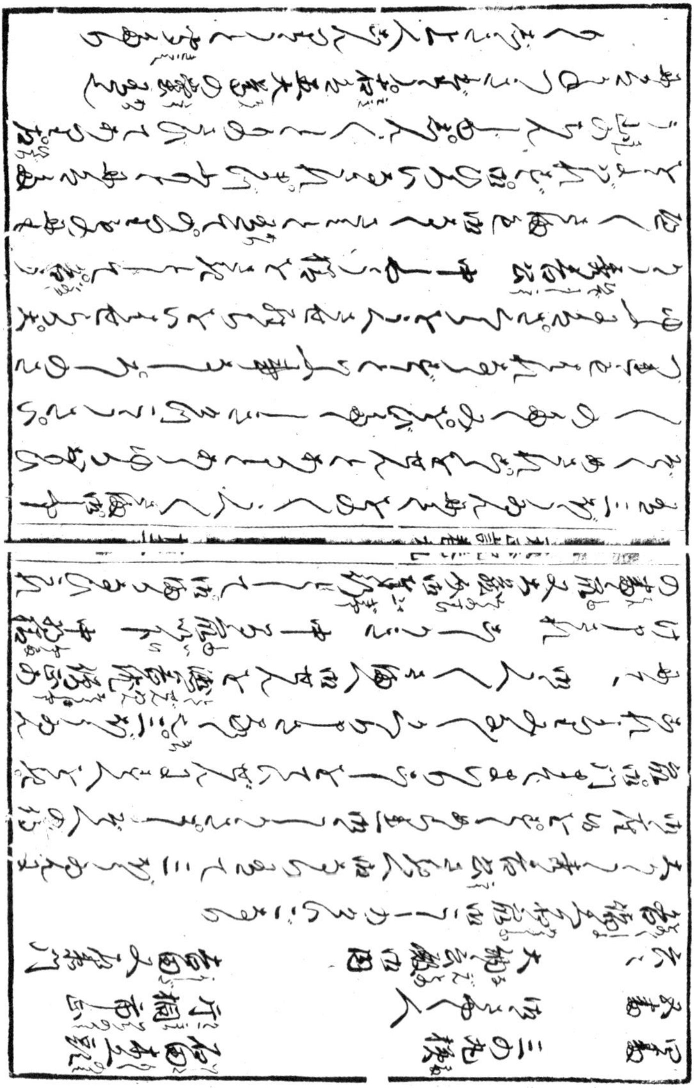

巻九13オモテ

巻九14ウラ

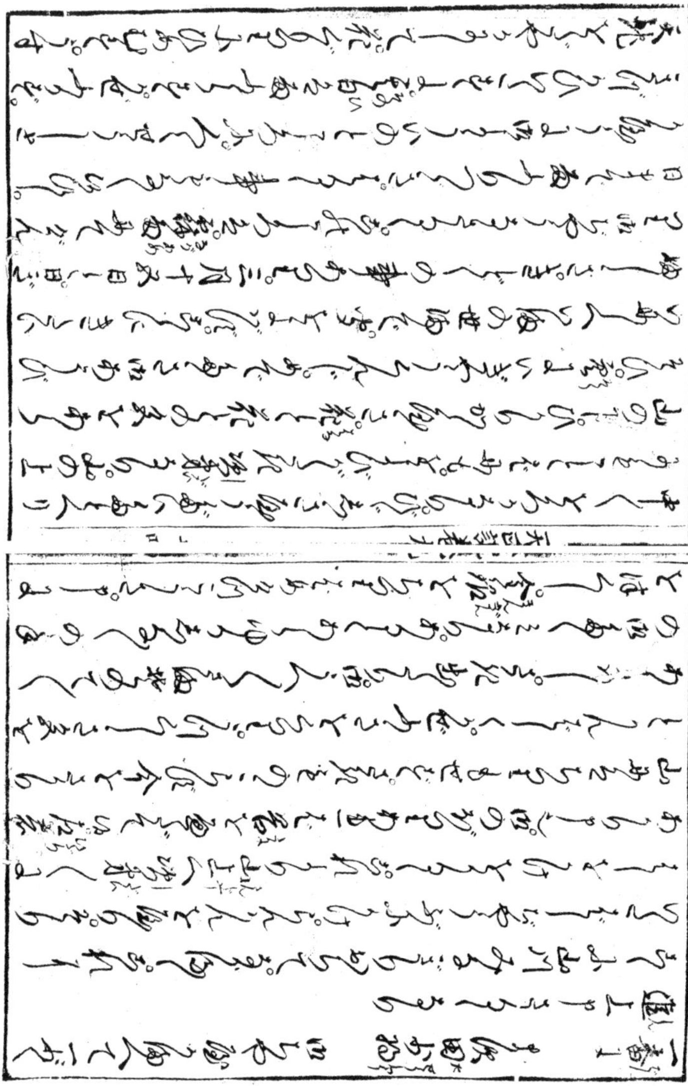

巻九14オモテ

巻九15ウラ

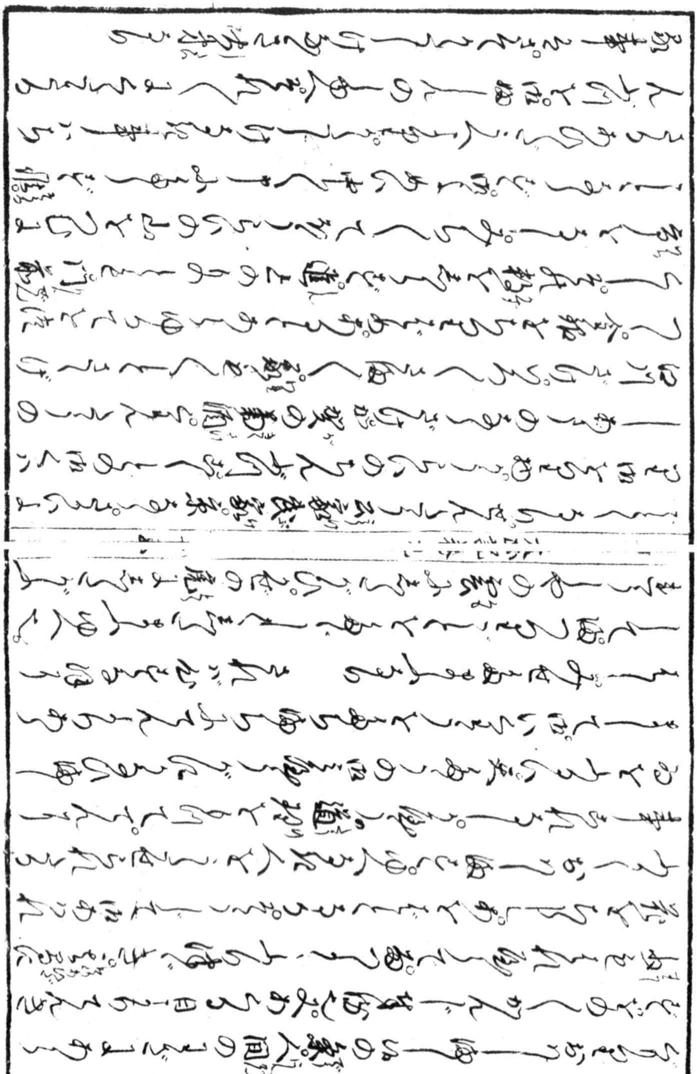

巻九15オモテ

巻九16ウラ

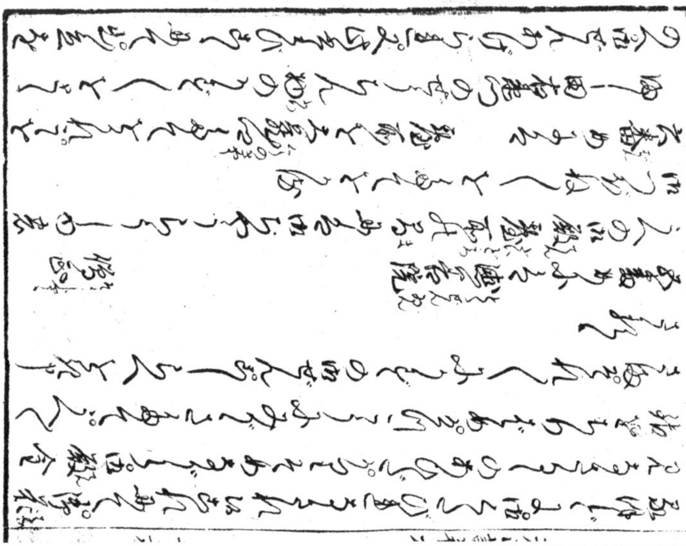

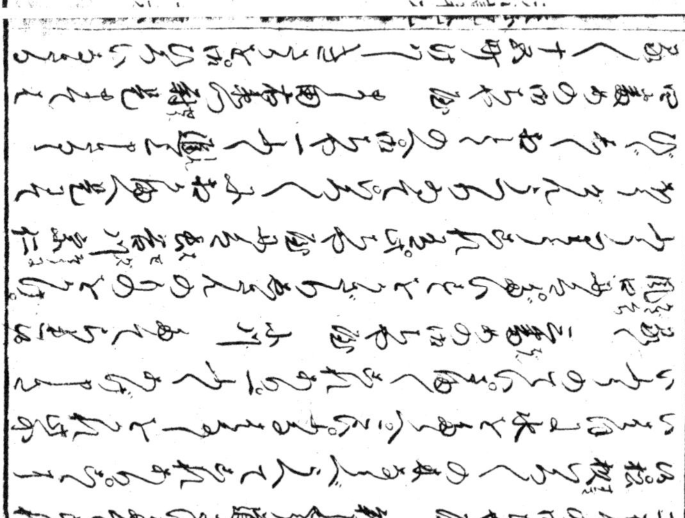

巻九16オモテ

巻九17ウラ

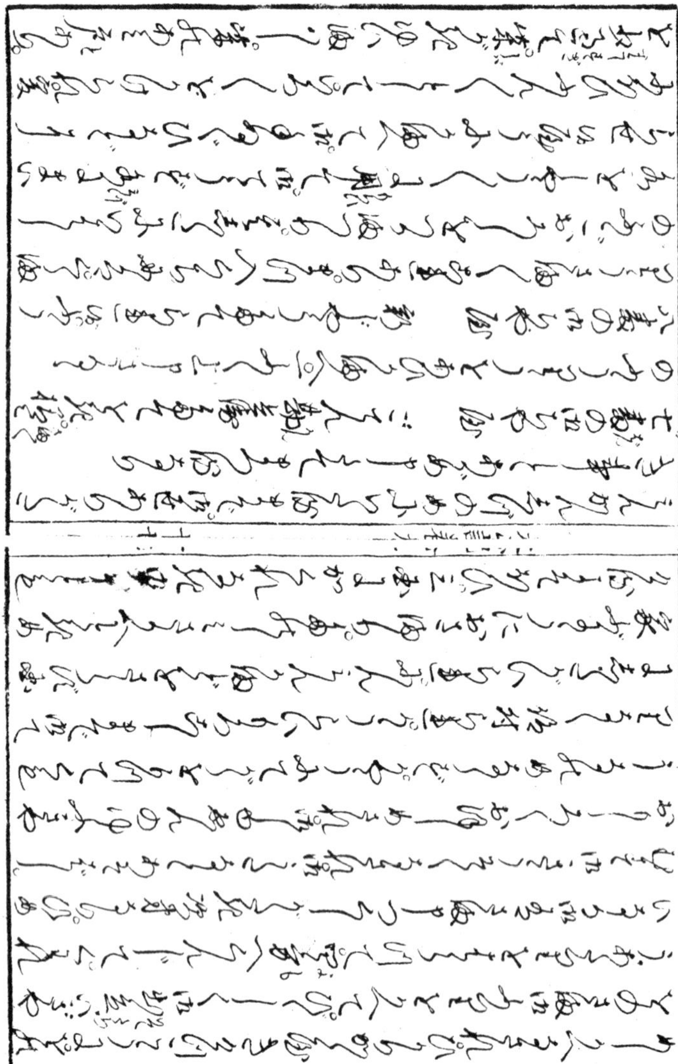

巻九17オモテ

巻九18ウラ

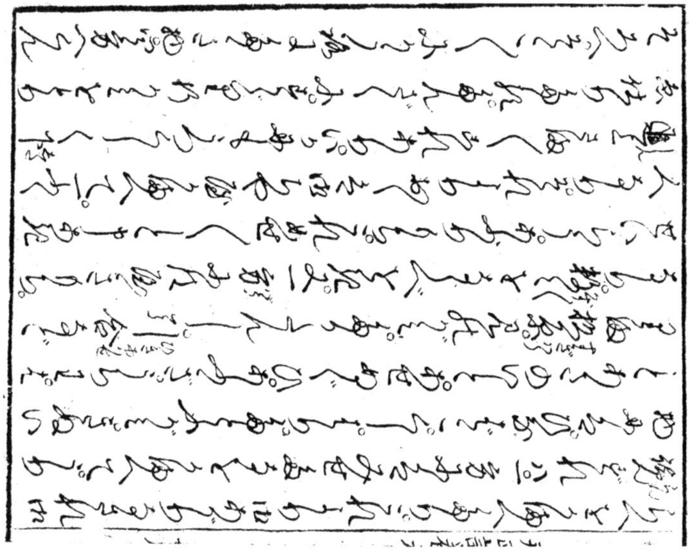

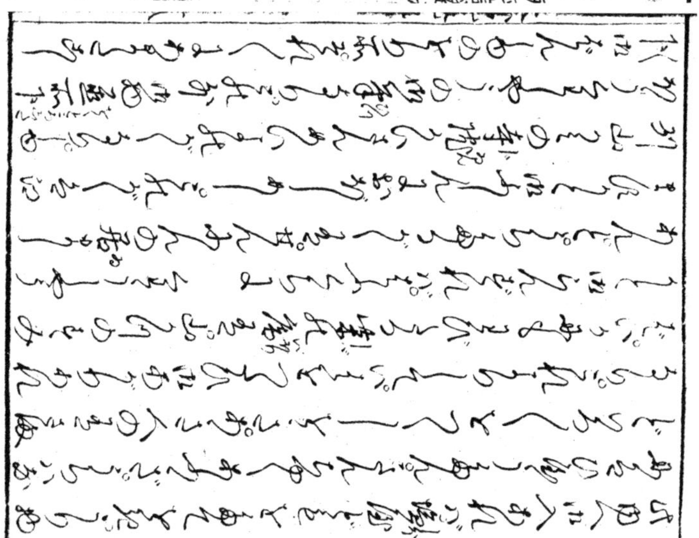

巻九18オモテ

巻九19ウラ

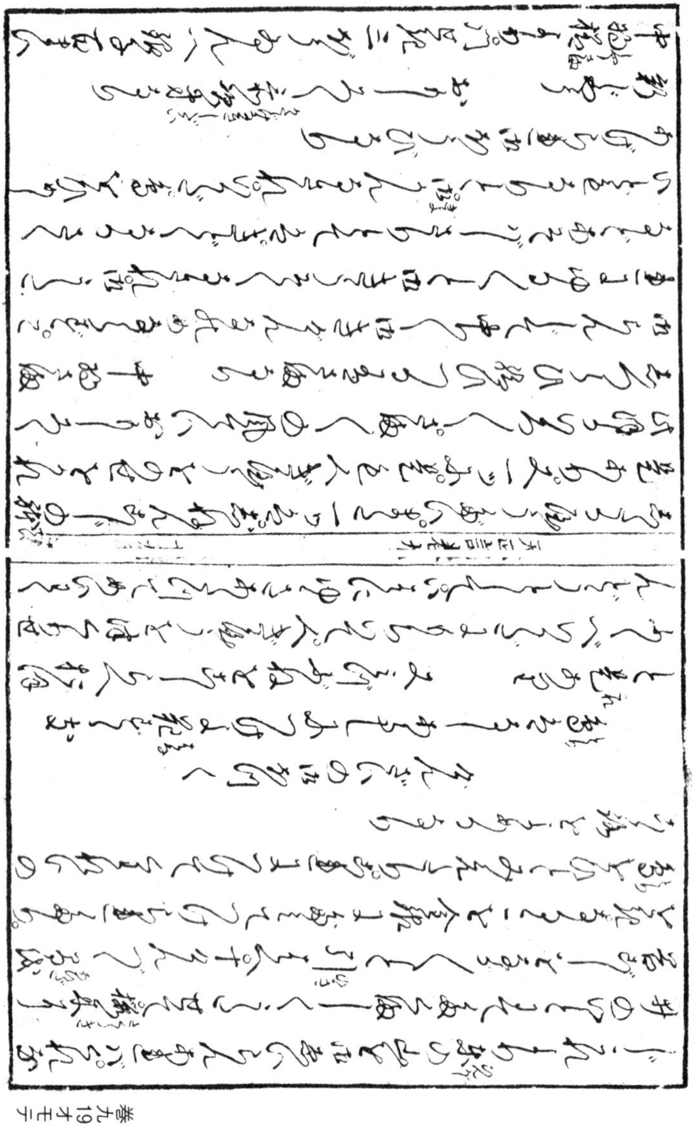

巻九19オモテ

巻九裏表紙に貼り付け

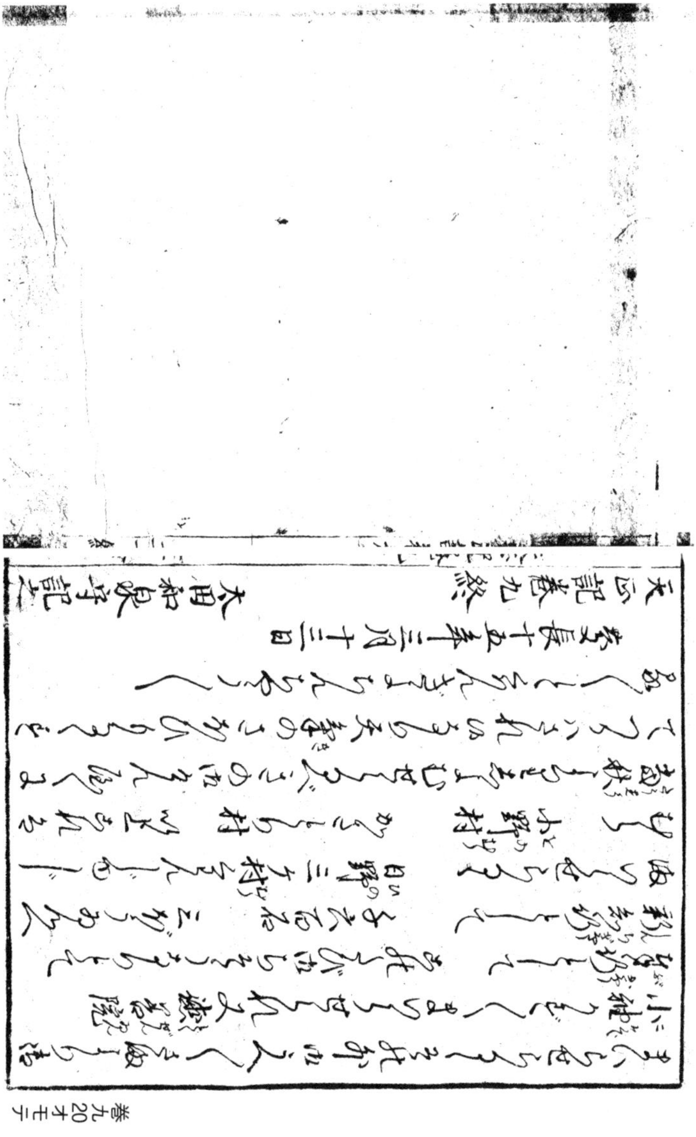

天正記巻九終
慶長十五年三月十三日
太田和泉守記之

巻九20オモテ

あとがき

二〇〇九年六月には本書院から『上海アラカルト』を出版していただいた。論考編と史料編からなり、嶺田楓江『海外新話』という幕末につくられた、アヘン戦争を題材にした木版の「読本」の影印と「本文の大意と要約」を史料編とした。二〇一〇年五月から一〇月にかけて上海浦東地区で開催され、万博史上空前の七三〇〇万人が見学した「上海万博」への協賛と、学科の宣伝を兼ねて出版するということで計画、実行した。

その出版にともなう研究会の最中に、偶然の機会から『天正軍記』という秀吉の伝記で、江戸時代前期の版本が手に入った。本学の名前の追手門学院大学の「追手門」は、いうまでもなく大阪城の「おうてもん」にちなむ。現在の大阪城は徳川氏が豊臣氏の痕跡を消し去るために、秀吉時代の大坂城をすっぽりと埋め込んでつくられた。

天守閣にいたっては、一六六五（寛文五）年正月に落雷により焼け落ち、そのまま放置されて、一九三一（昭和六）年一一月に市民の寄付によってようやく再建された。こうしたことは歴史的な事実であっても、イメージとして大阪城は「太閤秀吉」の城であるし、それでよい。

本書の出版を計画した二〇一一年は「天守再建八〇周年」にあたる。その期日には間に合わないものの、それが念頭にあった。また、近年、大学は「自校に関する教育」による特色づけと、「地域に根差す教育」を強調する傾向にある。本学では「地域に根差す教育」については、「北摂を学ぶ」という授業を一〇年ほど前からはじめているものの、「自校に関する教育」はほとんど行われていない。
学院全体としては「上町学プロジェクト」があり、大学でも同プロジェクトに積極的に関与され、熱心に運営や業務を担当しておられる先生もおられる。しかし、大学全体としては出遅れている感がある。そのこともあり、本書の「論考編のはじめに」にあるように、研究会を立ち上げ、大学からの助成を受けて集中的に研究会を実施した。その報告書を基礎に、研究会の折々に話題にしていた版本『天正軍記』を影印として載せる本書の出版で、「自校教育」の基盤の一部を構成したいという願いもある。
ただ、秀吉というと、やはり私たちには「朝鮮侵略」が避けられないテーマになる。研究助成の申請時にも、公的な場ではいっさい問題はなかったが、私的には「若干の躊躇はないですか？」と心配された学科外の先生もおられた。
今回の研究会の一部として、研究会の全メンバーでの韓国調査を実施したが、何一つ問題はなく、釜山周辺の「倭城」（秀吉侵略時の日本風の城壁の石垣の残る遺跡）や、ソウルでの秀吉軍の配置の確認などを行えた。秀吉らによる「文禄・慶長の役」（壬辰倭乱・丁酉再乱）が朝鮮侵略以外の何物でもないという基本線を踏まえさえすれば、秀吉らについて研究することは何ら差し支えないと考えてきたし、考えている。

本学科は、小瀬甫庵『信長記』を、本学図書館のウェブ・サイトで公開している。その「翻字編」をつくる際にも、今回の「翻字編」を作る時にも感じたのが、「近世軍記」の想像力というか、「杜撰さ」である。私事で恐縮であるが、個人的には杜撰な人間で、「翻字編」の作成などの厳密を要する仕事には不向きなのは、よくわかっており、今回のＣＤで付す「翻字編」の刊行も躊躇した。

しかし、昨今の「厳密さ」を過度に求める風潮には異議があり、「およそのところでよい」と自分を慰め、「ある程度のミスは許容されよ」と社会にアピールする意味も込めて、「翻字編」を出版計画の一部に加えた。小瀬甫庵は『太閤記』の「凡例」に、「まず板行〔「出版」の意〕し、世の嘲り、人の誹を招く。後人あはれみあらば、添削をあふぐ」と記した。この先例にならいたい。

もちろん、論考編の拙論を除く他の論考は、誇るにたるものであることはいうまでもない。

今回もまた、お世話になった和泉書院の廣橋研三社長には、深く感謝します。

（奥田　尚）

永吉　雅夫（NAGAYOSHI, Masao）　追手門学院大学国際教養学部アジア学科教授

○専門分野：日本文学、日本近世・近代における思想と文学

○略歴

1975年３月　神戸大学文学部文学科卒業。

1982年７月　神戸大学大学院文化学研究科博士課程単位取得退学。

1987年４月　追手門学院大学文学部着任。

○論文：「秀吉と「太閤」―秀吉「自称太閤」論覚書」（アジア学科年報第３号、2009年12月）

櫛引祐希子（KUSHIBIKI, Yukiko）　追手門学院大学国際教養学部アジア学科講師・博士（文学）（東北大学、2008年３月取得）

○専門分野：日本語学・方言語彙の意味変化

○略歴

1998年３月　日本女子大学文学部日本文学科卒業。

2008年３月　東北大学大学院文学研究科言語科学専攻博士後期課程修了。

2011年４月　追手門学院大学国際教養学部着任。

○論文：「意味変化の東西差―方言「エズイ」を例として―」（『日本語の研究』第５巻２号、2009年４月）

奥田　尚（OKUDA, Hisashi）　追手門学院大学国際教養学部アジア学科教授

○専門分野：日本史・古代史書の成立に関する研究

○略歴

1966年３月　神戸大学文学部史学科卒業。

1971年３月　大阪大学大学院文学研究科日本史学専攻博士課程単位修得後退学。

1981年４月　追手門学院大学文学部着任。

○論文：「嶺田楓江『海外新話』の解題にかえて―上海とアヘン戦争―」〔アジア学科編『上海アラカルト』（2009年６月、和泉書院）〕

執筆者紹介（執筆順）

主著・論文

浅野　純一（ASANO, Junichi）　追手門学院大学国際教養学部アジア学科教授

○専門分野：中国現代文学・現代事情

○略歴

1982年３月　京都大学文学部文学科（中国語学中国文学専攻）卒業。

1989年３月　京都大学大学院文学研究科中国語学中国文学専攻博士後期課程単位取得満期退学。

2001年４月　金沢大学教養部などを経て、追手門学院大学文学部着任。

○論文：「在日本的毛沢東詩詞研究」（『井岡山道路与毛沢東詩詞—第三届毛沢東詩詞国際学術研討会論文集』2008年　中央文献出版社、北京）

山口　公一（YAMAGUCHI, Koichi）　追手門学院大学国際教養学部アジア学科准教授・博士（社会学）（一橋大学、2006年３月取得）

○専門分野：朝鮮近代史・植民地朝鮮における神社政策史研究

○略歴

1994年３月　東京学芸大学教育学部中等教員養成課程卒業。

1996年３月　同大学院教育学研究科修士課程社会科教育専攻（歴史学講座）修了。

2006年３月　一橋大学大学院社会学研究科博士後期課程地域社会研究（社会史アジア）修了。

2008年４月　追手門学院大学経営学部着任。

2009年４月　追手門学院大学国際教養学部着任。

○論文：「『造言飛語』にみる戦時末期の朝鮮民衆と社会」（『史海』59号、2010年５月）

武田　秀夫（TAKEDA, Hideo）　追手門学院大学国際教養学部アジア学科教授

○専門分野：中国思想史

○略歴

1969年３月　大阪外国語大学中国語科卒業。

1974年３月　大阪大学大学院文学研究科中国哲学専攻博士課程単位取得退学。

1990年４月　大阪大学文学部・京都産業大学教養部を経て追手門学院大学文学部着任。

○論文：「南京の魏源故宅」（『アジア観光学年報』第11号、2010年３月）

編者紹介

追手門学院大学アジア学科

国際教養学部アジア学科は、2007年4月に学部再編成により成立した。1966年の大学の出発と同時に、文学部東洋史学科として設置され、何度かの再編を経て現在の姿になった。学科成立以来、広くアジア地域を対象とするということで、中国、朝鮮、日本の担当をはじめ、オーストラリア、南アジア、西南アジア、東南アジアなどの担当の専任教員も在籍しており、総合的にアジアを教育・研究している学科である。

アジア学科には「アジア学会」という、学生・院生・専任教員が全員参加する組織がある。学科の活動としては実施が困難な「研究会」とか、「資料類の購入」とか、「学生の教育活動補助」など、さまざまな学科活動への支援を行っている。近年は専任教員の全員参加による「研究会」の実施が困難な状況になっているものの、教員の有志を募って研究会を継続している。2009年に本書院から出版していただいた『上海アラカルト』もそうであったように、本書もそうしたプロジェクト・チームによる研究会の成果の一端である。

本学科は、専任教員の専門領域が重複しないように構成されているので、こうした「有志」による研究会活動も、徐々に困難になりつつある。まさに「個」ではなく、「孤」でしか勉強できない「大学教育」自体の変質の投影なのかもしれないが、せめて本学科だけでも、「変質」を「発展」に変え、さらにそれを大学全体へ発信できる、新たな形の研究と教育に取り組んでいきたい。

連絡先　〒567-8502　大阪府茨木市西安威2-1-15
追手門学院大学国際教養学部アジア学科

秀吉伝説序説と『天正軍記』（影印・翻字）　上方文庫 37

2012年4月1日　初版第一刷発行

編　者　追手門学院大学アジア学科

発行者　廣橋研三

発行所　和泉書院

〒543-0037　大阪市天王寺区上之宮町7-6
電話 06-6771-1467／振替 00970-8-15043
印刷・製本　遊文舎

ISBN 978-4-7576-0615-9 C1395　定価はカバーに表示